"十三五"职业教育
国家规划教材

高等职业教育
实训创新教材

出纳业务操作实训

新准则 新税率

CHUNA YEWU CAOZUO SHIXUN

主　编　陈东升　张亚枝　宋建琦
副主编　彭　珊　陈　蓓　杨剑钧

本书另配：课程标准
　　　　　教　案
　　　　　教学课件
　　　　　参考答案

高等教育出版社·北京

内容提要

本书是"十三五"职业教育国家规划教材。

本书紧密结合高职学生就业岗位能力要求和当前高职学生的学习能力编写，强调在信息技术条件下学生的实际操作能力和职业综合素质的培养，以高职学生毕业后从事岗位所需的知识和技能为主线、工作任务为引领、仿真原始凭证为载体，同时引用典型业务为案例，着重培养学生的岗位综合职业能力。

本书既可作为高等职业院校财经商贸大类相关课程教材，也可作为企事业单位会计从业人员的参考资料。

图书在版编目(CIP)数据

出纳业务操作实训 / 陈东升，张亚枝，宋建琦主编. —北京：高等教育出版社，2019.11(2023.2重印)

ISBN 978-7-04-053006-3

Ⅰ. ①出… Ⅱ. ①陈… ②张… ③宋… Ⅲ. ①出纳—高等职业教育—教材 Ⅳ. ①F231.7

中国版本图书馆 CIP 数据核字(2019)第 265924 号

| 策划编辑 | 毕颖娟 代小童 | 责任编辑 | 代小童 | 封面设计 | 张文豪 | 责任印制 | 高忠富 |

出版发行	高等教育出版社
社　　址	北京市西城区德外大街4号
邮政编码	100120
印　　刷	江苏凤凰数码印务有限公司
开　　本	787mm×1092mm　1/16
印　　张	16.75
字　　数	345千字
购书热线	010-58581118
咨询电话	400-810-0598
网　　址	http://www.hep.edu.cn
	http://www.hep.com.cn
	http://www.hep.com.cn/shanghai
网上订购	http://www.hepmall.com.cn
	http://www.hepmall.com
	http://www.hepmall.cn
版　　次	2019年11月第1版
印　　次	2023年2月第5次印刷
定　　价	35.50元

本书如有缺页、倒页、脱页等质量问题，请到所购图书销售部门联系调换

版权所有　侵权必究

物　料　号　53006-A0

出版说明

当今,新一轮科技革命和产业升级,对现有的产业结构、生产方式和生活方式产生了深远的影响,也对高等职业教育提出了更高的要求和新的挑战。"十三五"时期是我国高等职业教育现代化建设的关键时期,加快发展现代高等职业教育已成为我国教育发展的重要战略。深化教学改革,提高教学质量,培养社会迫切需要的发展型、复合型和创新型的技术技能人才,促进高等职业教育健康持续发展,是高等职业教育工作者的历史使命。

课程和教材是高等职业教育教学改革的关键与核心,其开发和建设也伴随着我国经济发展进入了新的阶段。"十三五"期间,高等教育出版社组织来自全国高等职业院校的骨干教师、行业企业的教育培训专家和从事高等职业教育教学研究的专家,申报、立项了一批中国职业技术教育学会教学工作委员会、教材工作委员会有关高等职业教育课程改革和教材建设的研究课题。这些课题研究成果体现了高等职业教育教学改革的新思想、新观念,有力地促进了高等职业教育教学改革的发展。在此基础上,高等教育出版社上海出版事业部组织编写、修订并出版了一批反映当前高等职业教育教学改革研究与实践成果的改革创新教材。教材的编写着重在以下几个方面进行了创新尝试。

精炼编写内容

教材内容紧扣立德树人的核心要求,把培养学生的职业道德、职业素养和创新创业能力融入教学内容和教学活动设计中,力图通过全局设计、过程贯通、细节安排提升职业教育课程教学的内涵,培养德智体美全面发展的社会主义事业接班人。

技术的快速发展、经济转型升级使职业教育的专业结构调整、课程内容更新更为常态化,编写满足培养行业、企业人才需要的职业教育新教材,也是本系列教材在创新示范方面的突出特色。

系列教材对部分重点课程还采用了"一纲多本"的编写形式,即同一课程编写多种版本,较好地解决了"通用性"和"个性化"的矛盾。教材内容编写遵守共同基础与多样选择相统一的原则,构建更加开放、更具弹性的课程教材体系,为教师选择和使用教材提供空间,以适应"分层教学"和"专业需求多元化"的现实。

丰富内容组织

高等职业教育课程内容的多样化特征决定了教材多样化的特点。本系列教材不拘于统一的内容组织形式,以满足课程教学需要、有助于职业人才的培养为核心,切实服务于任务引领、项目驱动等多种形式的职业教育课程改革。

本系列教材在内容组织和编写体例方面,根据课程性质、教材内容特点和教学的实际需要进行了多样化的尝试,改变了"章节体"一统天下的局面。教材在结构编排上,在每部分内容的开始有导学,构建学习情景,提出本部分内容的学习目标,在结束时用小结方式强调重点,最后用习题等形式帮助学生自我检查评价。在呈现形式上,体例新颖活泼、直观,用大量的插图表达,双色、彩色印刷使"重点""难点"醒目、鲜明。着重在"便教"与"利学"上努力创新,强化教材的使用功能。

服务教学设计

教学设计是教师以教育教学原理为依据,为了达到教学目标,根据学生认知特点,对教学过程、教学内容、教学组织形式、教学方法和使用的教学手段进行的策划。教学资源在服务教学设计中具有举足轻重的作用。应用现代教育技术的数字化教学资源,具有丰富的表现力,可以突破教学重点和难点;交互性强,可以充分发挥学生的主体作用;信息量大,更新方便,大大提高学习效率;可碎片化,易于二次开发,方便综合化利用和共享。本系列教材依托高等教育出版社已建设成熟的 MOOC、SPOC 平台,数字出版技术,以及二维码资源平台,统筹规划教学资源建设,为课程教学设计和创新教学方法提供有力的支撑。

教师是教学改革的主体。教学改革与教材建设只有得到教师的支持与参与,才有成功的可能。在教材和配套教学资源建设的同时,我们陆续组织了各种形式的教师培训、教学研讨活动,以帮助教师确立现代职业教育理念,促进教学质量与效率的提高,实现教学改革与教材建设的同步发展。

本系列教材的出版及其配套工作是一项持续进行、不断完善的工程,我们殷切希望能够得到广大教师的支持和积极参与,共同创新、示范,分享高等职业教育教学改革的成果与经验,为我国高等职业教育的发展做出应有的贡献。

高等教育出版社

前言 | Foreword

"出纳实务"课程是财务会计类专业的一门重要基础性课程,实践性和操作性强。《出纳业务操作实训》采用"基于出纳工作任务系统化"的编写思路,以"技能目标"和"素养目标"为纲领,任务驱动和情境导入相结合,旨在培养学生出纳技能、社会适应能力和职业素养,使学生走出校门就有能力胜任中小企业的出纳工作,为成为一名合格的出纳打下坚实基础。

随着新会计制度改革的不断推进,出纳业务出现了新发展,为适应新形势下教学方式变革和出纳岗位能力的需求,我们组织了多所高校一线教学经验丰富的老师共同编写本书。本书具有如下几个特点:

(1) 实践性强。以出纳实务工作任务操作为驱动,采用中小企业实际工作任务的原始凭证、记账凭证、现金和银行存款日记账、银行余额调节表、出纳涉税相关报表等相关单据,通过单、账、表等实务凭证讲解出纳实务工作任务。

(2) 体系完整。经过系统的分析和调研,结合了最新高等职业学校专业教学标准,总结了具有典型性的出纳工作任务,强调业务技能,主要涉及出纳基本技能、出纳库存现金业务技能、出纳银行存款业务技能、出纳涉税与社保业务技能。最后以一家中小企业为例,讲解出纳岗位综合实训。

(3) 对接税改。结合税制改革的最新动态和政策法规,优化典型业务设计,使用了最新票据和出纳凭证模板。

(4) "互联网+"思维。引导学生具备互联网思维,在传统出纳业务基础上,增加了微信、支付宝业务、出纳涉税业务和社保业务。同时,本书配有二维码资源,将教学知识、资源进行拓展,增加学生的学习兴趣。

本书由湖南信息职业技术学院陈东升、惠州经济职业技术学院张亚枝、山西国际商务职业学院宋建琦担任主编,由湖南有色金属职业技术学院彭珊、湖南大众传媒职业技术学院陈蓓、扬州市职业大学杨剑钧担任副主编。本书由陈东升统稿。

由于编者水平有限,书中难免存在不足之处,敬请各位读者批评指正,以便今后修订完善。

编 者

2019 年 10 月

目录 | Contents

项目一　出纳基本技能 / 1

　　实训任务一　出纳工作交接与出纳报告 / 1
　　实训任务二　账、证、表的书写 / 7
　　实训任务三　真假人民币的识别、验点与处理 / 13
　　实训任务四　填制和审核原始凭证 / 19
　　实训任务五　财务印章和保险柜的使用 / 26

项目二　出纳库存现金业务技能 / 33

　　实训任务一　库存现金收入业务的办理 / 33
　　实训任务二　库存现金支出业务的办理 / 49
　　实训任务三　库存现金送存业务的办理 / 57
　　实训任务四　库存现金清查业务的办理 / 63
　　实训任务五　库存现金日记账的登记与核对业务的办理 / 71

项目三　出纳银行存款业务技能 / 77

　　实训任务一　银行卡及网银业务的办理 / 77
　　实训任务二　支票业务的办理 / 89
　　实训任务三　银行汇票业务的办理 / 100
　　实训任务四　银行本票业务的办理 / 110
　　实训任务五　商业汇票业务的办理 / 119
　　实训任务六　微信、支付宝业务的办理 / 132
　　实训任务七　银行存款日记账的登记与清查业务的办理 / 142

项目四　出纳涉税与社保业务技能　/　148

实训任务一　办理税务登记　/　148

实训任务二　发票的领购、开具和保管　/　167

实训任务三　增值税纳税申报　/　183

实训任务四　个人所得税代扣代缴　/　204

实训任务五　职工社保业务办理　/　217

项目五　出纳岗位综合实训　/　227

参考文献　/　256

Item 1 项目一　出纳基本技能

实训任务一　出纳工作交接与出纳报告

【任务导入】

钱清是某高校会计专业应届毕业生,应聘到长沙信达有限责任公司做出纳工作。在大学里,她相关专业理论学得不少,但都只是笼统学习的,对会计各岗位的具体工作并未有深入了解,几乎没有实践经验,对出纳工作的印象就是管钱、收付款、跑银行,对出纳岗位应该有哪些工作职责、出纳人员应该具备哪些技能心中并没有底。很庆幸,她遇到了一个好老师——长沙信达有限责任公司财务经理高清。4月1日,钱清正式到公司报到,财务经理高清接待了她,和她进行了如下对话:

高清:"小钱,你认为作为一个企业的新财务人员,首先应该了解什么?"

钱清:"应该先了解该企业的财务制度。"

高清:"不是。作为一个企业的新财务人员首先要了解该企业的基本情况、经营特点、组织结构和工作流程。我们长沙信达有限责任公司是一家批发、零售日用品、食品的公司。公司主要部门有办公室、供应部、销售部和财务部。公司法人代表,也就是公司老总是陈铭,我是财务经理。财务部还有一名会计陈一民,还有一个准备调到厂办的出纳叶子,你就是来接替叶子的出纳工作的。作为一个新出纳,你认为自己应该有哪方面的专业准备?"

钱清:"出纳岗位职责、出纳员责任与权限和出纳员具体日常工作。"

高清:"挺全了。除此之外,你还应该了解出纳员工作交接程序及相关文书。"

【任务目标】

一、技能目标

（1）能熟练进行出纳岗位交接。
（2）能熟练编写规范出纳报告。

二、素养目标

（1）学会出纳工作流程。
（2）培养出纳人员职业道德使其遵守相关法律法规。

【任务描述】

一、出纳工作交接

出纳人员因故不能在原出纳岗位工作时，必须按有关规定和要求办理好工作的交接手续，做好工作的移交。通过交接，可以明确工作责任，便于接办的出纳人员熟悉工作，也有利于发现和处理出纳工作和资金管理工作中存在的问题，预防经济责任事故与经济犯罪的发生。交接后，如发现移交人在交接前经办的出纳业务有违反财务会计制度和财经纪律的，仍应由移交人负责；交接后，移交前的未了事项，移交人仍有责任协助接交人办理。

《中华人民共和国会计法》第四十一条规定，会计人员调动工作或者离职，必须与接管人员办清交接手续。一般会计人员办理交接手续，由会计机构负责人（会计主管人员）监交。出纳工作交接要按照会计人员交接的要求进行。出纳员调动工作或者离职时，与接管人员办清交接手续，是出纳员应尽的职责，也是分清移交人员与接管人员责任的重大措施。出纳工作交接可以使出纳工作前后衔接，防止账目不清、财务混乱。

出纳人员办理工作交接主要有以下几个方面的原因：

（1）出纳人员辞职或离开单位。
（2）因企业内部工作变动不再担任出纳职务，如出纳岗位轮岗调换到会计岗位。
（3）因出纳岗位内部增加工作人员，而重新进行分工。
（4）因病假、事假或临时调用，不能继续从事出纳工作。
（5）因特殊情况如停职审查等，按规定不宜继续从事出纳工作。
（6）因企业其他情况按规定应办理出纳交接工作的，如企业解散、破产、兼并、合并、分立时，出纳人员应向接收单位或清算组办理移交。

出纳工作交接要做到两点：一是移交人员与接管人员要办清手续；二是交接过程中要有专人负责监交。交接要求进行财产清理，做账账核对、账款核对；交接清理后要填写移交表，对所有移交的票、款、物，编制详细的移交清册，按册向接交人点清；然后由交、接、监三方在移交文件上签字盖章，移交表应存入会计档案。出纳工作交接一般分三个阶段进行：

第一阶段，交接准备。准备工作包括以下几个方面：① 将出纳账登记完毕，并在最后一笔余额后加盖名章。② 出纳账与现金、银行存款总账核对相符，现金账面余额与实际库存现金核对一致，银行存款账面余额与银行对账单核对一致。③ 在出纳账启用表上填写移交日期，并加盖名章。④ 整理应移交的各种资料，对未了事项要写出书面说明。⑤ 编制移交清册，填明移交的账簿、凭证、现金、有价证券、支票簿、文件资料、印鉴和其他物品的具体名称和数量。

实行会计电算化的单位，从事该项工作的移交人员还应当在移交清册中列明会计软件及密码、会计软件数据磁盘、光盘及有关资料、实物等内容。使用POS机和企业网银的单位要将POS机密码、网银秘钥及秘钥密码一同移交。

第二阶段，交接阶段。出纳员的离职交接，必须在规定期限内，向接交人员移交清楚。接交人员应认真按移交清册当面点收。① 现金、有价证券要根据出纳账和备查账簿余额进行点收。接交人发现不一致时，移交人要负责查清。② 出纳账和其他会计资料必须完整无缺，不得遗漏。如有短缺，由移交人查明原因，在移交清册中注明，由移交人负责。③ 接交人应核对出纳账与总账、出纳账与库存现金和银行对账单的余额是否相符，如有不符，应由移交人查明原因，在移交清册中注明，并负责处理。④ 接交人按移交清册点收公章（主要包括财务专用章、支票专用章和领导人名章）和其他实物。⑤ 接交人办理接收后，应在出纳账启用表上填写接收时间，并签名盖章。

第三阶段，交接结束。交接完毕后，交接双方和监交人，要在移交清册上签名或盖章。移交清册上必须具备：单位名称、交接日期、交接双方和监交人的职务与姓名，以及移交清册页数、份数和其他需要说明的问题和意见。移交清册一般一式三份，双方各执一份，存档一份。

二、出纳报告

（一）出纳报告的基本格式

出纳人员记账后，应根据现金日记账、银行存款日记账、有价证券明细账和银行对账单等核算资料，定期编制"出纳报告单"和"银行存款余额调节表"，报告本单位一定时期现金、银行存款、有价证券的收、支、存情况，并与总账会计核对期末余额。

(二)出纳报告的填制

(1) 出纳报告单的报告期可与本单位总账会计汇总记账的周期相一致,如果本单位总账10天汇总一次,则出纳报告单10天编制一次。

(2) 上期结存数,是指报告期前一期期末结存数,即本期报告期前一天的账面结存金额,也是上期出纳报告单的"本期结存"数字。

(3) 本期收入按账面本期合计的借方数字填列。

(4) 合计是上期结存与本期收入的合计数字。

(5) 本期支出按账面本期合计的贷方数字填列。

(6) 本期结存是指本期期末账面结存数字,等于"合计数字"减去"本期支出"数字。本期结存必须与账面实际结存一致。

(三)相关资料

长沙信达有限责任公司出纳钱清核对公司资金与票据的资料如下:

(1) 库存现金:×月×日账面余额为2 600元,实存相符,日记账余额与总账相符。

(2) 库存国债:30 000元,经核对无误。

(3) 银行存款:余额985万元,与编制的"银行存款余额调节表"核对相符。

(4) 本年度现金日记账1本。

(5) 本年度银行存款日记账2本。

(6) 空白现金支票15张(175011号至175025号)。

(7) 空白转账支票10张(293041号至293050号)。

(8) 托收承付登记簿1本。

(9) 付款委托书1本。

(10) 信汇登记簿1本。

(11) 银行对账单1至6月份6本。

(12) 长沙信达有限责任公司财务转讫印章1枚。

(13) 长沙信达有限责任公司财务现金收讫印章1枚。

(14) 长沙信达有限责任公司财务现金付讫印章1枚。

(15) 长沙信达有限责任公司财务专用印章1枚。

(16) 长沙信达有限责任公司基本户结算卡1张,密码为223588。

(17) POS机1台,操作密码为123456。

(18) 保险柜钥匙2把,保险柜密码为223588。

(19) 银行基本账户网银密码为223588。

(20) 金税盘1个,密码为223588。

【任务实施】

因出纳员钱清工作调动,财务处决定将出纳工作移交给钱某接管。现办理如下交接:

1. 交接日期:20××年×月×日
2. 具体业务的移交

(1) 库存现金:×月×日账面余额2 600元,实存相符,日记账余额与总账相符。

(2) 库存国债:30 000元,经核对无误。

(3) 银行存款:余额985万元,与编制的"银行存款余额调节表"核对相符。

3. 移交的会计凭证、账簿、文件

(1) 本年度现金日记账1本。

(2) 本年度银行存款日记账2本。

(3) 空白现金支票15张(175011号至175025号)。

(4) 空白转账支票10张(293041号至293050号)。

(5) 托收承付登记簿1本。

(6) 付款委托书1本。

(7) 信汇登记簿1本。

(8) 金库暂存物品细表1份,与实物核对相符。

(9) 银行对账单1至6月份6本。

……

4. 印鉴

(1) 长沙信达有限责任公司财务处转讫印章1枚。

(2) 长沙信达有限责任公司财务处现金收讫印章1枚。

(3) 长沙信达有限责任公司财务处现金付讫印章一枚。

(4) 交接前后工作责任的划分:20××年×月×日前的出纳责任事项由钱清负责;20××年×月×日起的出纳工作由钱某负责。以上移交事项均经交接双方认定无误。

(5) 本交接书一式三份,双方各执一分,存档一份。

移交人:钱清(签名盖章)

接管人:钱某(签名盖章)

监交人:高清(签名盖章)

长沙信达有限责任公司财务处(公章)

20××年×月×日

【任务考核】

任务考核表

实训任务					
实训目标					
实训收获					
评价主体	评价项目		分值	评价得分	加权得分
组员评价	职业素养	考勤	5		
		课堂表现	15		
	职业技能	任务完成度	25		
		任务完成质量	30		
	职业团队	沟通能力	10		
		协调能力	15		
	小　　计		100		
组长评价	职业素养	考勤	5		
		课堂表现	15		
	职业技能	任务完成度	25		
		任务完成质量	30		
	职业团队	沟通能力	10		
		协调能力	15		
	小　　计		100		
教师评价	职业素养	考勤	5		
		课堂表现	15		
	职业技能	任务完成度	25		
		任务完成质量	30		
	职业团队	沟通能力	10		
		协调能力	15		
	小　　计		100		
合　　计					

学生签字：　　　　　　　　　　　　日期：

实训任务二 账、证、表的书写

【任务导入】

钱清在了解出纳岗位职责、工作内容和工作流程后,根据财务主管要求,开始翻阅现金、银行存款日记账以及其他出纳明细账等账簿资料。打开账簿后,钱清的第一感觉是这些账簿记录得清晰整洁、数字美观大方。她内心暗自赞叹,并下决心以此为榜样,认真练习书写。

【任务目标】

一、技能目标

(1) 能熟练掌握会计数字书写的规范要求。
(2) 能正确、规范地书写大小写金额、日期等会计数字。
(3) 能正确运用货币币种符号。

二、素养目标

养成会计数字书写认真规范、清晰整洁的良好习惯。

【任务描述】

出纳人员在办理现金收付业务时,要填写收据、支票等结算凭证,并登记现金日记账和银行存款日记账、结账和对账,经常要书写大量的数字和文字。如果数字书写不正确、不清晰、不符合规范,就会带来很大的麻烦。因此,出纳人员必须掌握一定的书写技能,使书写的文字和数字清晰、整洁并符合规范化的要求。

出纳业务工作涉及的书写内容包括阿拉伯数字与中文大写数字两大类。其中,阿拉伯数字主要用于各类凭证、账簿及财务报表中的业务金额的填写;中文大写数字主要用于支票、收据等原始凭证的填写。

一、中文大写数字的书写

中文大写数字用于填写需要防止涂改的银行结算凭证、收据等,因此在书写时不能写错。如果写错,则本张凭证作废,需要重新填制凭证。

(一) 中文大写数字的内容

中文大写数字分为数字和数位两个部分,其中,数字部分包括壹、贰、叁、肆、伍、陆、柒、捌、玖9个数字,数位部分包括拾、佰、仟、万、亿、元、角、分等。以上中文大写数字一律用正楷或者行书体书写,不得用一、二、三、四、五、六、七、八、九、十、千等简化字代替,不得任意自造简化字。

(二) 中文大写数字书写的基本要求

(1) 中文大写金额前要冠以"人民币"字样,"人民币"与金额首位数字之间不留空位,数字之间更不能留空位,写数与读数顺序要一致。

(2) 人民币以"元"为单位,"元"后无"角""分"的需要写"整"字。如果到"角"为止,"角"后也可以写"整"字;如果到"分"为止,"分"后不写"整"字。

(3) 金额数字中间连续几个"0"字时,中文大写金额数字中可只写一个"零"字。

(4) 表示数位的文字前必须有数字,如"拾元整"应写成"壹拾元整"。

(5) 中文大写金额数字前有空位的,应当在数字前用"⊗"逐位补齐。中文大写金额数字前未印有货币名称的,应当加填货币名称。

(6) 切忌用其他文字代替中文大写数字,如"零"不能用"另"代替、"角"不能用"毛"代替等。

(三) 订正错误的方法

中文大写数字写错或发现漏记,不能涂改,也不能使用划线更正法,必须重新填写凭证。

二、阿拉伯数字的书写

阿拉伯数字是世界各国的通用数字,其书写顺序是由高位到低位,从左到右依次写出各位数字。

(一) 阿拉伯数字书写的整体要求

(1) 书写的角度要适当。书写阿拉伯数字时一般要求倾斜书写,数字上端向右倾斜,以60°左右的水平倾斜角为宜。一组数字的书写,应保持各个数字的倾斜度一致,自然美观。

(2) 书写的位置要适当。每个数字要紧贴底线书写,高度一般占全格的二分之一为宜,最多不要超过全格的三分之二,为更正数字留有余地,字体过小则可能会因不清晰而影响阅读。每个数字的中部大体位于格距二分之一的两条对角线交点上,不宜过于靠左或者靠右。

(3) 数字应当一个一个书写,不得连笔。书写应工整流畅、均匀美观、一目了然,切忌潦草、连笔、模糊。

（4）具有个人特色。数字书写时要在符合书写规范的前提下，保持本人的独特字体和特色习惯，使别人难以模仿或涂改。

（二）阿拉伯数字小写金额的书写要求

一般要求阿拉伯数字小写金额写到分位为止，元位以下保留角、分两位小数，对分以下的厘、毫等采用四舍五入的方法。但少数情况下，如计算百分率、折旧率、加权平均单价、单位成本及分配率等，也可以采用多位小数，以达到准确计算的目的。

一般来说，凭证和账簿已印好数位线的，必须逐格顺序书写，"角""分"栏需金额齐全。如果"角""分"栏无金额，应该以"0"补位，也可在格子的中间画一条短横线代替。如果金额有角无分，则应在分位上补写"0"，不能用"——"代替。没有数位线的阿拉伯数字书写时，如果金额没有角分，仍应在元位后的小数点后补写"00"或画一条短横线；如果金额有角无分，则应在分位上补写"0"。

（三）订正错误的方法

根据出纳核算的实际情况及记账规则要求，当账务处理过程中阿拉伯数字小写金额发生错误时，严禁采用刮、擦、涂改或采用药水消除字迹等方法改错，应采用正确的更正方法进行更正。正确的更正方法为划线更正法，即将错误的数字全部用单红线画掉，并在错误的数字上加盖更正人或财务负责人的印章，以示负责，而后在原数字上方对齐原位再将正确的数字写在被注销数字的上方。

三、汉字书写

（一）字体

汉字字体种类繁多，如仿宋体、扁魏体、正楷体、隶体及各种行书体、草体等。出纳核算中究竟用哪种字体好，并无规定。但是为了保持账务处理的整洁、美观、易于辨认，一般采用正楷或行书。

（二）字形与字位

出纳核算中，不论采用正楷或行书，虽然每种字体笔画有所差异，但其笔画的组合形式是相似的。要使字形在结构上达到完美，基本上应合乎如下规则：① 平衡。字形笔画的配置应力求做到左右平衡重心居中。上下相同部首组合的字或上下对称的独体字，应上紧下松，使之平稳。② 布白均匀。笔画间的空白部分叫作布白，笔画间或部首间的组合、布白应有均匀的感觉。③ 参差有变。字体的笔画不能机械搭配，应使部首间有机联系，以免呆板。主要表现在部首间笔画交错者应互相穿插避让、重复的笔画有所变化两方面。

字位，就是指每个字在凭证、账页、表册每行格中的位置。若文字书写过大，若需要更正，就没有办法了；如果过小，则又难以辨认。因此，账务文字书写大小位置要适宜，通常文字书写一般要紧靠左竖线书写，文字与左竖线之间不得留有空白部分。汉字的书写不能满格,一般以占行宽的三分之二或二分之一为宜,并落笔在底线上。

文字书写一般要求用蓝黑色或黑色墨水笔书写,不准用铅笔或圆珠笔(用复写纸复写除外)。红色墨水只在特殊情况下使用。填写支票必须使用碳素笔书写。

四、正确运用货币币种符号

如果表示金额时,阿拉伯数字前面应当书写货币币种符号或者货币名称简写。货币币种符号与阿拉伯数字之间不得留有空白。凡阿拉伯数字前写有货币币种符号的,数字后面不再写货币单位。

本任务主要进行大小写金额和日期、大小写数字和文字的书写训练。为了掌握书写规范,可以在专门的数字书写纸(图1-1)或账页上进行练习。

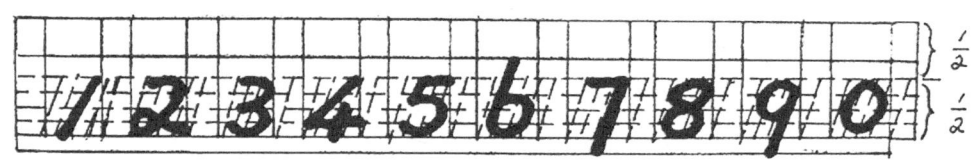

图1-1 数字书写纸

业务1:中文大写金额的书写。

出纳员钱清填写了几张原始凭证,其中金额部分是这样填写的:

(1)阿拉伯数字小写金额为2 800元,中文大写金额为"人民币:贰仟捌佰元整"。

(2)阿拉伯数字小写金额为108 000元,中文大写金额为"人民币拾万捌仟元整"。

(3)阿拉伯数字小写金额为3 500.98元,中文大写金额为"人民币叁仟伍佰零玖角捌分"。

请指出钱清在以上中文大写金额书写中的错误。

业务2:数字错误订正。

出纳员钱清在账页上书写下列三组数字时出错,如表1-1所示,请用正确的方法进行更正。

(1)正确数字为8 758.21,错写为8 753.21。

(2)正确数字为75 698.09,错写为75 698.00。

(3)正确数字为637.00,错误地将首位数字"6"写入万位,其他数字还未写。

表1-1 数字书写

千	百	十	万	千	百	十	元	角	分
				8	7	5	3	2	1
			7	5	6	9	8	0	0
			6						

业务 3：阿拉伯数字小写金额的书写。

将表 1-2 中的中文大写金额变成阿拉伯数字小写金额。

表 1-2　阿拉伯数字小写金额的书写

中文大写金额	十	万	千	百	十	元	角	分
人民币×万×仟×佰×拾×元×角玖分								
人民币×万×仟×佰×拾×元壹角贰分								
人民币×万×仟×佰×拾叁元陆角零分								
人民币×万×仟×佰柒拾贰元零角零分								
人民币×万×仟肆佰叁拾陆元零角捌分								
人民币×万柒仟贰佰零拾零元零角伍分								
人民币伍万捌仟零佰零拾零元零角零分								

业务 4：中文大写日期的书写。

(1) 1 月 12 日。

(2) 2 月 13 日。

(3) 10 月 30 日。

(4) 2018 年 4 月 9 日。

(5) 2019 年 10 月 20 日。

【任务实施】

业务 1：中文大写金额的书写。

出纳员钱清在上述中文大写金额数字书写中存在的错误如下：

(1) "人民币"后面多一个冒号。正确写法：人民币贰仟捌佰元整。

(2) 漏记了"壹"和"零"字。正确写法：人民币壹拾万零捌仟元整。

(3) 漏记了一个"元"字。正确写法：人民币叁仟伍佰元玖角捌分。

业务 2：数字错误订正。

采用划线更正法，将错误的数字全部用单红线画掉，并在错误的数字上加盖更正人或财务负责人的印章，以示负责，而后在原数字上方对齐原位再将正确的数字写在被注销数字的上方。

业务 3：阿拉伯数字小写金额的书写。

表 1－3 阿拉伯数字小写金额的书写结果

中文大写金额	十	万	千	百	十	元	角	分
人民币×万×仟×佰×拾×元×角玖分								9
人民币×万×仟×佰×拾×元壹角贰分							1	2
人民币×万×仟×佰×拾叁元陆角零分						3	6	0
人民币×万×仟×佰柒拾贰元零角零分					7	2	0	0
人民币×万×仟肆佰叁拾陆元零角捌分				4	3	6	0	8
人民币×万柒仟贰佰零拾零元零角伍分			7	2	0	0	0	5
人民币伍万捌仟零佰零拾零元零角零分		5	8	0	0	0	0	0

业务 4：中文大写日期的书写。

（1）应写为：零壹月壹拾贰日。

（2）应写为：零贰月壹拾叁日。

（3）应写为：零壹拾月零叁拾日。

（4）应写为：贰零壹捌年零肆月零玖日。

（5）应写为：贰零壹玖年零壹拾月零贰拾日。

【任务考核】

任务考核表

实训任务			
实训目标			
实训收获			

评价主体	评价项目		分值	评价得分	加权得分
组员评价	职业素养	考勤	5		
		课堂表现	15		
	职业技能	任务完成度	25		
		任务完成质量	30		
	职业团队	沟通能力	10		
		协调能力	15		
	小 计		100		

续　表

组长评价	职业素养	考勤	5	
		课堂表现	15	
	职业技能	任务完成度	25	
		任务完成质量	30	
	职业团队	沟通能力	10	
		协调能力	15	
	小　计		100	
教师评价	职业素养	考勤	5	
		课堂表现	15	
	职业技能	任务完成度	25	
		任务完成质量	30	
	职业团队	沟通能力	10	
		协调能力	15	
	小　计		100	
合　计				

学生签字：　　　　　　　　　　　　日期：

实训任务三　真假人民币的识别、验点与处理

【任务导入】

2019年4月10日，长沙信达有限责任公司的出纳员钱清收到公司客户交来的一笔现金共计1 860元，在验点时，怀疑其中两张50元人民币为假币。钱清应该如何处理这两张50元假币？

【任务目标】

一、技能目标

（1）能准确鉴别人民币的真伪。
（2）能熟练掌握手工点钞的基本方法。

(3) 能熟练操作点钞机具正确点钞。

二、素养目标

培养学生严谨务实的工作作风。

【任务描述】

随着时代的进步,造假技术越来越高明。作为出纳人员是最多也是最直接与钱币接触的人,所以收取钱币时要谨慎,学会辨别假币。虽然现在企业使用点钞机识别假币很方便,但是出纳人员还是需要具备识别真假人民币和点钞基本技能。

本任务主要进行人民币真假识别、手工点钞和机具点钞技能训练。

业务1：2019年版第五套人民币的防伪特征。

从2019年8月30日起,2019年版第五套人民币正式对外发行。2019年版第五套人民币是中国人民银行的法定货币,包含50元、20元、10元、1元纸币和1元、5角、1角硬币。请指出2019年版第五套人民币的防伪特征有哪些？

业务2：手工点钞。

准备点钞练功券若干把,运用所学的手工点钞方法进行点钞技能练习。

实训要求： 前后4位同学分为一组,每组1个同学先点钞,其他3个同学观察其点钞动作是否正确,若某个操作要领不正确,则一起讨论,帮助其改正。

业务3：机器点钞。

点钞机是一种自动清点钞票数目的机电一体化装置,一般带有伪钞识别功能,是集计数和辨伪钞票功能为一身的机器。出纳员如果使用点钞机点钞,应该注意哪些事项？总结机器点钞方法和放钞技巧。

业务4：假币处理。

2019年4月10日,出纳员钱清收到公司客户交来的一笔现金共计1 860元,在验点时,怀疑其中两张50元人民币为假币,钱清应该如何处理可疑的两张50元假币？

【任务实施】

业务1：2019年版第五套人民币的防伪特征。

1. 光彩光变数字

在现行第五套人民币纸币防伪技术的基础上,2019年版第五套人民币50元、20元、10元纸币票面中部印有光彩光变面额数字,改变钞票观察角度,面额数字颜色出现变化,并可见一条亮光带上下滚动。以50元为例,随着观察角度的改变,面额数字"50"的颜色会在绿、蓝之间交替变化,如图1-2所示。

图1-2 2019年版第五套人民币50元纸币——光彩光变数字

2. 光变镂空开窗安全线

光变镂空开窗安全线具有颜色变化和镂空文字特征,易于公众识别,是一项常用的公众防伪特征。2019年版50元纸币采用动感光变镂空开窗安全线,改变钞票观察角度,安全线颜色在红色和绿色之间变化,亮光带上下滚动;透光观察可见"50"。2019年版20元、10元纸币采用光变镂空开窗安全线,与2015年版100元纸币类似,改变钞票观察角度,安全线颜色在红色和绿色之间变化;透光观察,20元纸币可见"20",10元纸币可见"10",如图1-3所示。

(正面图案)

(背面图案)

图1-3 2019年版第五套人民币20元纸币——光变镂空开窗安全线

3. 水印

2019年版50元、20元、10元纸币明显提升了水印清晰度和层次效果。人像水印位于票面正面左侧的空白处,透光观察可见毛泽东头像。人像水印清晰度明显提升,层次更加丰富。新版1元纸币增加了白水印。白水印位于票面正面横号码下方,透光观察可见水印面额数字。

4. 横竖双号码

2019年版第五套人民币调整了左侧横号码式样,增添了竖号码,可以有效防范变造纸币。左侧横号码的冠字和前两位数字为暗红色,后六位数字为黑色。右侧竖号码的冠字和数字均为蓝色。

业务 2：手工点钞。

手工点钞
技能练习

1. 手工点钞方法

纸币点钞方法大体上可分为两种，即手持式点钞和手按式点钞。手持式点钞可分为手持式单指单张点钞，手持式单指多张点钞，手持式多指多张点钞和扇面式点钞等方法。手按式点钞也包含手按式单指单张点钞，手按式多指多张点钞和手按式半扇面点钞等方法。

（1）手持式单指单张点钞。用一个手指一次点一张的方法叫单指单张点钞法，如图 1-4 所示，这种单指单张点钞方法是点钞中最基本也是最常用的一种方法，使用范围较广，频率较高，适用于收款、付款和整点各种新旧大小钞票。这种点钞方法由于手持票面面积小，能看到票面的四分之三，容易发现假钞票及残破票；但是需要点一张计一次数，比较费力。

图 1-4　手持式单指单张点钞

（2）手持式多指多张点钞。多指多张点钞时用一只手的小指、无名指、中指、食指依次捻下一张钞票，一次清点四张钞票的方法，也叫四指四张点钞法，如图 1-5 所示。这种点钞法适用于收款、付款和整点工作，这种点钞方法不仅省力省时，而且效率高，能够逐张识别假钞和挑出残破钞票。

图 1-5　手持式多指多张点钞

(3) 手持式扇面式点钞。把钞票捻成扇面状进行清点的方法叫扇面式点钞法,如图 1-6 所示。这种点钞方法速度快,是手工点钞中效率最高的一种。但它只适合清点新票币,不适于清点新、旧、破混合钞票。

图 1-6　手持式扇面式点钞

(4) 手按式单指多张点钞。点钞时,一指同时点两张或两张以上的方法叫单指多张点钞法,如图 1-7 所示。它适用于收款、付款和各种券别的整点工作。点钞时计数简单省力,效率高;但是点钞过程中假钞和残破票却不易发现。

图 1-7　手按式单指多张点钞

2. 点钞的基本要求

在人民币的收付和整点中,要对混乱不齐、折损不一的钞票进行整理,使之整齐美观。

3. 点钞的基本程序

(1) 拆把:把待点的成把钞票的封条拆掉。

(2) 点数:手点钞,脑记数,点准一百张。

(3) 扎把:把点准的一百张钞票墩齐,用腰条扎紧。

(4) 盖章:在扎好钞票的腰条上加盖经办人名章,以明确责任。

业务 3:机器点钞。

(1) 使用点钞机点钞注意事项:出纳员在使用点钞机点钞时,把需要点钞的钱币墩齐后,应使四条边水平,不露头,无卷角,再放入点钞机当中进行清点。

(2) 机器点钞方法：工具准备好→坐姿端正→整理钞票→放钞清点→扎把盖章。

(3) 放钞技巧：① 放钞之前将整把钱捻一下，使其略展开，在长边处形成一个小斜面，顺着斜面向下放钞。② 放钞时不要太用力，把整把钞票往机器上轻轻一放就可以了，利用钞票本身的重量与机器胶轮向下捻搓的动作相配合，就可以正常完成点钞动作。③ 放钞时太过用力是造成卡钞的主要原因之一。卡钞后不用按恢复键，只要把前面已经过了的钱拿起来再放下（后面未通过的部分不要拿起来），机器就会继续点钞并连续计数。机器在已经通过的钞票位置处有个电子感光眼，感光眼会对该动作作出反应并使点钞机继续工作。

业务 4：假币处理。

出纳员钱清发现有两张 50 元可疑钱币但不能断定真假时，不能随意加盖假币戳记和没收。应向持币人说明情况后开具临时收据，并把可疑钱币立即送交专业人员鉴别，由银行开具没收凭证，予以没收处理。如有追查线索的应及时报告就近的公安部门，协助侦破。

【任务考核】

点钞技能量化标准表

类　　别	等级	3 分钟点钞张数	百张所用时间/秒
单指单张点钞	一	800 以上	22.0 以内
	二	700～799	24.1～23.9
	三	600～699	24.0～25.9
	四	500～599	26.0～27.9
	五	400～499	28.0～29.9
扇面点钞	一	900 以上	20.0 以内
	二	800～899	20.1～22.0
	三	700～799	22.1～24.0
	四	600～699	24.1～26.0
	五	500～599	26.1～28.0
多指多张点钞	一	1 000 以上	17.0 以内
	二	800～999	17.1～20.0
	三	700～799	20.1～22.0
	四	600～699	22.1～24.0
	五	500～599	24.1～26.0

实训任务四 填制和审核原始凭证

【任务导入】

钱清是长沙信达有限责任公司的出纳,在日常工作中,钱清经常填制一些原始凭证和审核员工提交的各类报销单,并对相关业务进行现金支付。那么钱清在填制和审核原始凭证时应注意哪些事项呢?

【任务目标】

一、技能目标

(1) 能根据岗位业务需要正确填制各类原始凭证。
(2) 能正确审核填制的原始凭证。

二、素养目标

(1) 培养学生严谨认真的工作态度。
(2) 遵守国家财经政策法规。

【任务描述】

原始凭证又称单据,是在经济业务发生或完成时取得或填制的,用以记录或证明经济业务的发生或完成情况的文字凭证。对原始凭证的真实性、合法性、有效性进行认真审核,既是出纳人员应履行的财务监督职责的一部分,也是出纳人员做好出纳工作的前提条件。

一、原始凭证的填制要求

(1) 符合实际情况。凭证填制的内容、数字等,必须根据实际情况填列,确保原始凭证所反映的经济业务真实可靠,符合实际情况。

(2) 明确经济责任。填制的原始凭证必须由经办人员和部门签章;对外开出的原始凭证,必须加盖本单位公章;从外单位取得的原始凭证,必须盖有单位的公章;从个人取得的原始凭证,必须有人员的签名或盖章。

(3) 内容齐全、手续完备。原始凭证的各项内容应详尽地填写齐全,不得遗漏;大写和小写金额必须相符。

(4) 书写格式要规范。对于预先印有编号的各种凭证,若填写错误,应加盖"作废"戳记,并单独保管。

二、审核原始凭证的基本原则

(1) 合法性。经济业务是否符合国家有关政策、法规、制度的规定,是否有违法乱纪等行为。

(2) 真实性。原始凭证是否真实,包括日期是否真实、业务内容是否真实、数据是否真实等。

(3) 合理性。原始凭证所记录的经济业务是否符合企业生产经营活动的需要、是否符合有关的计划和预算等。

(4) 完整性。原始凭证的内容是否齐全,包括有无漏记项目、日期是否完整、有关签章是否齐全等。

(5) 正确性。原始凭证的数字是否清晰、文字是否工整、书写是否规范、凭证联次是否正确、有无刮擦、涂改和挖补等。

三、原始凭证的审核要点

(一) 审核凭证要素

检查原始凭证的名称、填制日期和编号、接收原始凭证的单位名称、经济业务的基本内容、数量、计量单位、单价和金额、填制单位名称及经办人的签章等凭证要素是否齐全。

(二) 审核"抬头"

出纳员要审核发票上的名称是否与本单位名称相符,有无添加、涂改的现象,防止将其他单位或私人购物的发票入账。如果不符,应查清为什么在本单位报销。

(三) 审核日期

先审核同一单位出具的发票,其号码与日期是否矛盾。如果同一单位出具的发票较多,可以通过摘录排序发现。一般情况下,上述两者的日期不会间隔太长。如果较长,则要查明原因。

(四) 审核凭证编号

主要是看凭证有无连号现象,防止把别人的发票拿来报销。

(五) 审核数字、金额

检查原始凭证的阿拉伯数字小写金额是否等于中文大写金额、阿拉伯数字有无涂改或添加、数量乘以单价是否等于分项金额、分项金额相加是否等于合计金额。看阿拉伯数字小写金额前面是否有"￥"字样,中文大写金额前面是否顶格。如有差错,一定要查清缘由。数字涉及所购物品价格时,要看与以往所购同种物品是否相同,如相差过大,应及时查明原因。

（六）审核凭证备注和背面

审核备注栏有何规定或说明,如有无"违章罚款,不得报销"等字样。一些一式多联的手写版原始凭证需要用复写纸复写,因而这种凭证的背面应有复写的痕迹,如果没有,则应特别注意是否存在"大头小尾"（俗称"阴阳票"）的可能性,必须要向持证人查询原因。

（七）审核字迹、印章和报销手续

对于金额大、支出业务不正常,疑似报销人员自己填写的支出凭证,必须仔细审核。在日常工作中,销货单位提供空白发票,由本单位经办人自行填制列支费用的事项时有发生。要检查有无税务部门监制章、售货单位的财务专用章、发票专用章等。也要检查有无经手人、验收人、批准人的签字,印章是否符合规定等,如没有,应先补齐手续。只有印章和手续齐全才能报销。

（八）审核开支标准

出纳员应认真审核原始凭证中的差旅费、电话费、汽油费等各项费用是否合理和符合开支标准。对于违反规定的,其超出标准的金额,应自行承担。

此外,在审核原始凭证时,还要注意分析一些不能通过凭证票面反映的问题。例如,采购物资是否舍近求远、舍优求劣；购买的办公用品是否只写金额,没有具体内容。如有类似的问题必须问清缘由,防止少数人钻空子。

四、经审核的原始凭证的处理

经审核的原始凭证应根据不同情况进行处理：

（1）对于完全符合要求的原始凭证,应及时据以编制记账凭证入账。

（2）对于真实、合法、合理但内容不够完整、填写有错误的原始凭证,应退还有关经办人员,由其负责将有关凭证补充完整、更正错误或重开后,再办理入账手续。

（3）对于不真实、不合法的原始凭证,会计机构和会计人员有权不予接受,并向单位负责人报告。

本任务主要进行现金支票、借款单、收据等原始凭证的填制和审核业务训练。

长沙信达责任有限公司发生如下经济业务,请按要求填制和审核下列原始凭证。

【任务实施】

业务1：2019年4月1日，出纳员钱清开出一张现金支票，从银行提取2 000元现金备用，请填制现金支票(图1-8)。

图1-8 现金支票

现金支票的要素主要有：日期、收款人、大写金额、小写金额、用途、印鉴章及领款人信息。

(1) 支票日期的写法：出票日期必须用大写，涉及的大写数字分别是：零、壹、贰、叁、肆、伍、陆、柒、捌、玖、拾。月份为1—9月的要在其前加零，10—12月的要在其前加壹，如"12月"写成"壹拾贰月"。日为1—10日的在其前加零，如"9日"写成"零玖日"；日为10的倍数(10,20,30)的要在其前加零，如"10日"写成"零壹拾日"。

(2) 支票金额的写法：阿拉伯数字小写金额之前加人民币符号，中文大写金额涉及的大写汉字为：万、仟、佰、拾、元、角、分、整。数字到元为止，要在元后加整，如"4 500.00"写成"肆仟伍佰元整"。数字到角为止，要在角后加整，如"7 881.10"写成"柒仟捌佰捌拾壹元壹角整"。数字到分为止的，后面无须加任何字，如"7 881.11"写成"柒仟捌佰捌拾壹元壹角壹分"。

(3) 印鉴章：在支票空白处加盖印鉴章(一般是法人章与财务章)，一般银行对印章要求只是清晰能过就行，但是有些银行印章不能压到金额线上面。

(4) 支票背面的填写：对于现金支票收款人是本单位的，在支票的背面收款人处加盖印鉴章或者法人章，有的银行还要求写上经办人的姓名与身份证号，并检查经办人身份证原件。

业务2：2019年4月4日，销售部人员王民赴南京开商品展销会，经批准向财务部预

借差旅费 3 000 元，请填制借款单（图 1-9）。

借　款　单
年　月　日

借款人部门		借款人签字	
借款金额	大写：		小写：
借款用途			
备　注			

单位负责人：　　　　财务经理：　　　　部门负责人：

图 1-9　借款单

公司或个人借款必须填写借款单。借款单所列相关内容必须填写清楚。项目要逐一填写完整，不得有空缺。借款人、借款单位和借款事由必须具体详细，借款金额大小写要填写一致。单位负责人、部门负责人和财务经理要审核签字。

业务 3： 2019 年 4 月 5 日，出纳员钱清将当天的销货款 13 500 元现金送存银行，其中面额 100 元的有 132 张，面额 50 元的有 6 张。请填制现金存款单（图 1-10）。

中国工商银行现金存款单
日期：　　年　月　日

存款人	全　称			款项来源	
	账　号				
	开户行			交款人	
金额（大写）				金额（小写）	亿千百十万千百十元角分

票面	张数	十万千百十元	票面	张数	千百十元角分	备注：
壹佰元			伍角			
伍拾元			贰角			
贰拾元			壹角			
拾元			伍分			
伍元			贰分			
贰元			壹分			
壹元			其他			

图 1-10　现金存款单

现金存款单上的存款人户名要填写企业名称,存款人账号填写企业在该银行的账号,然后是开户行名称,存款人即经办人。现金存款单上的款项来源能填的内容很多,只要是企业收到的钱都可以填写,一般写营业收入或货款就行。接下来就是存款金额大、小写要一致,票面金额、张数要和实际票币相符。

业务 4: 2019 年 4 月 6 日,出纳员钱清收到欣欣食品厂的现金 2 600 元,为包装物押金,请填制收据(图 1-11)。

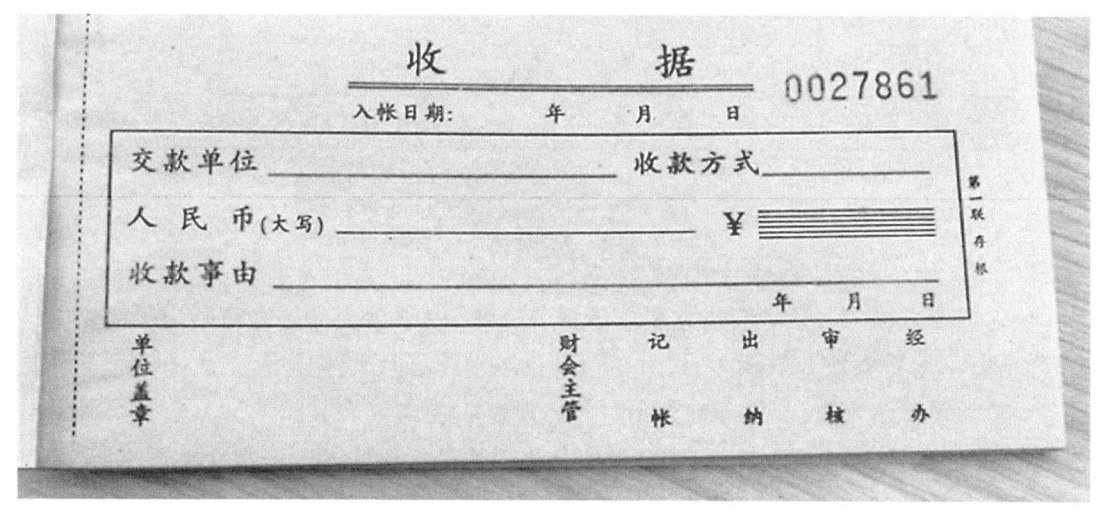

图 1-11 收据

一个完整的收据通常应由标题、正文、落款三部分组成。标题写在正文上方中间位置,字体稍大。标题的写法有两种。一种是直接由文种名构成,即写上"收据"字样。另一种是把正文的前三个字作为标题,而正文从第二行顶格处接着往下写。如用"今收到""现收到""已收到"作标题。正文是在第二行空两格处开始写,但以"今收到"为标题的收据是不空格的。正文一般要写明下列内容,即写明收到的钱物的数量、物品的种类、规格等情况。是某人经手的一般要在姓名前署上"经手人:"的字样;是代别人收的,则要在姓名前加上"代收人:"字样。最后落款要求写上收钱物的个人或单位的名称,署上收到的具体日期,还要加盖单位公章。

业务 5: 2019 年 4 月 7 日,向长沙市红利厨具厂采购 100 套荣事达不锈钢无油烟锅具,每套 300 元,货款共计 30 000 元,货物已验收入库,出纳开出转账支票支付货款,请填制转账支票(图 1-12)。

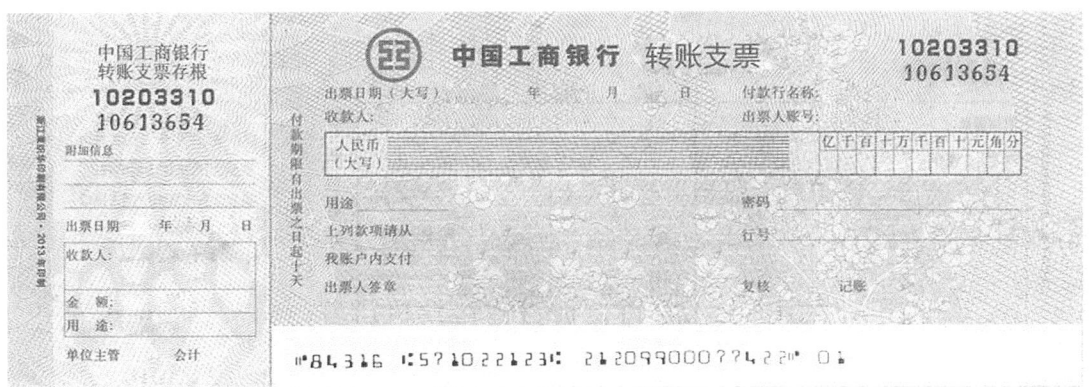

图 1-12 转账支票

(1) 转账支票的转账日期、收款单位、支付金额不得涂改。出票日期必须用大写数字,如转账支票日期为:贰零壹玖年零肆月零柒日。

(2) 转账支票的收款人一栏应填写对方单位名称,票据背面付款单位不用盖章。连同填写好的银行进账单一同交给收款单位委托的开户行进行收款。

(3) 出票人委托的付款行和账号即为本单位开户行名称和开户账号。注意:开户行名称必须详细填写,银行账号必须用阿拉伯数字填写。

(4) 转账支票上填写人民币金额时,必须用中文大写数字。

(5) 转账支票不像现金支票有一定的限制,它没有具体规定,用途可根据实际情况填写。如货款就填写"货款"。

(6) 转账支票一定要注意有效期限。正常付款期限为:自出票之日起 10 天。超过付款期,银行不予受理。

业务 6:2019 年 4 月 10 日,收到供应部王磊违规操作罚款现金 500 元,开具收据,请对该原始凭证进行审核(图 1-13)。

收 据			No. 0027881
			2019 年 04 月 10 日
交款单位:供应部王磊			
交款事由:违规操作罚款			
金额小写:500.00 元		交款方式:现金	
金额大写:五百元整			
收款人	会计		审核

图 1-13 收据

审核结果:原始凭证中文大写金额错误,应为"伍佰元整";出纳员应在"收款人"后面签名。

【任务考核】

（1）在填制原始凭证前，指导教师向学生强调原始凭证的填制要求。

（2）学生根据发生的经济业务填制相关原始凭证，如借款单、收据、现金支票、转账支票等。

（3）将学生分成6～8人小组，小组间相互轮流审核填制的凭证并评分，评分内容及标准如下：

任务考核表

评价内容	分值	考核点
职业素养	20分	原始凭证卷面保持整洁、摆放整齐 任务完成后，工作台面整洁，工具排放整齐
填制原始凭证	50分	每张原始凭证10分，要求基本要素填写齐全、正确、无涂改现象。每张原始凭证金额未填、填错或涂改扣10分，其他项目未填、填错或涂改扣1分，扣完本章原始凭证的分数为止
审核原始凭证	30分	对业务填制的所有凭证，小组相互轮流进行审核，填写不完整、不规范，每处扣5分

实训任务五　财务印章和保险柜的使用

【任务导入】

2019年4月20日，钱清在阅读完公司新购的保险柜说明书后，按照说明设置好保险柜密码。为防止保险柜钥匙丢失，钱清留出一把钥匙后将剩余的钥匙锁入了保险柜中。钱清的做法正确吗？

【任务目标】

一、技能目标

（1）能根据经济业务内容正确使用和管理印章。

（2）能正确使用和管理保险柜。

二、素养目标

（1）遵守单位财务印章和保险柜的使用管理规定。
（2）树立安全防范意识。

【任务描述】

印章是印与章的合称，是企业为证实有关文件真实有效而刻制的署有单位名称或个人姓名的一种印鉴。它是企业经营管理活动中行使职权、明确责任及权利义务关系的重要凭证和工具，是企业的重要证明标志。

出纳在工作中会经常接触单位的印章，很多时候需要我们加盖印章，如企业公章、发票专用章等，因此作为出纳员必须了解各种财务印章的用途，掌握加盖印章的技巧，并做到正确使用。对于出纳而言，最值钱的现金、有价证券、重要文件、印鉴都放置在保险柜里，因此掌握保险柜的使用和保护也尤为重要。

一、公司印章的分类

公司印章主要分为以下几类：公章、财务章、法人章、合同专用章和发票专用章。

（1）公章。公章主要在公司处理工商、税务、银行等外部事务时需要加盖，通常由公司的法务部或财务部管理，因为这两个部门处理外部事务较多。

（2）财务章。财务章通常称为银行大印鉴，在公司出具支票等票据时需要加盖，通常由公司财务部管理，因为财务部开具的票据较多。

（3）法人章。法人章在特定用途中使用的情况较多，例如，一个公司在签订合同时，合同条款规定在同时加盖合同专用章及法人章时，签订的合同才具备法律效力。公司出具票据时也要加盖此印章，法人章通常称为银行小印鉴。法人章一般由法人管理，或者授权财务部岗位不兼容的另一人管理。

（4）合同专用章。合同专用章通常在公司签订合同时需要加盖。如若一个公司没有合同专用章，可以用公章代替，这样公章的使用范围更加广泛，法律效力范围更加宽泛。

（5）发票专用章。发票专用章是在公司开具发票时需要加盖，通常由公司财务部管理。如若一个公司没有发票专用章，可以用财务章代替，这样财务章在财务工作中使用的频率会更高。

二、印鉴的使用

（一）预留印鉴

印鉴是用作印于文件上表示鉴定或签署的文具，一般印鉴会先沾上颜料再盖印，有些是印于蜡或火漆上。不沾颜料、印上平面后会呈现凹凸图案的称为钢印。为了防止假冒、辨别真伪,公司在支付款项的开户银行内预留印鉴,是核对的依据,是企业的财权证书,代表单位支配资金的权利。预留印鉴由财务章和法人章组成,缺一不可。但是也会有特殊情况,如财务章和根据公司决议确定的有效签字人的签字。

(二) 更换印鉴

公司如果需要更换预留印鉴,应填写"印鉴更换申请书",同时出具证明情况的公函,一并交开户银行,经银行同意后,在银行发给的新印鉴卡的背面加盖原预留银行印鉴,在正面加盖新启用的印鉴。

(三) 遗失印鉴

出纳人员遗失单位印鉴后,应由企业财务主管出具证明,并经开户银行同意后,及时办理更换印鉴的手续。由于单位变动、更名或其他原因停止使用印鉴,或其破损无法使用时,应由保管人员报单位领导批准,对其进行封存或销毁,并由行政部办理新印鉴刻制事宜。

三、印章、印鉴的保管要求

出纳使用的印章、印鉴必须妥善保管,严格按照规定的用途使用,不得将印章、印鉴随意存放或带出工作单位。用于签发支票的各种预留银行印章、印鉴不能由出纳一人保管,一般应由主管会计人员或其他指定人员保管,各种印章、印鉴的保管应与现金的管理相同,以防违法乱纪人员有机可乘,给国家和单位造成不必要的经济损失。

从银行管理的角度出发,为了便于印鉴的核对,减少柜面的工作压力,根据中国人民银行的规定,单位预留印鉴,原则上为单位财务专用章和单位财务负责人名章各一枚。在印鉴的保管方面,企业在建立会计档案的时候,要载明印鉴印模、启用日期、注销日期、开户银行、账号性质、复核人员姓名等以备查考。

四、保险柜的使用

为了保护企业财产安全和完整,单位应配备专用保险柜,专门用于库存现金、各种有价证券、银行票据、印章及其他出纳票据等的保管。各单位应加强对保险柜的使用管理,制定保险柜使用办法,要求有关人员严格执行。

(一) 保险柜的管理

保险柜一般由总会计师或财务处(科、股)长授权,由出纳员负责管理使用。保险柜要配备两把钥匙,一把由出纳员保管,供出纳员日常工作开启使用;另一把交由保卫部门封存，或由单位总会计师或财务处(科、股)长负责保管，以备特殊情况下经有关领导批准后开启使用。出纳员不能将保险柜钥匙交由他人代为保管。

（二）保险柜的开启

保险柜只能由出纳员开启使用，非出纳员不得开启保险柜。如果单位总会计师或财务处(科、股)长需要对出纳员工作进行检查，如检查库存现金限额、核对实际库存现金数额，或有其他特殊情况需要开启保险柜的，应按规定的程序由总会计师或财务处(科、股)长开启，在一般情况下不得任意开启由出纳员掌管的保险柜。出纳员应将自己保管使用的保险柜密码严格保密，不得向他人泄露，以防被他人利用。出纳员调动岗位，新出纳员应更换新的密码。严格遵守密码管理原则，不得随意书写。保险柜的摆放要避开门窗，操作密码时尽量避开非工作人员。

（三）财物的保管

每日终了后，出纳员应将其使用的空白支票(包括现金支票和转账支票)、收据、印章等放入保险柜内。保险柜内存放的现金应设置和登记现金日记账，其他有价证券、存折、票据等应按种类造册登记，贵重物品应按种类设置备查簿登记其质量、重量、金额等，所有财物应与账簿记录核对相符。按照规定，保险柜内不得存放私人财物。

（四）保险柜的维护

保险柜应放置在隐蔽、干燥之处，注意通风、防湿、防潮、防虫和防鼠；保险柜外要经常擦抹干净，保险柜内财物应保持整洁卫生、存放整齐。一旦保险柜发生故障，应到公安机关指定的维修点进行修理，以防泄密或失盗。

对于出纳而言，如果公司条件允许，保险柜上尽量安装一个摄像头，以保证公司的财产安全；同时，出纳不应在保险柜里隔夜放过多的库存现金，单位的重要物品应按规定存放，存放的库存现金额度，必须遵守《现金管理暂行条例》的有关规定，保存3～5天的零星支出即可，不得超额存放。

本任务主要进行财务章和保险柜的使用训练。

长沙信达责任有限公司发生的经济业务如下。

【任务实施】

业务1：2019年4月2日，出纳员钱清到银行购买转账支票，需要携带财务章去办理购买业务。请具体说明该业务办理的流程。

购买转账支票的业务流程如下：

(1) 出纳员要向会计主管提出携带印章外出的申请。

（2）主管批准后，考虑到购买转账支票，需要携带在银行预留的财务印章（包括公司财务专用章、法人个人名章）。

（3）填写财务印章使用登记簿，如表1-4所示。

表1-4　财务印章使用登记簿

序号	使用日期	印章名称	经手人	批准人	使用事项	备注	交回日期

（4）出纳携带印章到银行对公业务处，填写购买支票的相关申请（如支票购买凭证或支票领购单等），并在上面指定位置加盖印章，用印应清晰完整，无重影和涂改痕迹。然后交到银行柜台并缴纳相应工本费及手续费。

（5）购买转账支票业务完成后及时返回单位将印章交回监印人，并在财务印章使用登记簿中注明交回时间。

业务2： 2019年4月18日，公司销售大豆蛋白粉100千克，对方单位要求开具增值税专用发票一张，发票内容已填写完毕，应加盖何种印章？同日，收到成品大豆入库单及发票一张，需开具转账支票一张，支票内容已填写完毕，应加盖何种印章？

开具增值税专用发票，需要加盖发票专用章；开具转账支票时，支票正面应加盖财务专用章和法人章，缺一不可，印泥为红色，印章必须清晰，印章模糊只能将本张支票作废，换一张重新填写、盖章。

业务3： 2019年4月20日，钱清在阅读完公司新购的保险柜说明书后，按照说明设置好保险柜密码。为防止保险柜钥匙丢失，钱清留出一把钥匙后将剩余的钥匙锁入了保险柜中。钱清的做法正确吗？

出纳员钱清的做法是错误的，保险柜的应急钥匙不应锁入保险柜。如果钥匙丢失，应急钥匙又在保险柜中，将无法打开保险柜。保险柜要配备两把钥匙，一把由出纳员保管，供出纳员日常工作开启使用；另一把交由保卫部门封存，或由单位总会计师或财务处（科、股）长负责保管，以备特殊情况下经有关领导批准后开启使用。出纳员不能将保险柜钥匙交由他人代为保管。

业务 4：2019 年 4 月 25 日，出纳员钱清发现公司保险柜被盗，她该如何处理？

出纳员发现保险柜被盗后应保护好现场，迅速报告公安机关（或保卫部门），待公安机关勘查现场后才能清理财物被盗情况。节假日满两天以上或出纳员离开两天以上没有派人代其工作的，应在保险柜锁孔处贴上封条，出纳员到位工作时揭封。如发现封条被撕掉或锁孔处被弄坏，也应迅速向公安机关或保卫部门报告，以便公安机关或保卫部门及时查清情况，防止不法分子进一步作案。

财务专用章和单位公章用途怎么区分？

【任务考核】

任务考核表

实训任务					
实训目标					
实训收获					
评价主体	评价项目		分值	评价得分	加权得分
组员评价	职业素养	考勤	5		
		课堂表现	15		
	职业技能	任务完成度	25		
		任务完成质量	30		
	职业团队	沟通能力	10		
		协调能力	15		
	小　　计		100		
组长评价	职业素养	考勤	5		
		课堂表现	15		
	职业技能	任务完成度	25		
		任务完成质量	30		
	职业团队	沟通能力	10		
		协调能力	15		
	小　　计		100		

续表

教师评价	职业素养	考勤	5	
		课堂表现	15	
	职业技能	任务完成度	25	
		任务完成质量	30	
	职业团队	沟通能力	10	
		协调能力	15	
小　计			100	
合　计				

学生签字：　　　　　　　　　　　日期：

项目二　出纳库存现金业务技能
Item 2

现金是指可作为流通与支付手段的交换媒介。它是企业所有资产中流动性最强的。

现金从理论上讲有广义和狭义之分,狭义现金是指企业所拥有的硬币、纸币,即由企业出纳人员保管作为零星业务开支之用的库存现金。广义现金则应包括库存现金和视同现金的各种银行存款、流通证券等。本项目所采用的是狭义现金概念,即库存现金,包括库存的人民币和各种外币。

现金的使用范围主要包括:① 职工工资、津贴;② 个人劳务报酬;③ 根据国家规定颁布给个人的科学技术、文化艺术、体育等各种奖金;④ 各种劳保、福利费用以及国家规定的对个人的其他支出;⑤ 向个人收购农副产品和其他物资的价款;⑥ 出差人员必须随身携带的差旅费;⑦ 结算起点(1 000 元)以下的零星支出;⑧ 中国人民银行确定需要支付现金的其他支出(如抢险救灾)。

本项目通过工作中实际的案例对现金收入、支出、送存和清查四项业务的办理进行讲解。

实训任务一　库存现金收入业务的办理

【任务导入】

钱清这几天工作十分繁忙,因为上个月公司的市场部人员到外地去拓展业务,这几天出差回来,正在报销差旅费,但是因为不懂报销流程和需要提供的资料,有些人跑了几次都没有办理成功。鉴于这个情况,为了让员工知晓这些业务,同时提高自己的工作效率,钱清做了一个流程表,这样之后大家都可以按照流程来报销,再也不怨气连天了,主管也直夸钱清做事情思路清晰。

【任务目标】

一、技能目标

能熟练办理库存现金收入业务。

二、素养目标

培养严谨的工作态度。

【任务描述】

库存现金收入是企业货币资金的运动过程，这个运动过程表现为出纳库存现金的增加。企业库存现金收入主要包括直接收款和从银行提取库存现金两种情况，两者在处理流程上存在差异。

一、库存现金收入的处理流程

（一）直接收款

直接收款是指交款人直接持库存现金到出纳部门交款，出纳人员根据有关收款凭据办理收款事项；一般包括：报销差旅费时收到退回的多余借款现金和收到零星销售款等。直接收款的处理流程主要包括五个步骤，如图2-1所示。

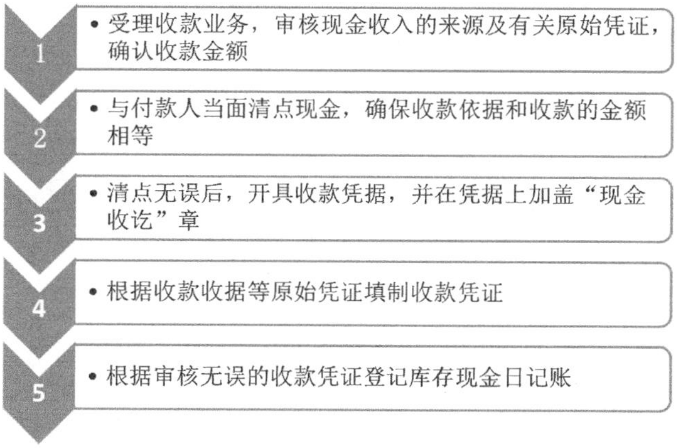

1. 受理收款业务，审核现金收入的来源及有关原始凭证，确认收款金额
2. 与付款人当面清点现金，确保收款依据和收款的金额相等
3. 清点无误后，开具收款凭据，并在凭据上加盖"现金收讫"章
4. 根据收款收据等原始凭证填制收款凭证
5. 根据审核无误的收款凭证登记库存现金日记账

图2-1 直接收款的处理流程

（二）从银行提取库存现金

企业需要库存现金时，出纳人员可以按照相关规定到本企业的开户银行提取库存现金。典型的就是：开出现金支票，从银行提取库存现金。

其处理流程主要包括以下六个步骤，如图2-2所示。

二、库存现金收入的主要业务

公司涉及库存现金收入的业务比较多，但主要的业务包括：报销差旅费时收到退回的多余借款现

1. 填写现金支票，由印鉴管理员加盖预留银行印鉴
2. 到开户银行提交现金支票
3. 收取现金后当场清点，确认无误后再离开柜台
4. 取回现金后及时存入出纳专用保险柜
5. 根据现金支票存根填制付款凭证
6. 根据审核无误的付款凭证登记库存现金和银行存款日记账

图2-2 从银行提取库存现金的处理流程

金;收到零星销售款;开出现金支票,从银行提取库存现金。下面详细对这三种主要业务进行讲解。

【任务实施】

业务 1:报销差旅费。

2019 年 5 月 5 日,长沙信达有限责任公司销售部门雷佳报销外出学习培训的差旅费 1 405 元(其中:培训费 680 元、住宿费 360 元、交通费 365 元),原借款 2 000 元,将剩余款 595 元退回到财务部门,出纳员复核原借款单据并开出剩余款收款收据,会计将相关单据审核后填制收款凭证。

1. 实训资料

(1)差旅费报销单(图 2-3)。

图 2-3 差旅费报销单(空白)

(2)收款收据(图 2-4)。

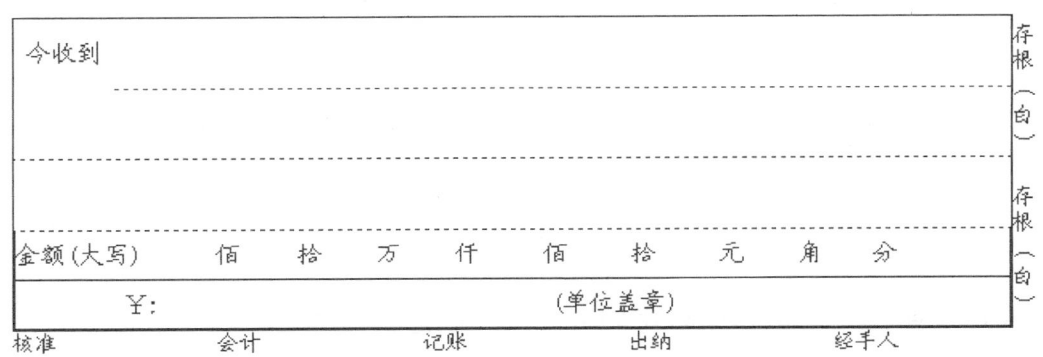

图 2-4 收款收据(空白)

（3）收款凭证（图 2－5）。

收款凭证

字第 号

借方科目：　　　　年　月　日　　　　附件　张

对方单位	摘要	贷方科目		金额										记账符号
		总账科目	明细科目	千	百	十	万	千	百	十	元	角	分	
银行结算方式及票号：			合计											

杭州青联印刷厂印制

210

会计主管　　记账　　稽核　　出纳　　制证

图 2－5　收款凭证（空白）

（4）库存现金日记账（图 2－6）。

库存现金日记账

年		凭证编号	摘要	对方科目	收入（借方）									√	支出（贷方）									√	余额								
月	日				百	十	万	千	百	十	元	角	分		百	十	万	千	百	十	元	角	分		百	十	万	千	百	十	元	角	分

图 2－6　库存现金日记账（空白）

2. 实训流程

（1）雷佳培训回来，将外出车票、培训费收据、住宿票加以整理，填制差旅费报销单。经批准后交由出纳办理退款手续。

（2）出纳受理退款业务，审核退款手续是否完备；审核发票、单据是否真实、完整；与退回的金额是否一致。

（3）审核无误后，出纳接收雷佳退回的现金 595 元，并当面清点，收付两清。

（4）根据相关发票、报销单据填制收款收据（一式三联），把第二联（交给付款单位）交给雷佳。

（5）将收款收据（第三联）交给会计填制收款凭证。

（6）根据审核无误的收款凭证登记库存现金日记账。

3．实训任务

（1）审核相关原始凭证、差旅费报销单。

（2）填制收款收据。

（3）审核收款凭证。

（4）登记库存现金日记账。

4．实训成果

业务完成后，凭证如图 2-7 至图 2-10 所示。

差旅费报销单

报销日期	2019年5月5日		预算科目		专项名称			出差事由		预算项目		
部门	销售部门		出差人		雷佳			外出培训				
出发		到达		交通费			住宿费			其他费用		
日期	地点	日期	地点	交通工具	单据张数	金额	天数	单据张数	金额	项目	单据	金额
5月2日	长沙	5月2日	武汉	高铁	1	164.50	1	1	360.00	行李费		
5月3日	武汉	5月3日	长沙	高铁	1	164.50				市内车费	2	36.00
										出租		
										手续费		
										出差补贴		
										节约奖励		
合计						¥329.00			¥360.00	培训费		680.00
报销总额		人民币（大写）	壹仟肆佰零伍元整							预借款	2000.00	
		人民币（小写）	¥1405.00			补领不足				归还多余	595.00	
主管：		审核：钱清			报销人：雷佳				部门：销售部门			

图 2-7 差旅费报销单

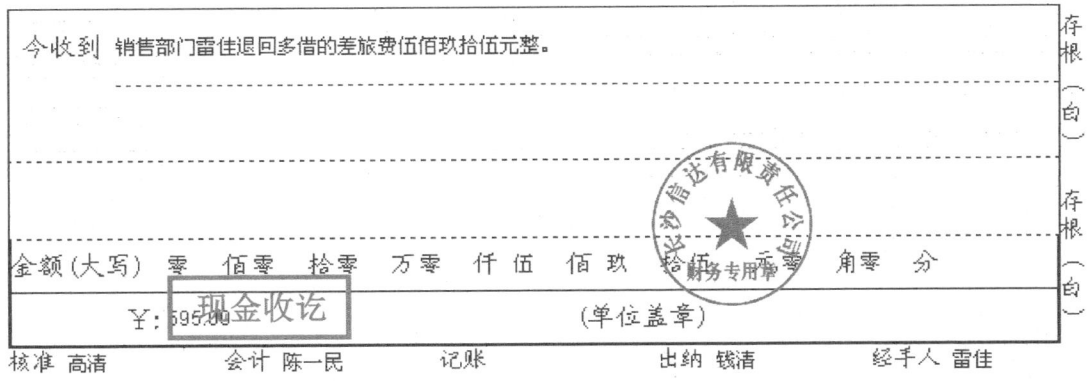

图 2-8 收款收据

收款凭证

借方科目：库存现金　　2019年05月05日　　收字第 1 号　附件 2　张

对方单位	摘要	贷方科目		金额	记账符号
		总账科目	明细科目	千百十万千百十元角分	
杭州青联印制厂印制 210	报销差旅费	其他应收款	雷佳	595 00	□
					□
					□
					□
	银行结算方式及票号：	合计		¥　　　595 00	□

会计主管 高清　　记账　　稽核　　出纳 钱清　　制证 陈一民

图 2-9　收款凭证

库存现金日记账

2019年		凭证编号	摘要	对方科目	收入（借方）	√	支出（贷方）	√	余　额
月	日				百十万千百十元角分		百十万千百十元角分		百十万千百十元角分
5	1		期初余额			□		□	800 00
5	5	收字1号	报销差旅费	其他应收款	595 00	□		□	1 395 00
						□		□	
						□		□	
						□		□	

图 2-10　库存现金日记账

业务 2：收到零星销售款。

2019 年 5 月 9 日，长沙信达有限责任公司向怡清源有限公司销售甲商品 20 件，单价 50 元，销售员刘青持销售部门开具的销货发票到财务部门办理结算手续，出纳收到现金。

1. 实训资料

（1）销售发票，如图 2-11 所示。

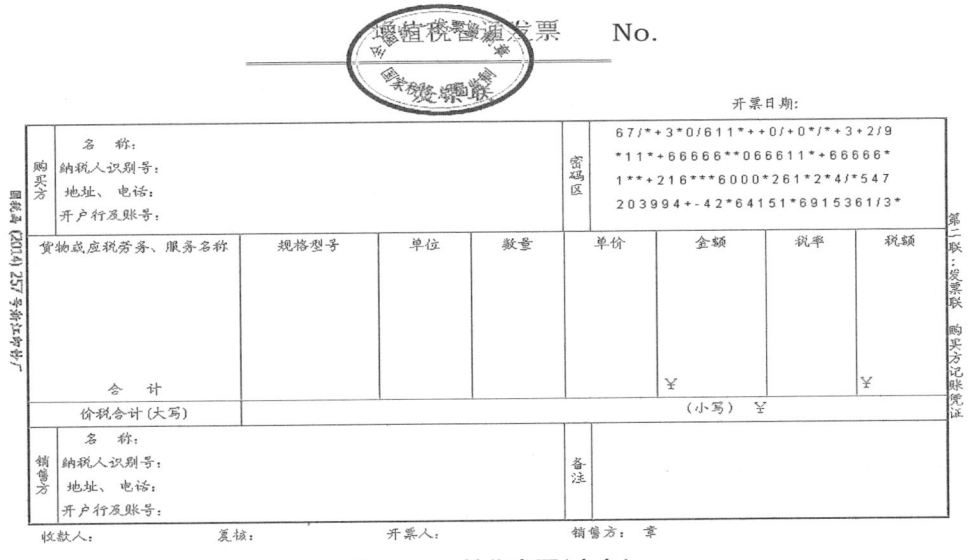

图 2-11 销售发票(空白)

(2)出库单,如图 2-12 所示。

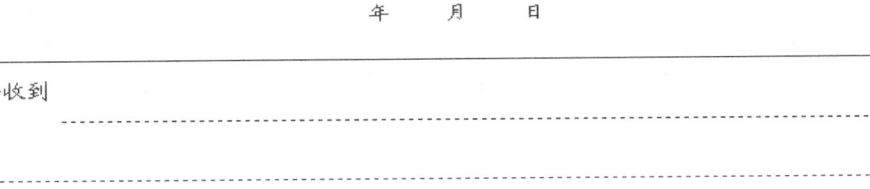

图 2-12 出库单(空白)

(3)收款收据,如图 2-13 所示。

图 2-13 收款收据(空白)

（4）收款凭证，如图 2－14 所示。

收款凭证

字第　　号

借方科目：　　年　月　日　　附件　　张

对方单位	摘要	贷方科目		金额										记账符号
		总账科目	明细科目	千	百	十	万	千	百	十	元	角	分	
银行结算方式及票号：			合计											

杭州青联印刷厂印制　210

会计主管　　记账　　稽核　　出纳　　制证

图 2－14　收款收据（空白）

（5）库存现金日记账，如图 2－15 所示。

库存现金日记账

年		凭证编号	摘要	对方科目	收入（借方）									√	支出（贷方）									√	余额								
月	日				百	十	万	千	百	十	元	角	分		百	十	万	千	百	十	元	角	分		百	十	万	千	百	十	元	角	分

图 2－15　库存现金日记账（空白）

2．实训流程

（1）审核销售部门开具的一式三联销售发票。

（2）清点库存现金并查看是否与发票金额一致，保管好库存现金。

（3）清点无误后，开具收款凭据，并在凭据上加盖“现金收讫”章。

（4）将收款收据等原始凭证交给会计填制收款凭证。

（5）根据审核无误的收款凭证登记库存现金日记账。

3. 实训任务

（1）审核相关原始凭证及销售发票。

（2）填制收款收据。

（3）审核收款凭证。

（4）登记库存现金日记账。

4. 实训成果

业务完成后，凭证如图 2-16 至图 2-20 所示。

图 2-16 销售发票

图 2-17 出库单

收款收据   No.

2019 年5 月9 日

今收到 怡清源有限公司支付的厨具套装壹仟壹佰叁拾元整。

金额(大写) 零 佰零 拾零 万壹 仟壹 佰叁 拾零 元零 角零 分

¥:1130.00   现金收讫   (单位盖章)

核准   会计 高清   记账   出纳 钱清   经手人 刘青

图 2-18 收款收据

收款凭证

借方科目：库存现金   2019年05月09日   收字第 2 号 附件3 张

对方单位	摘要	贷方科目		金额	记账符号
		总账科目	明细科目	千百十万千百十元角分	
怡清源有限公司	销售商品	主营业务收入		1 0 0 0 0 0	
		应交税费	应交增值税	1 3 0 0 0	
银行结算方式及票号：		合 计		¥ 1 1 3 0 0 0	

会计主管 高清   记账   稽核   出纳 钱清   制证 陈一民

图 2-19 收款凭证

库存现金日记账

2019年		凭证编号	摘要	对方科目	收入(借方)	√	支出(贷方)	√	余 额
月	日				百十万千百十元角分		百十万千百十元角分		百十万千百十元角分
5	1		期初余额						8 0 0 0
5	5	收字1号	报销差旅费	其他应收款	5 9 5 0 0				1 3 9 5 0 0
5	9	收字2号	销售产品	主营业务收入	1 0 0 0 0 0				2 3 9 5 0 0
5	9	收字2号	销售产品	应交税费	1 3 0 0 0				2 5 2 5 0 0

图 2-20 库存现金日记账

业务 3：开出现金支票提现。

2019 年 5 月 15 日，长沙信达有限责任公司出纳员像往常一样准时来到公司上班，来到办公室后首先检查保险柜里的现金、印章以及办公设备是否完好，然后清点库存现金数额，根据公司当日的资金安排计划，确定需要向银行提取 2 000 元备用。于是向相关领导提出取现申请，批准后办理提现业务。

1. 实训资料

（1）支票登记簿，如图 2-21 所示。

年		支票号码	用途	金 额										经办人	收回日期	备注
月	日			千	百	十	万	千	百	十	元	角	分			

图 2-21　支票登记簿（空白）

（2）现金支票，如图 2-22 所示。

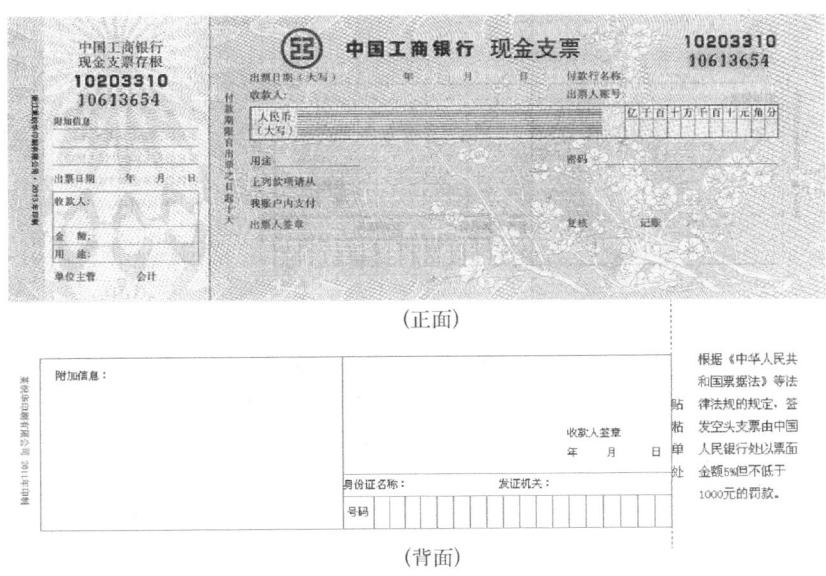

（正面）

（背面）

图 2-22　现金支票（空白）

(3) 付款凭证,如图 2-23 所示。

付 款 凭 证

贷方科目：　　　　　　　年　月　日　　　　　　　附件　字第　号张

对方单位	摘要	借方科目		金额	记账符号
		总账科目	明细科目	千百十万千百十元角分	
					☐
					☐
					☐
					☐
					☐
银行结算方式及票号：			合计		☐

会计主管　　　记账　　　稽核　　　出纳　　　　　制证

图 2-23　付款凭证(空白)

(4) 库存现金日记账,如图 2-24 所示。

库存现金日记账

年月日	凭证编号	摘要	对方科目	收入(借方)	√	支出(贷方)	√	余额
				百十万千百十元角分		百十万千百十元角分		百十万千百十元角分
					☐		☐	
					☐		☐	
					☐		☐	
					☐		☐	
					☐		☐	
					☐		☐	
					☐		☐	

图 2-24　库存现金日记账(空白)

(5) 银行存款日记账,如图 2-25 所示。

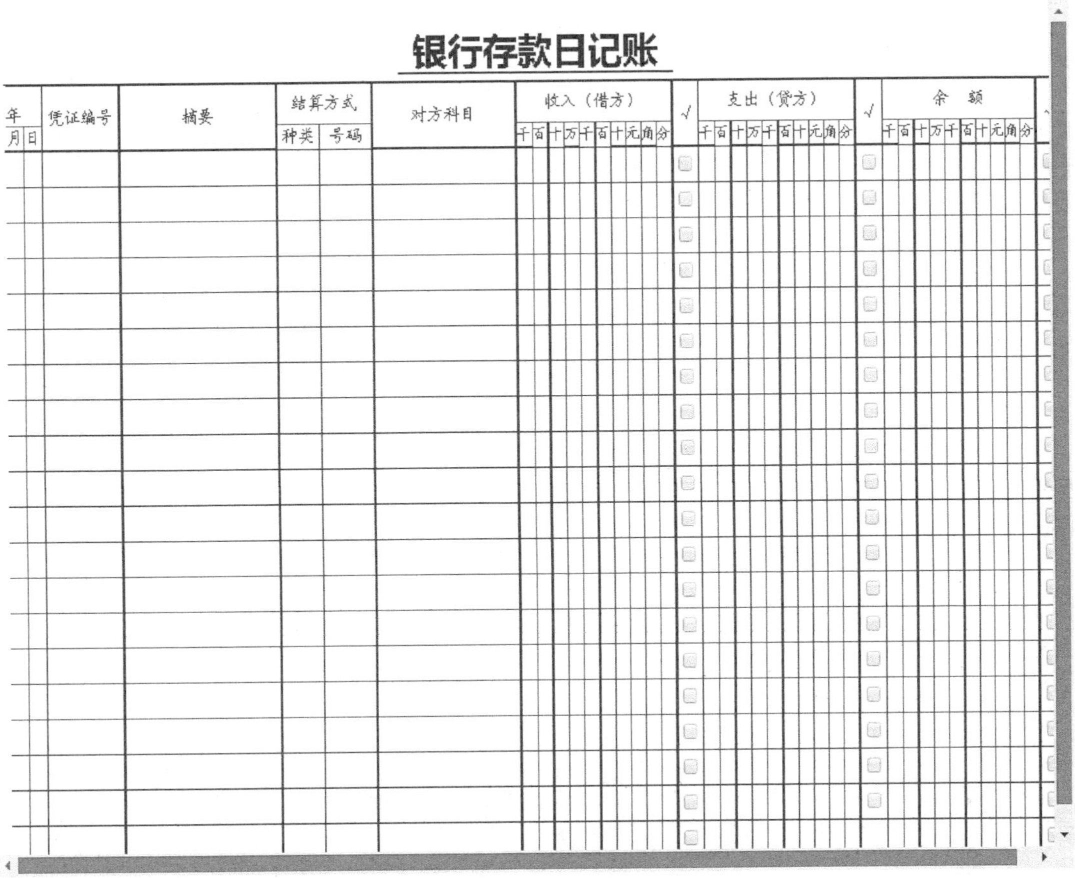

银行存款日记账

年		凭证编号	摘要	結算方式		对方科目	收入（借方）										√	支出（贷方）										√	余　额									
月	日			种类	号码		千	百	十	万	千	百	十	元	角	分		千	百	十	万	千	百	十	元	角	分		千	百	十	万	千	百	十	元	角	分

图 2-25　银行存款日记账(空白)

2. 实训流程

(1) 填写“支票登记簿”后，经财务主管审核同意后，领取现金支票。

(2) 填制现金支票及存根，并加盖预留印鉴。

(3) 将现金支票正联剪下，送交开户银行，办理提现手续。

(4) 将现金支票存根交给会计填制付款凭证。

(5) 依据审核无误的付款凭证，登记库存现金和银行存款日记账。

3. 实训任务

(1) 填写支票登记簿。

(2) 填制现金支票。

(3) 审核付款凭证。

(4) 登记库存现金和银行存款日记账。

4. 实训成果

业务完成后，凭证如图 2-26 至图 2-30 所示。

支票登记簿

2019年		支票号码	用途	金额										经办人	收回日期	备注
月	日			千	百	十	万	千	百	十	元	角	分			
5	15	10613654	提现备用					2	0	0	0	0	0	钱清		

图 2-26 支票登记簿

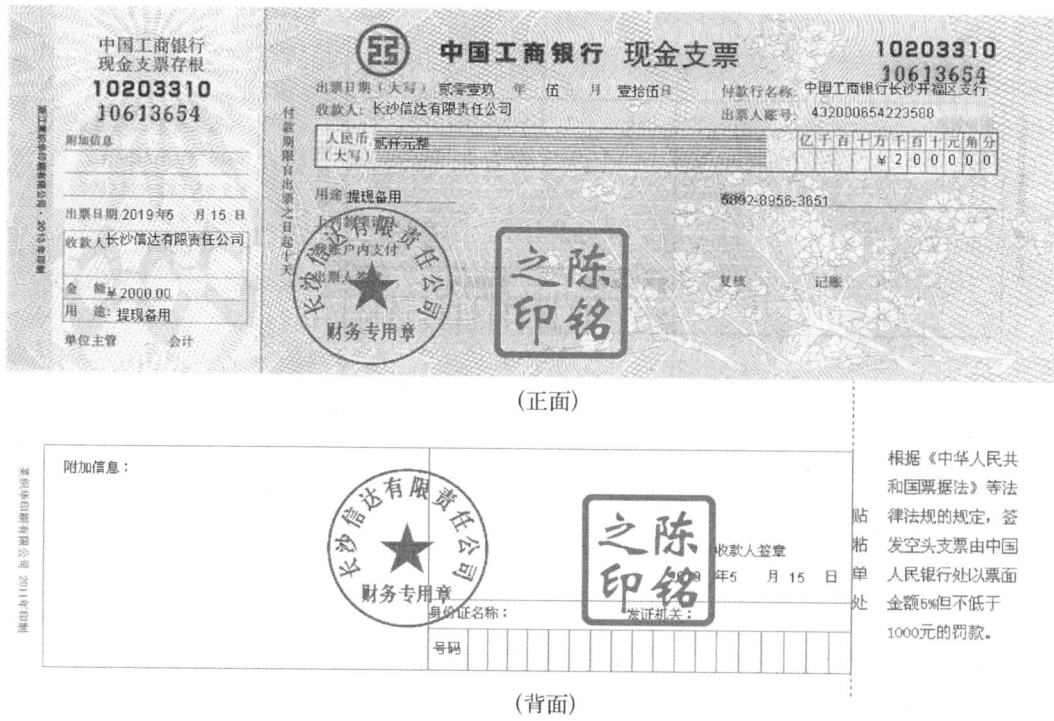

（正面）

（背面）

图 2-27 现金支票

根据《中华人民共和国票据法》等法律法规的规定，签发空头支票由中国人民银行处以票面金额5%但不低于1000元的罚款。

付款凭证

贷方科目：银行存款 2019 年 5 月 15 日 付字第 1 号 付附件 2 张

对方单位	摘要	借方科目 总账科目	明细科目	金额 千百十万千百十元角分	记账符号
	提现备用	库存现金		2 0 0 0 0 0	□
					□
					□
					□
银行结算方式及票号：10613645		合计		¥2 0 0 0 0 0	

会计主管 高洁   记账   稽核   出纳 钱洁   制证 陈一民

图 2-28 付款凭证

库存现金日记账

2019年 月 日	凭证编号	摘要	对方科目	收入（借方）百十万千百十元角分	√	支出（贷方）百十万千百十元角分	√	余额 百十万千百十元角分
5 1		期初余额			□		□	8 0 0 0 0
5 5	收字1号	报销差旅费	其他应收款	5 9 5 0 0	□		□	1 3 9 5 0 0
5 9	收字2号	销售产品	主营业务收入	1 0 0 0 0 0	□		□	2 3 9 5 0 0
5 9	收字2号	销售产品	应交税费	1 3 0 0 0	□		□	2 5 2 5 0 0
5 15	付字1号	提现备用	银行存款		□	2 0 0 0 0 0	□	4 5 2 5 0 0

图 2-29 库存现金日记账

银行存款日记账

2019年 月 日	凭证编号	摘要	结算方式 种类 号码	对方科目	收入（借方）千百十万千百十元角分	√	支出（贷方）千百十万千百十元角分	√	余额 千百十万千百十元角分
5 1		期初余额				□		□	1 0 0 0 0 0 0
5 15	付字1号	提现备用	现金支 10613	库存现金		□	2 0 0 0 0 0	□	8 0 0 0 0 0

图 2-30 银行存款日记账

【任务考核】

任务考核表

实训任务					
实训目标					
实训收获					
评价主体	评价项目		分值	评价得分	加权得分
组员评价	职业素养	考勤	5		
		课堂表现	15		
	职业技能	任务完成度	25		
		任务完成质量	30		
	职业团队	沟通能力	10		
		协调能力	15		
	小　计		100		
组长评价	职业素养	考勤	5		
		课堂表现	15		
	职业技能	任务完成度	25		
		任务完成质量	30		
	职业团队	沟通能力	10		
		协调能力	15		
	小　计		100		
教师评价	职业素养	考勤	5		
		课堂表现	15		
	职业技能	任务完成度	25		
		任务完成质量	30		
	职业团队	沟通能力	10		
		协调能力	15		
	小　计		100		
合　　计					

学生签字：　　　　　　　　　　　　　日期：

实训任务二　库存现金支出业务的办理

【任务导入】

2019年5月16日，长沙信达有限责任公司行政人员王芳从超市购买办公用品500元，前来财务部门出纳处办理报销，出纳该如何办理报销业务？

【任务目标】

一、技能目标

能办理库存现金支出业务。

二、素养目标

培养严谨的工作态度。

【任务描述】

库存现金支出是指出纳将库存现金支付给收款单位或个人的业务，是企业货币资金的运动过程，这个运动过程中表现为出纳库存现金减少。企业发生库存现金支付的业务，一般包括：预借差旅费、支付办公用品费用与工人工资等。

一、库存现金支出的处理流程

(1) 受理付款业务，审核有关原始凭证，确定付款金额。
(2) 与收款人当面清点库存现金，确保付款依据和付款金额相等。
(3) 付款完毕后，在审核无误的原始凭证上加盖"现金付讫"印章。
(4) 根据原始凭证和付款依据，填制付款凭证。
(5) 根据审核无误的付款凭证登记库存现金日记账。

二、库存现金支出的主要业务

公司涉及库存现金支出的业务比较多，但主要的业务包括：预借差旅费和支付办公用品费用。下面详细对这两种主要业务进行讲解。

【任务实施】

业务1：预借差旅费。

2019年5月17日，长沙信达有限责任公司销售科张光外出洽谈业务，借支差旅费2 500元，以现金支付。

1. 实训资料

(1) 借款单，如图2-31所示。

借款单

年　　月　　日

资金性质：

部门：		借款人：	
借款理由：			
金额：	大写：		小写：¥
领导批示：		财务主管：	
部门主管：	出纳：	领款人签收：	

图2-31　借款单(空白)

(2) 付款凭证，如图2-32所示。

付　款　凭　证

贷方科目：		年　月　日											附件　字第　号　张	
对方单位	摘　要	借方科目		金　额										记账符号
		总账科目	明细科目	千	百	十	万	千	百	十	元	角	分	
														☐
														☐
														☐
														☐
														☐
银行结算方式及票号：			合　计											☐
会计主管　　　记账　　　稽核　　　出纳　　　　　　制证														

图2-32　付款凭证(空白)

(3) 库存现金日记账，如图2-33所示。

库存现金日记账

年月日	凭证编号	摘要	对方科目	收入（借方）百十万千百十元角分	√	支出（贷方）百十万千百十元角分	√	余额 百十万千百十元角分

图 2-33 库存现金日记账（空白）

2. 实训流程

（1）审核借款人填制的借款单。

（2）审核无误后支付现金 2 500 元，要求借款人当面复核，并在借款单上加盖"现金付讫"章。

（3）将已加盖"现金付讫"章的借款单交给会计填制付款凭证。

（4）根据审核无误的付款凭证登记库存现金日记账。

3. 实训任务

（1）审核借款单。

（2）审核付款凭证。

（3）登记库存现金日记账。

4. 实训结果

业务完成后，相关凭证如图 2-34 至图 2-36 所示。

借款单

2019 年 5 月 17 日

资金性质：现金

部门	销售科	借款人	张光
借款理由	外出洽谈业务		
金额	大写：贰仟伍佰元整	小写：¥ 2500.00	现金收讫
领导批示	陈铭	财务主管	高清
部门主管		出纳：钱清	领款人签收：张光

图 2-34 借款单

付款凭证

贷方科目：库存现金　　　2019 年 5 月 17 日　　　付字第 2 号　附件 1 张

对方单位	摘要	借方科目		金额	记账符号
		总账科目	明细科目	千百十万千百十元角分	
	预借差旅费	其他应收款		2 5 0 0 0 0	
银行结算方式及票号：			合计	￥2 5 0 0 0 0	

会计主管 高清　　　记账　　　稽核　　　出纳 钱清　　　制证 陈一民

图 2-35　付款凭证

库存现金日记账

2019年		凭证编号	摘要	对方科目	收入（借方）	√	支出（贷方）	√	余额
月	日				百十万千百十元角分		百十万千百十元角分		百十万千百十元角分
5	1		期初余额						8 0 0 0 0
5	5	收字1号	报销差旅费	其他应收款	5 9 5 0 0				1 3 9 5 0 0
5	9	收字2号	销售产品	主营业务收入	1 0 0 0 0 0				2 3 9 5 0 0
5	9	收字2号	销售产品	应交税费	1 3 0 0 0				2 5 2 5 0 0
5	15	付字1号	提现备用	银行存款	2 0 0 0 0 0				4 5 2 5 0 0
5	17	付字2号	预借差旅费	其他应收款			2 5 0 0 0 0		2 0 2 5 0 0
5	17		过次页		3 7 2 5 0 0		2 5 0 0 0 0		2 0 2 5 0 0

图 2-36　库存现金日记账

业务 2：支付办公用品费用。

2019 年 5 月 21 日，长沙信达有限责任公司行政人员罗婷持一张普通发票，报销由其个人垫支的办公用品费用 185 元。

1. 实训资料

（1）购货发票，如图 2-37 所示。

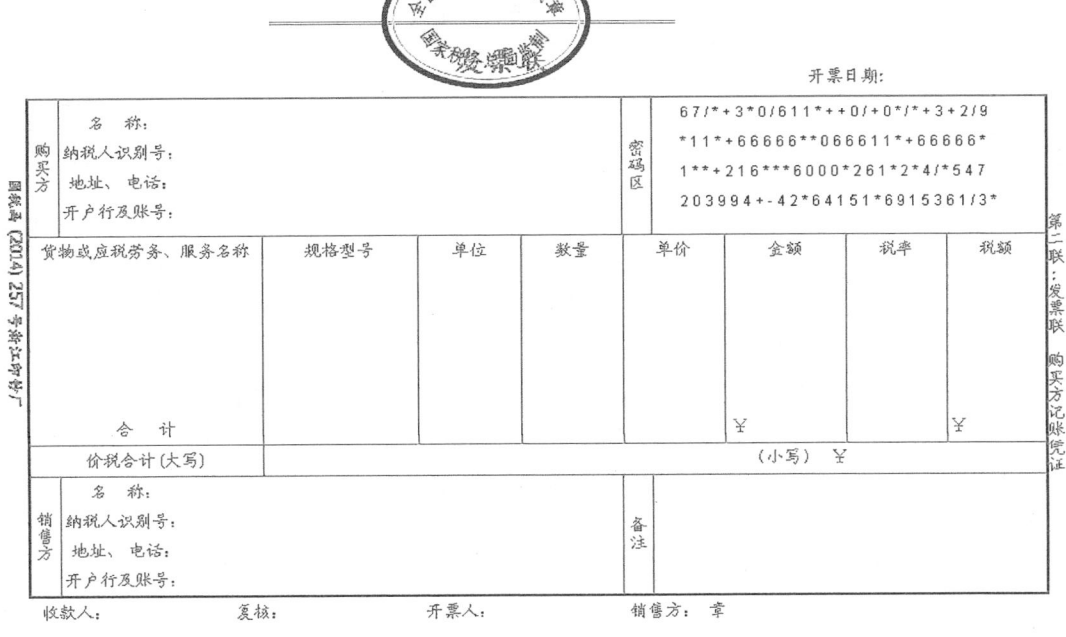

图 2-37 购货发票(空白)

(2)费用报销单,如图 2-38 所示。

费 用 报 销 单

报销部门:　　　　　　　　年　月　日　　　　　　附件共_____张

用　　途	金　额(元)	备注		
		部门领导审批		
		财务部经理审批	总经理审批	
合　　计				
合计人民币(大写):	万　仟　佰　拾　元　角　分			
出纳	复核		报销人	

图 2-38 费用报销单(空白)

(3) 付款凭证,如图 2-39 所示。

付 款 凭 证

贷方科目:			年 月 日		附件	字第 号张
对方单位	摘要	借方科目		金额		记账符号
		总账科目	明细科目	千百十万千百十元角分		
银行结算方式及票号:			合计			

会计主管　　记账　　稽核　　出纳　　　　制证

图 2-39　付款凭证(空白)

(4) 库存现金日记账,如图 2-40 所示。

库存现金日记账

年月日	凭证编号	摘要	对方科目	收入(借方) 百十万千百十元角分	√	支出(贷方) 百十万千百十元角分	√	余额 百十万千百十元角分

图 2-40　库存现金日记账(空白)

2. 实训流程

(1) 行政人员罗婷持购货发票和已填好的费用报销单,办理报销手续。

(2) 审核费用报销单及所附购货发票。

(3) 审核无误后,清点现金 185 元当面交付罗婷,并在费用报销单上盖"现金付讫"章。

(4) 将费用报销单及所附发票交给会计填制付款凭证。

(5) 根据审核无误的付款凭证登记库存现金日记账。

3. 实训任务

(1) 审核购货发票及费用报销单。

(2) 审核付款凭证。

(3) 登记库存现金日记账。

4. 实训结果

业务完成后,相关凭证如图 2-41 至图 2-44 所示。

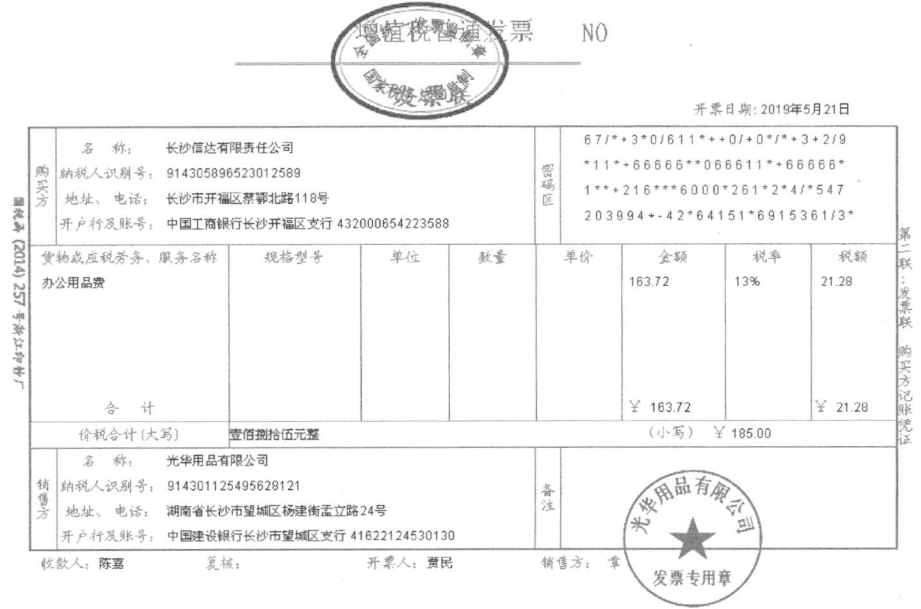

图 2-41 购货发票

费 用 报 销 单

报销部门：行政部门　　　2019 年 5 月 21 日　　　附件共 1 张

用　　途	金　额（元）	备注		
购买办公用品费用	185.00	部门领导审批		
		财务部经理	同意 高清	总经理审批
合　　计	¥185.00	现金收讫		
合计人民币（大写）：⊗万 ⊗仟 壹佰 捌拾 伍元 零角 零分				
出纳 钱清　　　　　　　　复核　　　　　　　　报销人 罗婷				

图 2-42 费用报销单

图 2-43 付款凭证

图 2-44 库存现金日记账

【任务考核】

任务考核表

实训任务				
实训目标				
实训收获				
评价主体	评价项目		分值	评价得分	加权得分
组员评价	职业素养	考勤	5		
		课堂表现	15		
	职业技能	任务完成度	25		
		任务完成质量	30		
	职业团队	沟通能力	10		
		协调能力	15		
	小　计		100		

续　表

组长评价	职业素养	考勤	5	
		课堂表现	15	
	职业技能	任务完成度	25	
		任务完成质量	30	
	职业团队	沟通能力	10	
		协调能力	15	
	小　计		100	
教师评价	职业素养	考勤	5	
		课堂表现	15	
	职业技能	任务完成度	25	
		任务完成质量	30	
	职业团队	沟通能力	10	
		协调能力	15	
	小　计		100	
合　计				

学生签字：　　　　　　　　　　　日期：

实训任务三　库存现金送存业务的办理

【任务导入】

2019年5月22日，出纳员钱清当日收到一笔销售收入4 100元现金，其中包含40张100元、1张50元、2张20元、1张10元。她是否应该将这些现金存入银行？

【任务目标】

一、技能目标

能办理库存现金送存业务。

二、素养目标

培养严谨的工作态度。

【任务描述】

一、库存现金送存业务的处理流程

（1）将需交存的现金清点整理，合计出存款金额。
（2）填写现金缴款单，金额合计数与需缴存的现金金额一致。
（3）送存现金和现金缴款单到银行，取回现金缴款单的回单联。
（4）将取回的回单联交给会计填制付款凭证。
（5）根据审核无误的付款凭证登记库存现金和银行存款日记账。

二、库存现金送存的主要业务

当公司当日库存现金超过库存现金使用限额时就需要把超额的库存现金送存到银行，即出纳需要办理库存现金送存该项业务。

【任务实施】

2019年5月23日，长沙信达有限责任公司出纳员钱清将超过库存现金使用限额的1 500元送存其开户银行（中国工商银行长沙开福区支行）。

1. 实训资料

（1）现金缴款单，如图2-45所示。

中国工商银行 现金缴款单

客户填写部分	收款人户名							收款人开户行		第一联 银行记账凭证
	收款人账号									
	缴款人							款项来源		
	币种（√） 人民币 外币		大写：					亿千百十万千百十元角分		
	券别	100元	50元	20元	10元	5元	2元	1元	辅币（金额）	
	张数									
银行填写部分	日期： 金额：		日志号： 终端号：		交易码： 主管：			币种： 柜员：		

尊敬的客户：请您认真核对银行打印的要素，特别是记账日期、金额、收款人户名和收款人账号
制票： 复核：

图 2-45　现金缴款单（空白）

(2) 付款凭证,如图 2-46 所示。

付 款 凭 证

图 2-46 付款凭证(空白)

(3) 库存现金日记账,如图 2-47 所示。

库存现金日记账

图 2-47 库存现金日记账(空白)

(4) 银行存款日记账,如图 2-48 所示。

银行存款日记账

图 2-48 银行存款日记账(空白)

2. 实训流程

（1）将要送存的库存现金清点整理，按照币别、币种分开。

（2）填写现金缴款单，并将其与待存的库存现金一并送交银行。

（3）将从银行取回并加盖了"现金付讫"章的现金缴款单的回单联交给会计填制付款凭证。

（4）根据审核无误的付款凭证，登记库存现金和银行存款日记账。

3. 实训任务

（1）审核现金缴款单。

（2）审核付款凭证。

（3）登记库存现金和银行存款日记账。

4. 实训结果

业务完成后，相关凭证如图2-49至图2-52所示。

中国工商银行 现金缴款单

			2019 年 5 月 23 日				序号：	
客户填写部分	收款人户名	长沙信达有限责任公司						第一联 银行记账凭证
	收款人账号	432000654223588			收款人开户行	长沙开福区支行		
	缴款人	钱清			款项来源	零星收入		
	币种(√)	人民币 √ 外币	大写	壹仟伍佰元整			亿千百十万千百十元角分 ￥1500 00	
	券别	100元	50元	20元	10元	5元	2元	1元	辅币(金额)
	张数	10	5	8	5	8	0	0	
银行填写部分	日期：2019.5.23 金额：1500元		日志号： 终端号：		交易码： 主管：		币种：人民币 柜员：02王佳		
	尊敬的客户，请您认真核对银行打印的要素，特别是记账日期、金额、收款人户名和收款人账号								
					制票：		复核：	

图2-49 现金缴款单

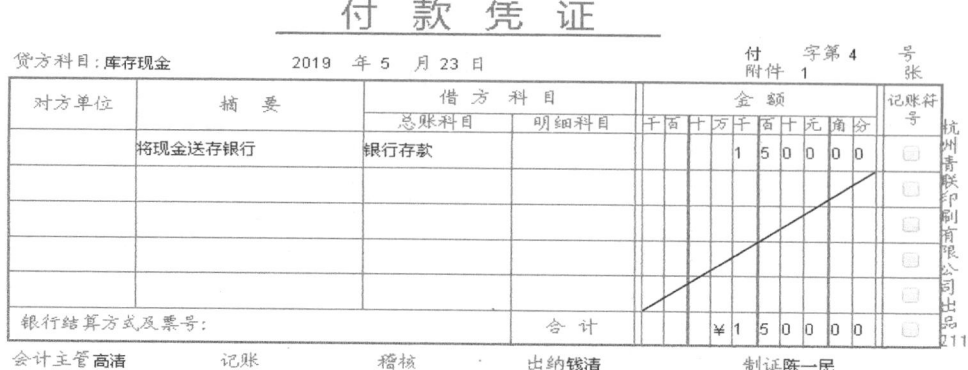

图2-50 付款凭证

库存现金日记账

2019年		凭证编号	摘要	对方科目	收入（借方）									✓	支出（贷方）									✓	余 额								
月	日				百	十	万	千	百	十	元	角	分		百	十	万	千	百	十	元	角	分		百	十	万	千	百	十	元	角	分
5	17		承前页				3	7	2	5	0	0						2	5	0	0	0						2	0	2	5	0	0
5	21	付字3号	支付办公费用	管理费用														1	8	5	0	0						1	8	4	0	0	0
5	23	付字4号	将现金送存银行	银行存款													1	5	0	0	0	0						3	4	0	0	0

图 2-51 库存现金日记账

银行存款日记账

2019年		凭证编号	摘要	结算方式		对方科目	收入（借方）									✓	支出（贷方）									✓	余 额								
月	日			种类	号码		千	百	十	万	千	百	十	元	角	分		千	百	十	万	千	百	十	元	角	分		千	百	十	万	千	百	十	元	角	分
5	1		期初余额																												1	0	0	0	0	0	0
5	15	付字1号	提现备用	现金支	10613	库存现金															2	0	0	0	0	0					8	0	0	0	0	0
5	23	付字4号	将现金送存银行			库存现金			1	5	0	0	0	0																	9	5	0	0	0	0

图 2-52 银行存款日记账

【任务考核】

任务考核表

实训任务					
实训目标					
实训收获					
评价主体	评价项目		分值	评价得分	加权得分
组员评价	职业素养	考勤	5		
		课堂表现	15		
	职业技能	任务完成度	25		
		任务完成质量	30		
	职业团队	沟通能力	10		
		协调能力	15		
	小计		100		
组长评价	职业素养	考勤	5		
		课堂表现	15		
	职业技能	任务完成度	25		
		任务完成质量	30		
	职业团队	沟通能力	10		
		协调能力	15		
	小计		100		
教师评价	职业素养	考勤	5		
		课堂表现	15		
	职业技能	任务完成度	25		
		任务完成质量	30		
	职业团队	沟通能力	10		
		协调能力	15		
	小计		100		
合计					

学生签字: 　　　　　　　　　　　　　日期:

实训任务四　库存现金清查业务的办理

【任务导入】

2019年5月25日,出纳员钱清登完账,结出当日库存现金日记账余额560元;公司清查小组清点库存现金实有数为410元;将清点的库存现金与库存现金日记账余额核对,发现短款150元。如果你是出纳员,该怎么办?

【任务目标】

一、技能目标

(1) 能办理库存现金清查业务。
(2) 能掌握库存现金清查结果的处理。

二、素养目标

培养严谨的工作态度。

【任务描述】

库存现金的清查包括两种情况:一是由出纳每日清点库存现金实有数,并与库存现金日记账结余额核对;二是由清查小组对库存现金进行定期或不定期清查。本项目主要针对第二种情况进行讲解。

一、库存现金清查的处理流程

(1) 盘点前,出纳将库存现金收、付凭证全部登记入账,并结出余额。
(2) 盘点时,出纳必须在场,现金由出纳经手盘点,清查人员从旁监督。除查明账实是否相符之外,还要查明有无违反现金管理规定,如有无以"白条"抵冲现金,库存现金是否超过核定的限额,有无坐支现金等。
(3) 盘点结束后,根据结果编制"库存现金盘点单",并由检查人员和出纳签名盖章,作为重要的原始凭证。

二、库存现金清查的主要业务

公司清查小组定期或不定期对库存现金进行清点,发现与库存现金日记账不符时需要进行处理，主要包括：库存现金短缺和库存现金溢余。下面详细对这两种主要业务进行讲解。

【任务实施】

业务1：库存现金短缺。

2019年5月25日，长沙信达有限责任公司清查小组在检查库存现金时，发现库存现金小于账面余额，短缺150元。经查明，属于员工李红的责任，应由其赔款。

1. 实训资料

（1）库存现金盘点单，如图2-53所示。

库存现金盘点单

年　月　日

票面额	张数	金额	票面额	张数	金额
壹佰元			伍角		
伍拾元			贰角		
贰拾元			壹角		
拾元			伍分		
伍元			贰分		
贰元			壹分		
壹元			合计		
加：收入凭证未记账					
减：付出凭证未记账					
加：跨日收入					
加：跨日借条					
调整后实际账面金额					
现金日记账账面余额					
差额					
处理意见					

图2-53　库存现金盘点（空白）

（2）付款凭证，如图2-54所示。

付 款 凭 证

贷方科目：　　　　　　　　　年　月　日　　　　　　　　附件　　字第　　号　　张

对方单位	摘要	借方科目		金额									记账符号
		总账科目	明细科目	千	百	十	万	千	百	十	元	角	分	
银行结算方式及票号：				合计									

会计主管　　　记账　　　稽核　　　出纳　　　制证

图2-54　付款凭证（空白）

(3) 转账凭证,如图 2-55 所示。

转 账 凭 证

图 2-55 转账凭证(空白)

(4) 库存现金日记账,如图 2-56 所示。

库存现金日记账

图 2-56 库存现金日记账(空白)

2. 实训流程

(1) 清查小组进行盘点与账面余额核对,账实不符则填写库存现金盘点单,并由主管审核。

(2) 将审核无误的原始凭证交由会计填制付款和转账凭证。

(3) 根据审核无误的付款凭证登记库存现金日记账。

3. 实训任务

(1) 审核库存现金盘点单。

(2) 审核付款凭证和转账凭证。

(3) 登记库存现金日记账。

4. 实训结果

业务完成后,相关凭证如图 2-57 至图 2-60 所示。

库存现金盘点单

2019 年 5 月 25 日

票面额	张数	金额	票面额	张数	金额
壹佰元	2	200	伍角		
伍拾元	2	100	贰角		
贰拾元	5	100	壹角		
拾元			伍分		
伍元	2	10	贰分		
贰元			壹分		
壹元			合计		410 元
加:收入凭证未记账					
减:付出凭证未记账					
加:跨日收入					
加:跨日借条					
调整后实际账面金额:					
现金日记账账面余额:					560 元
差额:					150 元
处理意见:经查明,属于员工李红的责任,应由其赔偿。					

图 2-57 库存现金盘点单

付 款 凭 证

贷方科目:库存现金　　2019 年 5 月 25 日　　付字第 5 号　　附件 1 张

对方单位	摘要	借方科目		金额	记账符号
		总账科目	明细科目	千百十万千百十元角分	
	现金盘亏	待处理财产损溢		1 5 0 0 0	○
					○
					○
					○
					○
银行结算方式及票号:			合　计	¥　　　1 5 0 0 0	○

会计主管 高清　　记账　　稽核　　出纳 钱清　　制证 陈一民

图 2-58 付款凭证

转 账 凭 证

2019 年 05 月 25 日　　　　　　　　　　　　　　　　转字第 1 号
附件 1 张

杭州青联印刷厂印制 207

摘要	总账科目	明细科目	借方金额	记账符号	贷方金额	记账符号
现金盘亏处理	其他应收款	李红	150 00			
	待处理财产损溢				150 00	
合　计			¥150 00		¥150 00	

会计主管 高清　　　记账　　　复核　　　制证 陈一民

图 2-59　转账凭证

库存现金日记账

2019 年		凭证编号	摘要	对方科目	收入（借方）	√	支出（贷方）	√	余　额
月	日								
5	17		承前页		3 725 00		2 500 00		2 025 00
5	21	付字3号	支付办公用品费	管理费用			185 00		1 840 00
5	23	付字4号	将现金送存银行	银行存款			1 500 00		340 00
5	25	付字5号	现金盘亏	待处理财产损溢			150 00		190 00

图 2-60　库存现金日记账

业务 2：库存现金溢余。

2019 年 5 月 31 日，长沙信达有限责任公司清查小组例行清点库存现金，发现库存现金大于账面余额，库存现金溢余 260 元，经批准后列入营业外收入。

1. 实训资料

（1）库存现金盘点单，如图 2-61 所示。

库存现金盘点单

年　月　日

票面额	张数	金额	票面额	张数	金额
壹佰元			伍角		
伍拾元			贰角		
贰拾元			壹角		
拾元			伍分		
伍元			贰分		
贰元			壹分		
壹元			合计		
加：收入凭证未记账					
减：付出凭证未记账					
加：跨日收入					
加：跨日借条					
调整后实际账面金额					
现金日记账账面余额					
差额					
处理意见					

图 2-61　库存现金盘点单（空白）

（2）收款凭证，如图 2-62 所示。

收款凭证

借方科目：　　　　　　　　年　月　日　　　　　字第　号
　　　　　　　　　　　　　　　　　　　　　　　附件　　张

对方单位	摘　要	贷方科目		金　额	记账符号
		总账科目	明细科目	千百十万千百十元角分	
					□
					□
					□
					□
					□
银行结算方式及票号：			合计		□

会计主管　　　记账　　　稽核　　　出纳　　　制证

杭州青联印刷厂印制 210

图 2-62　收款凭证（空白）

（3）库存现金日记账，如图 2-63 所示。

库存现金日记账

年 月 日	凭证编号	摘要	对方科目	收入（借方）百十万千百十元角分	√	支出（贷方）百十万千百十元角分	√	余额 百十万千百十元角分

图 2-63　库存现金日记账（空白）

2. 实训流程

（1）清查小组进行盘点与账面余额核对，账实不符则填写库存现金盘点报告单，并由主管审核。

（2）将审核无误的原始凭证交由会计填制收款凭证。

（3）根据审核无误的收凭证登记库存现金日记账。

3. 实训任务

（1）审核库存现金盘点单。

（2）审核收款凭证。

（3）登记库存现金日记账。

4. 实训结果

业务完成后，相关凭证如图 2-64 至图 2-66 所示。

库存现金盘点单

2019 年 5 月 31 日

票面额	张数	金额	票面额	张数	金额
壹佰元	3	300	伍角		
伍拾元	3	150	贰角		
贰拾元	1	20	壹角		
拾元	3	30	伍分		
伍元			贰分		
贰元			壹分		
壹元			合计		500 元
加：收入凭证未记账					
减：付出凭证未记账					
加：跨日收入					
加：跨日借条					
调整后实际账面金额					
现金日记账账面余额					240 元
差额					260 元
处理意见：经批准后列入营业外收入。					

图 2-64　库存现金盘点单

收 款 凭 证

收 字第 3 号
附件 1 张

借方科目：库存现金   2019 年 05 月 31 日

对方单位	摘 要	贷方科目		金 额	记账符号
		总账科目	明细科目	千百十万千百十元角分	
	现金盘盈	营业外收入		2 6 0 0 0	
银行结算方式及票号：		合 计		¥ 　　2 6 0 0 0	

杭州青联印刷厂印制 2101

会计主管 高清　　记账　　稽核　　出纳 钱洁　　制证 陈一民

图 2-65　收款凭证

库存现金日记账

2019年		凭证编号	摘要	对方科目	收入（借方）	√	支出（贷方）	√	余 额
月	日				百十万千百十元角分		百十万千百十元角分		百十万千百十元角分
5	17		承前页		3 7 2 5 0 0		2 5 0 0 0		2 0 2 5 0 0
5	21	付字3号	支付办公用品费	管理费用			1 8 5 0 0		1 8 4 0 0 0
5	23	付字4号	将现金送存银行	银行存款			1 5 0 0 0 0		3 4 0 0 0
5	25	付字5号	现金盘亏	待处理财产损溢			1 5 0 0 0		1 9 0 0 0
5	31	收字3号	现金盘盈	营业外收入	2 6 0 0 0				4 5 0 0 0

图 2-66　库存现金日记账

【任务考核】

任务考核表

实训任务	
实训目标	
实训收获	

续 表

评价主体	评价项目		分值	评价得分	加权得分
组员评价	职业素养	考勤	5		
		课堂表现	15		
	职业技能	任务完成度	25		
		任务完成质量	30		
	职业团队	沟通能力	10		
		协调能力	15		
	小 计		100		
组长评价	职业素养	考勤	5		
		课堂表现	15		
	职业技能	任务完成度	25		
		任务完成质量	30		
	职业团队	沟通能力	10		
		协调能力	15		
	小 计		100		
教师评价	职业素养	考勤	5		
		课堂表现	15		
	职业技能	任务完成度	25		
		任务完成质量	30		
	职业团队	沟通能力	10		
		协调能力	15		
	小 计		100		
合 计					

学生签字：　　　　　　　　　　　日期：

实训任务五　库存现金日记账的登记与核对业务的办理

【任务导入】

5月的最后一天下午，出纳员钱清看了一下整理出来的现金收、付款凭证，她知道需要根据这些凭证逐日逐笔按顺序登记,但是该如何进行登记呢?

【任务目标】

一、技能目标

能登记和核算库存现金日记账业务。

二、素养目标

培养严谨的工作态度。

【任务描述】

库存现金日记账是专门用来记录现金收支业务的一种特种日记账。库存现金日记账必须采用订本式账簿,其账页格式一般采用"借方""贷方"和"余额"三栏式。通常由出纳人员根据审核后的库存现金收款凭证和库存现金付款凭证,逐日逐笔顺序登记。但注意从银行提取现金的业务,只填制银行存款付款凭证。

一、库存现金日记账的登记

出纳根据经济业务发生和完成时间的先后顺序,逐日逐笔登记日记账。在登记时,必须遵守下列规则:

(1) 根据审核无误的收付款凭证记账。
(2) 所记载的内容必须同会计凭证相一致,不得随意增减。
(3) 逐笔、序时登记日记账,做到日清月结。
(4) 必须连续登记,不得跳行或隔页,不得随意更换和撕去账页。
(5) 文字和数字必须整洁清晰,准确无误。
(6) 每一张账页登记完毕结转下页时,应结出本页发生额合计数及余额。
(7) 记录发生错误时,必须按规定方法更正。

二、库存现金日记账的核对

(一) 库存现金日记账与库存现金收付款凭证核对(账证核对)

收、付款凭证是登记库存现金日记账的依据,账目和凭证应该是完全一致的。但是在记账的过程中,由于工作粗心等原因,往往会发生重记、漏记、记错方向或记错数字等情况。账证核对要按照业务发生的先后顺序一笔一笔地进行。检查的项目主要是:核对凭证编号;复查记账凭证与原始凭证,看两者是否完全相符;查对账证金额与方向的一致性;检查时如发现差错,应立即按规定方法更正,确认账证完全一致。

(二) 库存现金日记账与库存现金总分类账的核对(账账核对)

库存现金日记账是根据收、付款凭证逐笔登记的,库存现金总分类账是根据收、付款凭证汇总登记的,记账的依据相同,记录的结果应该完全一致。但是,由于两种账簿是由不同人员分别记账的,而且库存现金总分类账一般是汇总登记,在汇总和登记过程中,都有可能发生差错;库存现金日记账是一笔一笔地记录的,记录的次数很多,也难免发生差错。因此,出纳应定期出具"出纳报告单"与总账会计进行核对。

(三) 库存现金日记账与库存现金的核对(账实核对)

出纳每天业务终了以后,应自行清查账款是否相符。先结出当天库存现金日记账的账面余额,再盘点库存现金的实有数,看两者是否完全相符。

【任务实施】

业务 1：登记库存现金日记账。

2019 年 5 月底,长沙信达有限责任公司根据库存现金日记账期初数和收付款凭证,登记库存现金日记账,并进行月结。

1. 实训资料

库存现金日记账,如图 2-67 所示。

图 2-67 库存现金日记账(空白)

2. 实训流程

根据公司提供的库存现金日记账期初数和库存现金收付款凭证进行逐步登记。

3. 实训任务

登记库存现金日记账。

4. 实训结果

业务完成后,相关凭证如图 2-68、图 2-69 所示。

库存现金日记账

2019年		凭证编号	摘要	对方科目	收入（借方）	√	支出（贷方）	√	余额
月	日				百十万千百十元角分		百十万千百十元角分		百十万千百十元角分
5	1		期初余额						8 0 0 0 0
5	5	收字1号	报销差旅费	其他应收款	5 9 5 0 0				1 3 9 5 0 0
5	9	收字2号	销售产品	主营业务收入	1 0 0 0 0 0				2 3 9 5 0 0
5	9	收字2号	销售产品	应交税费	1 3 0 0 0				2 5 2 5 0 0
5	15	付字1号	提现备用	银行存款	2 0 0 0 0 0				4 5 2 5 0 0
5	17	付字2号	预借差旅费	其他应收款			2 5 0 0 0 0		2 0 2 5 0 0
5	17		过次页		3 7 2 5 0 0		2 5 0 0 0 0		2 0 2 5 0 0

图 2-68 登记库存现金日记账(一)

库存现金日记账

2019年		凭证编号	摘要	对方科目	收入（借方）	√	支出（贷方）	√	余额
月	日				百十万千百十元角分		百十万千百十元角分		百十万千百十元角分
5	1		承前页		3 7 2 5 0 0		2 5 0 0 0 0		2 0 2 5 0 0
5	21	付字3号	支付办公用品费	管理费用			1 8 5 0 0		1 8 4 0 0 0
5	23	付字4号	将现金送存银行	银行存款			1 5 0 0 0 0		3 4 0 0 0
5	25	付字5号	现金盘亏	待处理财产损溢			1 5 0 0 0		1 9 0 0 0
5	31	收字3号	现金盘盈	营业外收入	2 6 0 0 0				4 5 0 0 0
5	31		本月合计		3 9 8 5 0 0		4 3 3 5 0 0		4 5 0 0 0

图 2-69 登记库存现金日记账(二)

业务 2：核对库存现金日记账。

2019 年 5 月底,长沙信达有限责任公司的库存现金日记账余额为 450 元,出纳清点公司库存现金实有数为 450 元,这属于库存现金日记账核对中的账实核对。

1. 实训资料

库存现金日记账,如图 2-70、图 2-71 所示。

库存现金日记账

2019年		凭证编号	摘要	对方科目	收入（借方） 百十万千百十元角分	√	支出（贷方） 百十万千百十元角分	√	余 额 百十万千百十元角分
月	日								
5	1		期初余额						8 0 0 0 0
5	5	收字1号	报销差旅费	其他应收款	5 9 5 0 0				1 3 9 5 0 0
5	9	收字2号	销售产品	主营业务收入	1 0 0 0 0 0				2 3 9 5 0 0
5	9	收字2号	销售产品	应交税费	1 3 0 0 0				2 5 2 5 0 0
5	15	付字1号	提现备用	银行存款	2 0 0 0 0 0				4 5 2 5 0 0
5	17	付字2号	预借差旅费	其他应收款			2 5 0 0 0 0		2 0 2 5 0 0
5	17		过次页		3 7 2 5 0 0		2 5 0 0 0 0		2 0 2 5 0 0

图 2-70 库存现金日记账（一）

库存现金日记账

2019年		凭证编号	摘要	对方科目	收入（借方） 百十万千百十元角分	√	支出（贷方） 百十万千百十元角分	√	余 额 百十万千百十元角分
月	日								
5	1		承前页		3 7 2 5 0 0		2 5 0 0 0 0		2 0 2 5 0 0
5	21	付字3号	支付办公用品费	管理费用			1 8 5 0 0		1 8 4 0 0 0
5	23	付字4号	将现金送存银行	银行存款			1 5 0 0 0 0		3 4 0 0 0
5	25	付字5号	现金盘亏	待处理财产损溢			1 5 0 0 0		1 9 0 0 0
5	31	收字3号	现金盘盈	营业外收入	2 6 0 0 0				4 5 0 0 0
5	31		本月合计		3 9 8 5 0 0		4 3 3 5 0 0		4 5 0 0 0

图 2-71 库存现金日记账（二）

库存现金盘点单如图 2-72 所示。

库存现金盘点单

2019 年 5 月 31 日

票面额	张数	金额	票面额	张数	金额
壹佰元	3	300	伍角		
伍拾元	2	100	贰角		
贰拾元	1	20	壹角		
拾元	2	20	伍分		
伍元	2	10	贰分		
贰元			壹分		
壹元			合计	10	450 元
加：收入凭证未记账					
减：付出凭证未记账					
加：跨日收入					
加：跨日借条					
调整后实际账面金额					
现金日记账账面余额					450 元
差额					0
处理意见					

图 2-72 库存现金盘点单

2. 实训流程

根据出纳登记的库存现金日记账期末数和库存现金盘点单中的金额进行核对。

3. 实训任务

核对库存现金日记账。

4. 实训结果

库存现金日记账的核对中账实相符。

【任务考核】

现金坐支，财务人不可逾越的红线

任务考核表

实训任务					
实训目标					
实训收获					
评价主体		评价项目	分值	评价得分	加权得分
组员评价	职业素养	考勤	5		
		课堂表现	15		
	职业技能	任务完成度	25		
		任务完成质量	30		
	职业团队	沟通能力	10		
		协调能力	15		
	小　计		100		
组长评价	职业素养	考勤	5		
		课堂表现	15		
	职业技能	任务完成度	25		
		任务完成质量	30		
	职业团队	沟通能力	10		
		协调能力	15		
	小　计		100		
教师评价	职业素养	考勤	5		
		课堂表现	15		
	职业技能	任务完成度	25		
		任务完成质量	30		
	职业团队	沟通能力	10		
		协调能力	15		
	小　计		100		
合　计					

学生签字：　　　　　　　　　　日期：

项目三 出纳银行存款业务技能
Item 3

实训任务一 银行卡与网银业务的办理

【任务导入】

2019年3月20日,长沙信达有限责任公司出纳员钱清要去办理一张中国建设银行的单位结算卡。请问要准备些什么材料,有哪些规则和注意事项?该公司已经在中国建设银行的一般存款户开通了网银业务,2019年5月6日有笔款项要支付,请问使用网银付款如何操作,有哪些注意事项?

【任务目标】

一、技能目标

(1) 能准确准备开户资料。
(2) 能准确填写开立银行结算账户的申请书。
(3) 能熟练使用网银。

二、素养目标

培养严谨的工作态度。

【任务描述】

单位结算卡是为提升企业客户支付结算效率而推出的创新借记卡产品。面向企业客户发行,与企业的银行结算账户相关联,具备账户查询、转账汇款、现金存取、消费及投资理财等多种金融功能。该卡支持企业多账户管理,通过境内银联网络的所有渠道,企业客户可以全天候办理支付结算业务,极大地提升了企业资金结算及财务管理效率,并助推商业银行公司及零售业务资源的整合。

网上银行又称为网络银行、在线银行,是指银行通过计算机和互联网为客户提供账户查询、转账结算、在线支付等金融服务的业务处理系统,是一种全新的电子银行服务平台。随着经济的发展和科技的进步,网上银行因其高效、便捷、安全的特性满足了企业的结算要求,得到了广泛的应用。企业网上银行适合需要实时掌握账户及财务信息、不涉及资金转入和转出的广大中小企业客户。

一、单位结算卡开立的流程

单位结算卡就是银行面向单位客户发行的银行卡。由单位结算卡的定义可以看出,它的主要功能和个人银行卡相似,都可以查询账户情况、转账汇款,现金存取、消费等。

(1) 提出申请,提交开立单位结算账户申请书。

(2) 预留银行印鉴。

(3) 领卡激活。

二、企业网银支付结算的程序

客户在银行网点开通企业电话银行或办理企业普通卡证书后,就可在柜面或在线自助注册企业网上银行普及版。客户凭普通卡证书卡号和密码即可登录企业网上银行普及版,获得基本的网上银行服务。以办理中国工商银行的企业网银为例:

(1) 阅读操作指南(图3-1)。

(2) 登录中国工商银行企业网银。

(3) 网上提交付款指令,复核确认。

(4) 打印电子回单。

(5) 编制记账凭证。

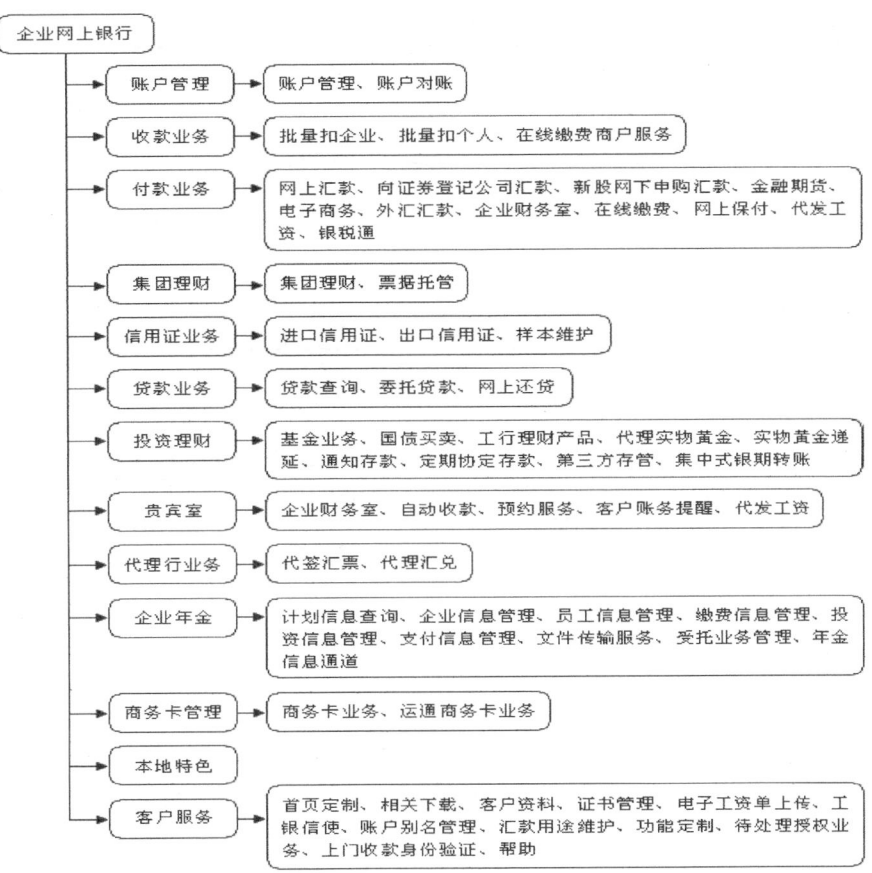

图 3-1 企业网银操作指南

【任务实施】

业务 1：单位结算卡的开立。

2019 年 3 月 20 日，长沙信达有限责任公司由于业务需要指定办理一张中国建设银行的单位结算卡，出纳员钱清去办理此事。

1. 实训资料

(1) 企业基本信息表(表 3-1)。

表 3-1 企业基本信息表

公司名称	长沙信达有限责任公司
注册地址	长沙市开福区蔡锷北路 118 号
企业类型	有限责任公司
注册资本	100 万元
基本存款账户	中国工商银行长沙开福区支行
基本户账号	432000654223588

续　表

法人代表、身份证号码	陈铭、身份证号码 430102197107015641
经营范围及主要产品	日常用品
经营方式	批发、零售日用品、食品
财务主管	高清
出纳员	钱清
会计部门人员	会计主管：陈一民
纳税人识别号、类型	914305896523012589，一般纳税人

（2）开立单位结算账户申请书，如图 3-2 所示。

开立单位银行结算账户申请书

存款人名称		电　话	
地　　址		邮　编	
存款人类别		组织机构代码	
法定代表人（　） 单位负责人（　）	姓　名		
	证件种类		
	证件号码		
行业分类	A□　B□　C□　D□　E□　F□　G□　H□　I□　J□ K□　L□　M□　N□　O□　P□　Q□　R□　S□　T□		
注册资金		地区代码	
经营范围			
证明文件种类		证明文件编号	
国税登记证号		地税登记证号	
关联企业			
账户性质	基本存款账户□　一般存款账户□　专用存款账户□　临时存款账户□		
资金性质		有效日期	年　　月　　日

以下为存款人上级法人或主管单位信息：

上级法人或主管单位名称			
基本存款账户开户登记证核准号		组织机构代码	
法定代表人（　） 单位负责人（　）	姓　名		
	证件种类		
	证件号码		

以下栏目由开户银行审核后填写：

开户银行名称			
开户银行代码		账号	
基本存款账户开户登记证核准号		开户日期	
本存款人申请开立银行结算账户，并承诺所提供的开户资料真实、有效，若有伪造、欺诈，承担法律责任。 存款人（公章）： 　　　　年　　月　　日	开户银行审核意见： 经办人（签章）： 开户银行（签章）： 　　　　年　　月　　日		开户银行审核意见（非核准类账户除外）： 经办人（签章）： 开户银行（签章）： 　　　　年　　月　　日

填表说明：

1. 申请开立临时存款账户，必须填列有效日期。
2. "行业分类"中各字母代表的行业种类由中国人民银行统一规定并由银行在营业场所公告。
3. 申请开立基本存款账户、临时存款账户（因注册验资开立的除外）、预算单位专用存款账户和QFII专用存款账户的，必须填写本申请一式三份，其中：一份存款人留存，一份开户银行留存，一份由开户银行报送中国人民银行当地分支行；申请开立一般存款账户、其他专用存款账户的，必须填写本申请书一式两份，其中：一份存款人留存，一份开户银行留存。

图3-2　单位结算账户申请书

（3）填制印鉴卡，如图3-3所示。

印□鉴□卡□片	No.

单位名称：	账号：
地址：	邮编：
E-mail（电子信箱）地址：	
联系人：	电话：

印模：

启用日期　　年　　月　　日　　　　注销日期　　年　　月　　日

图3-3　印鉴卡

2. 实训流程

(1) 了解申办条件和步骤。申请办理单位结算卡的企业,需要在该行开立单位银行结算账户且年检合法有效,并同意使用密码办理支付结算等业务。

(2) 提出申请、提交材料。企业与银行签订《单位结算卡使用协议》,并提供相关材料。

(3) 领卡激活。在银行审核资料无误后,收到单位结算卡并激活。领卡后需在柜面修改初始密码,如果初始密码未经修改,只能办理存款业务。

(4) 签约信息维护。领卡激活后,可在银行网点申请办理结算卡基本信息、关联账户、交易对手、支付限额等签约信息的维护。

3. 实训任务

(1) 填写申请表。

(2) 填制印鉴表。

4. 实训成果

(1) 填写完毕的单位结算账户申请书,如图3-4所示。

开立单位银行结算账户申请书

存款人名称	长沙信达有限责任公司		电话	0731-88888296
地　　址	长沙市开福区蔡锷北路118号		邮编	
存款人类别	有限责任公司		组织机构代码	
法定代表人(√) 单位负责人(　)	姓　　名	陈铭		
	证件种类	身份证		
	证件号码	430102197107015641		
行业分类	A□　B□　C☑　D□　E□　F□　G□　H□　I□　J□ K□　L□　M□　N□　O□　P□　Q□　R□　S□　T□			
注册资金	100万元		地区代码	073101
经营范围	日常用品			
证明文件种类	企业法人营业执照		证明文件编号	914305896523012589
国税登记证号	914305896523012589		地税登记证号	914305896523012589

关联企业				
账户性质	基本存款账户□	一般存款账户☑	专用存款账户□	临时存款账户□
资金性质		有效日期		年　月　日

以下为存款人上级法人或主管单位信息：

上级法人或主管单位名称			
基本存款账户开户登记证核准号		组织机构代码	
法定代表人（　） 单位负责人（　）	姓　名		
	证件种类		
	证件号码		

以下栏目由开户银行审核后填写：

开户银行名称			
开户银行代码		账号	
基本存款账户开户登记证核准号		开户日期	
本存款人申请开立银行结算账户，并承诺所提供的开户资料真实、有效，若有伪造将承担法律责任。 存款人（公章） 2019年03月26日	开户银行审核意见： 经办人（签章）： 开户银行（签章）： 　　　年　月　日		开户银行审核意见（非核准类账户除外）： 经办人（签章）： 开户银行（签章）： 　　　年　月　日

填表说明：
1. 申请开立临时存款账户，必须填列有效日期。
2. "行业分类"中各字母代表的行业种类由中国人民银行统一规定并由银行在营业场所公告。
3. 申请开立基本存款账户、临时存款账户（因注册验资开立的除外）、预算单位专用存款账户和QFII专用存款账户的，必须填写本申请一式三份，其中：一份存款人留存，一份开户银行留存，一份由开户银行报送中国人民银行当地分支行；申请开立一般存款账户、其他专用存款账户的，必须填写本申请书一式两份，其中：一份存款人留存，一份开户银行留存。

图3-4　开立单位结算账户申请书

(2) 填制后的印鉴卡,如图 3-5 所示。

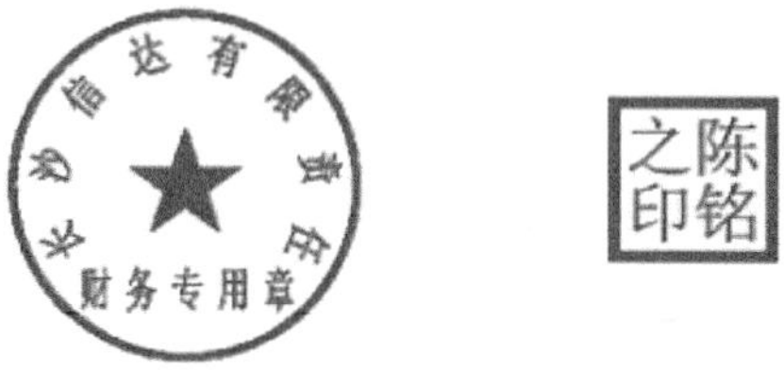

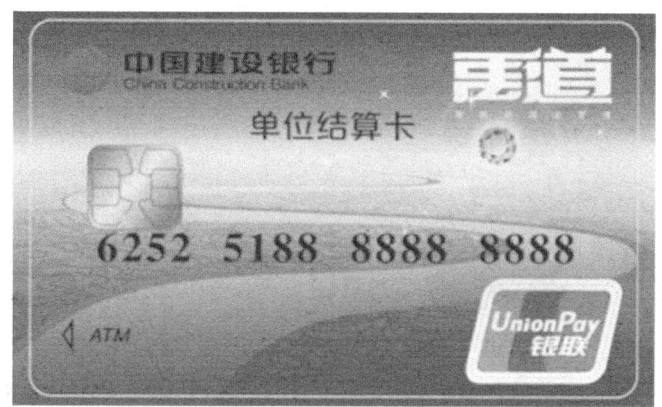

图 3-5　印鉴卡

(3) 办理后得到单位结算卡,如图 3-6 所示。

图 3-6　单位结算卡

业务 2：企业网银的开通与使用。

2019 年 5 月 4 日,长沙信达有限责任公司通过中国建设银行网上银行支付湖南文华科技有限公司前欠货款 20 000 元及增值税 2 600 元,共计 22 600 元。湖南文华科技有限公司开户行为中国工商银行长沙岳麓区支行,账号为 432000654222355。

1. 实训资料

(1) 中国建设银行企业网上银行,如图 3-7 所示。

图3-7　中国建设银行企业网上银行

（2）网上银行电子回单，如图3-8所示。

中国建设银行　电子银行业务回单（付款）

交易渠道：		日期：　　年　月　日	No.
付款人名称		收款人名称	
付款人账号		收款人账号	
付款行名		收款行名	
人民币			
用途		业务类型	
备注			

已打印001次　　　　　　打印时间：

图3-8　网上银行电子回单

（3）付款凭证，如图3-9所示。

付　款　凭　证

付字　第＿＿号

贷方科目＿＿＿＿　　　　年　月　日　　　　附件＿＿＿张

对方单位	摘要	借方科目		金额									记账符号
		总账科目	明细科目	千	百	十	万	千	百	十	元	角	分	
														☐
														☐
														☐
														☐

会计主管　　　记账　　　稽核　　　出纳　　　制证

图3-9　付款凭证

2. 实训流程

(1) 登录企业网上银行。

第一步：打开网上银行登录页面，点击"如果您是在银行柜台开通网上银行首次登录，请点击这里进入"，进入首次登录页面后，输入证件号码、姓名。

第二步：选择任意签约账户，并输入签约账户取款密码、附加码。

第三步：设置网上银行登录密码和交易密码，如果您使用的是非预制网银盾客户，则提示您继续下载数字证书。

第四步：点击"进入网上银行"，登录成功。

(2) 网上提交付款指令，复核确认。

拔出制单员的网银盾，关闭所有的浏览器，再插入复核员的网银盾，登录企业网银完成复核。

(3) 打印电子回单。

(4) 编制记账凭证。

3. 实训任务

(1) 登录企业网上银行。

(2) 网上提交付款指令，复核确认。

(3) 打印电子回单。

(4) 编制记账凭证。

4. 实训成果

(1) 登录企业网上银行，如图 3-10 所示。

图 3-10　登录企业网上银行

(2) 选择跨行收款人与输入支付金额及用途，如图 3-11、图 3-12 所示。

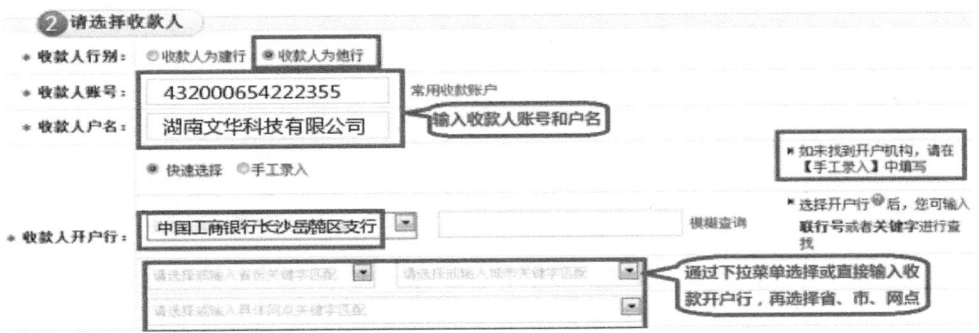

图 3-11　选择跨行收款人

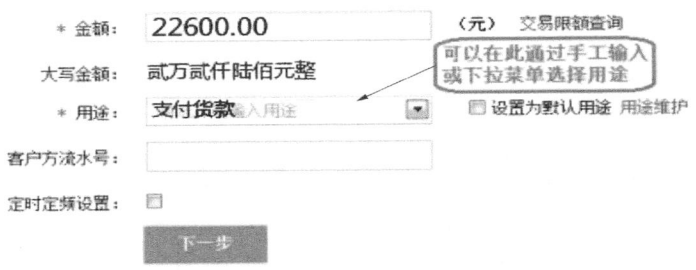

图 3-12　输入支付金额及用途

(3) 交易信息复核,如图 3-13 所示。

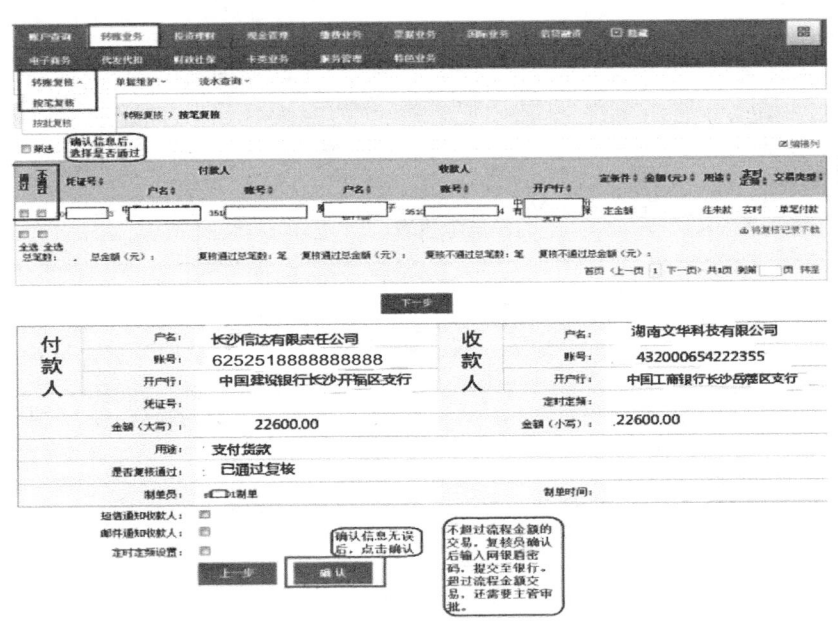

图 3-13　交易信息复核

(4) 生成付款回单并填制付款凭证,如图 3-14、图 3-15 所示。

中国建设银行 电子银行业务回单（付款）

交易渠道：　　　　　　　日期：2019 年 05 月 04 日　　　　　No 5325945623

付款人名称	长沙信达有限责任公司	收款人名称	湖南文华科技有限公司
付款人账号	6252518888888888	收款人账号	432000654222355
付款行名	中国建设银行长沙开福区支行	收款行名	中国工商银行长沙岳麓区支行
人民币	贰万贰仟陆佰元整		
用途	支付货款	业务类型	
备注			

已打印001次　　　　　打印时间：

图 3-14　付款回单（生成后）

付　款　凭　证

付字 第 5 号

贷方科目 银行存款　　　2019 年 05 月 04 日　　　　附件 2 张

对方单位	摘要	借方科目		金额									记账符号
		总账科目	明细科目	千	百	十	万	千	百	十	元	角	分	
湖南文华科技有限公司	网银支付货款	应付账款	湖南文华科技有限公司			2	2	6	0	0	0	0	☐
													☐
													☐
													☐
				¥		2	2	6	0	0	0	0	☐

会计主管 高清　　记账 钱清　　稽核 陈一民　　出纳 钱清　　制证 钱清

图 3-15　付款凭证（填制后）

【任务考核】

任务考核表

实训任务					
实训目标					
实训收获					
评价主体		评价项目	分值	评价得分	加权得分
组员评价	职业素养	考勤	5		
		课堂表现	15		
	职业技能	任务完成度	25		
		任务完成质量	30		
	职业团队	沟通能力	10		
		协调能力	15		
	小　计		100		

续表

组长评价	职业素养	考勤	5	
		课堂表现	15	
	职业技能	任务完成度	25	
		任务完成质量	30	
	职业团队	沟通能力	10	
		协调能力	15	
	小 计		100	
教师评价	职业素养	考勤	5	
		课堂表现	15	
	职业技能	任务完成度	25	
		任务完成质量	30	
	职业团队	沟通能力	10	
		协调能力	15	
	小 计		100	
	合 计			

学生签字： 日期：

实训任务二　支票业务的办理

【任务导入】

长沙信达有限责任公司出纳员钱清手上有三张支票，第一张是为了本公司提取备用金准备的，第二张是为了给湖南文华科技有限公司支付材料款而准备的，还有一张是收到北京万达公司支付货款的支票。请判断这几张分别是什么类型的支票？适用范围是否合理？记录的事项是否全面？如果去银行，该如何办理进账手续？如果让你来填写支票，应有哪些规则和注意事项？

【任务目标】

一、技能目标

（1）能熟练完成支票的领用与填写。

（2）能熟练完成进账单的填写。

二、素养目标

培养严谨的工作态度。

【任务描述】

支票是出票人签发的，委托办理支票存款业务的银行或者其他金融机构在见票时，无条件支付确定金额给收款人或者持票人的票据。凡在银行设立账户的单位、个体工商户及个人，经开户行的同意均可使用支票进行结算业务。2007 年 7 月 8 日开始，中国人民银行宣布支票可以在全国范围内互通使用。支票按照支付票款的方式不同，可以分为现金支票，转账支票和普通支票。

一、现金支票取现的流程

（1）查询银行存款余额。

（2）提出申请并填写现金支票，使用登记簿。

（3）填写支票。

（4）审批盖章。

（5）生成密码并填入。

（6）银行取现并清点现金。

二、开具转账支票的流程

（1）查询银行存款余额。

（2）提出申请并登记现金支票使用登记簿。

（3）填写支票。

（4）审批盖章。

（5）生成密码并填入。

（6）银行转账或将支票正联交给收款人。

三、转账支票结算的流程

（1）检查支票各项目是否符合规定。

（2）到收款人自己开户行（或付款人开户行）办理进账。

（3）收到加盖银行章的回单。

（4）收到收账通知。

单位将转账支票送存开户行进行进账、汇款,或将现金送存开户行时,均应填写进账单向银行办理进账手续。进账单第一联为回单或收款通知联,是收款人开户行交给收款人的回单;第二联为收入凭证联,此联由收款人开户行作收入传票。

【任务实施】

业务 1:提现备用。

2019 年 5 月 5 日,长沙信达有限责任公司出纳员钱清,开具一张现金支票,金额 10 000 元,提现备用。

1. 实训资料

(1) 现金支票(正面),如图 3 - 16 所示。

自动支票打印

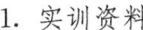

图 3 - 16 现金支票(正面)

(2) 现金支票(背面),如图 3 - 17 所示。

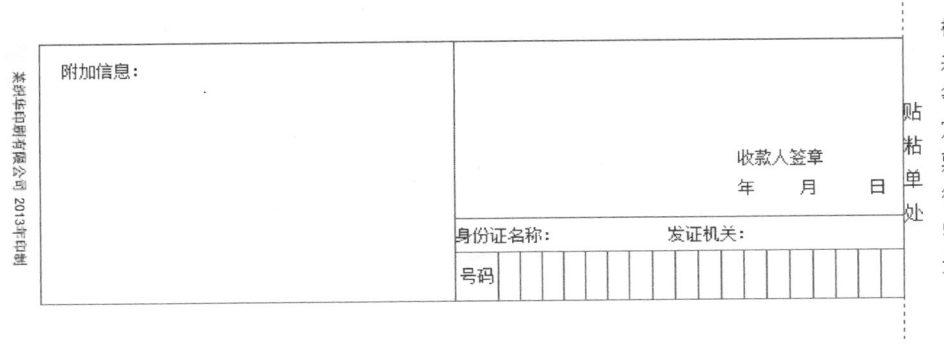

图 3 - 17 现金支票(背面)

(3) 付款凭证,如图 3 - 18 所示。

付 款 凭 证

付字 第___号

贷方科目_____ 年 月 日 附件____张

对方单位	摘要	借方科目		金额										记账符号
		总账科目	明细科目	千	百	十	万	千	百	十	元	角	分	
														☐
														☐
														☐
														☐
														☐

会计主管   记账   稽核   出纳   制证

图 3-18 付款凭证

2. 实训流程

(1) 致电到开户行或者登录企业网上银行查询企业银行存款的余额。

(2) 出纳使用现金支票提现时,需告知财务经理或者其他相关领导,同时做好现金支票使用情况的登记。

(3) 严谨规范地填写现金支票的正面与背面。

(4) 现金支票填写好后,必须在支票的正面和背面盖上银行预留的印鉴,盖章时,要保证印章清晰,不得重叠。

(5) 将支付密码器生成的支付密码,填在支票上。

(6) 从银行取现并清点现金。

3. 实训任务

(1) 填写现金支票正、反面。

(2) 审批盖章。

(3) 填制记账凭证。

4. 实训成果

(1) 填制后的现金支票(正面),如图 3-19 所示。

图 3-19 现金支票(正面)(填制后)

(2)填制后的现金支票(背面),如图3-20所示。

图 3-20 现金支票(背面)(填制后)

(3)填制后的付款凭证,如图3-21所示。

付 款 凭 证

付字 第 012 号

贷方科目 银行存款　　　2019 年 05 月 05 日　　　附件　1　张

对方单位	摘要	借方科目		金额									记账符号
		总账科目	明细科目	千	百	十	万	千	百	十	元	角	分	
长沙信达有限责任公司	提现备用	库存现金					1	0	0	0	0	0	0	☐
														☐
														☐
						¥	1	0	0	0	0	0	0	☐

会计主管　高清　　记账　钱清　　稽核　陈一民　　出纳　钱清　　制证　钱清

图 3-21 付款凭证(填制后)

业务 2:开具转账支票结算材料款。

2019年5月6日,长沙信达有限责任公司开出转账支票一张,出纳员钱清去银行办理转账手续,支付湖南文华科技有限公司前欠货款 50 000 元及增值税 6 500 元,共计 56 500 元。湖南文华科技有限公司开户行为中国工商银行长沙岳麓区支行,账号为 432000654222355。

1. 实训资料

(1)转账支票,如图3-22、图3-23所示。

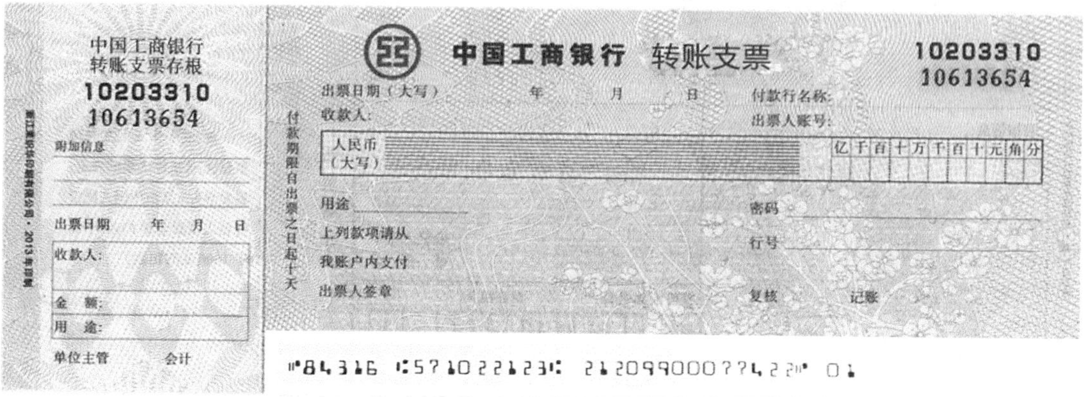
中国工商银行
转账支票存根
10203310
10613654
附加信息
出票日期 年 月 日
收款人：
金 额：
用 途：
单位主管 会计

中国工商银行 转账支票 10203310
10613654
出票日期（大写） 年 月 日 付款行名称：
收款人： 出票人账号：
付款期限自出票之日起十天
人民币（大写） 亿 千 百 十 万 千 百 十 元 角 分
用途 密码
上列款项请从 行号
我账户内支付
出票人签章 复核 记账
⑈84316 ⑆571022123⑆ 212099000774220⑈ 01

图 3－22 转账支票(正面)

附加信息：	被背书人	被背书人	贴粘单处
	背书人签章 年 月 日	背书人签章 年 月 日	

根据《中华人民共和国票据法》等法律法规的规定，签发空头支票由中国人民银行处以票面金额5%但不低于1000元的罚款。

图 3－23 转账支票(背面)

(2) 进账单，如图 3－24 所示。

中国工商银行进账单 （回单） 1

年 月 日

出票人	全 称		收款人	全 称	
	账 号			账 号	
	开户银行			开户银行	
金额	人民币（大写）				千 百 十 万 千 百 十 元 角 分
票据种类		票据张数			
票据号码					
	复核 记账				收款人开户银行签章

图 3－24 进账单(回单)

(3) 付款凭证，如图 3－25 所示。

付 款 凭 证

付字 第___号

贷方科目_____　　　　年　月　日　　　　附件_____张

对方单位	摘要	借方科目		金额										记账符号
		总账科目	明细科目	千	百	十	万	千	百	十	元	角	分	
														☐
														☐
														☐
														☐
														☐

会计主管　　　记账　　　稽核　　　出纳　　　制证

图 3－25　付款凭证

2．实训流程

（1）致电到开户行或者登录企业网上银行查询企业银行存款的余额。

（2）提出申请，同时做好转账支票使用情况的登记。

（3）严谨规范地填写转账支票。

（4）转账支票填写好后，必须在支票上盖上银行预留的印鉴，盖章时，要保证印章清晰，不得重叠。

（5）将支付密码器生成的支付密码，填在支票上。

（6）到银行转账或将支票正联直接交给收款人。出纳到银行办理付款时，需要填写一张辅助单据进账单，该进账单能够全面记载出票人和收款人的相关信息与结算金额。

3．实训任务

（1）开具转账支票。

（2）审批盖章。

（3）填写进账单。

4．实训成果

（1）填制后的转账支票，如图 3－26 所示。

图 3－26　转账支票（填制后）

（2）收到进账单（回单），如图 3－27、图 3－28 所示。

附加信息：	被背书人	被背书人	贴粘单处	根据《中华人民共和国票据法》等法律法规的规定，签发空头支票由中国人民银行处以票面金额5%但不低于1000元的罚款。
	背书人签章 年　月　日	背书人签章 年　月　日		

图 3－27　转账支票（背面）

中国工商银行进账单　（回单）　1

2019 年 05 月 06 日

出票人	全称	长沙信达有限责任公司	收款人	全称	湖南文华科技有限公司
	账号	432000654223588		账号	432000654222355
	开户银行	中国工商银行长沙开福区支行		开户银行	中国工商银行长沙岳麓区支行

金额	人民币（大写）	伍万陆仟伍佰元整	千	百	十	万	千	百	十	元	角	分
					¥	5	6	5	0	0	0	0

票据种类	转账支票	票据张数	1	
票据号码	10203310			
复核　　记账				收款人开户银行盖章

图 3－28　进账单（回单）（填制后）

（3）填制后的付款凭证，如图 3－29 所示。

付　款　凭　证

付字 第 013 号

贷方科目 银行存款　　2019 年 05 月 06 日　　附件 2 张

对方单位	摘要	借方科目		金额										记账
		总账科目	明细科目	千	百	十	万	千	百	十	元	角	分	符号
湖南文华科技有限公司	支付前欠货款	应付账款	湖南文华科技有限公司				5	6	5	0	0	0	0	□
														□
														□
														□
						¥	5	6	5	0	0	0	0	□

会计主管 高清　　记账 钱清　　稽核 陈一民　　出纳 钱清　　制证 钱清

图 3－29　付款凭证（填制后）

业务 3：收到转账支票支付预付货款。

2019 年 5 月 7 日，收到武汉万达商贸公司转账支票一张，用于预付货款，金额 30 000 元。

1. 实训资料

(1) 转账支票，如图 3‑30 所示。

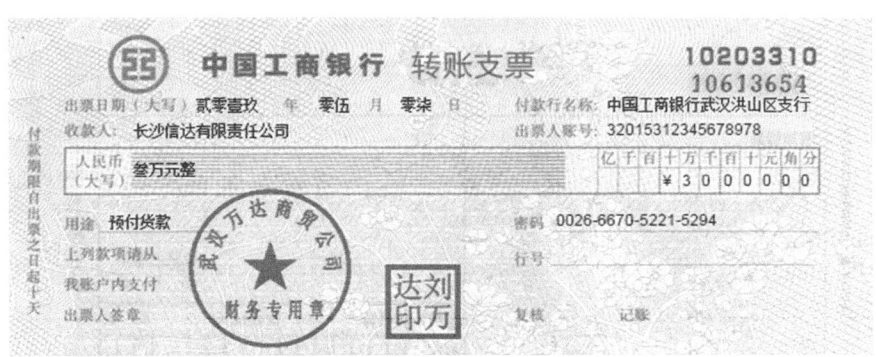

图 3‑30　转账支票(填制后)

(2) 进账单(回单)，如图 3‑31 所示。

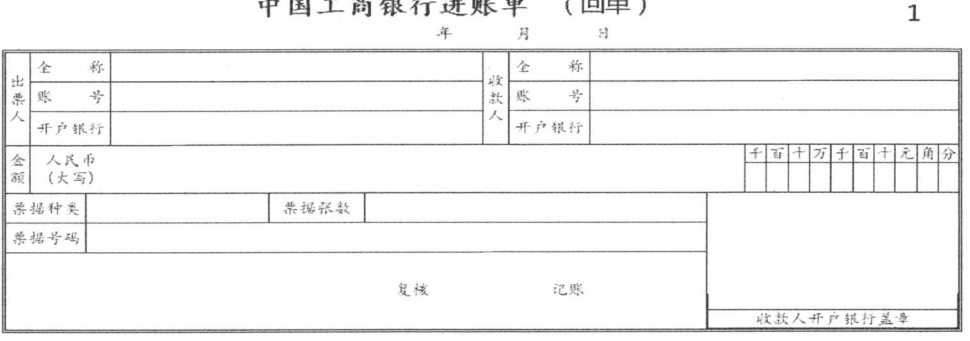

图 3‑31　进账单(回单)

(3) 进账单(收账通知)，如图 3‑32 所示。

图 3‑32　进账单(收账通知)

(4) 收款凭证,如图3-33所示。

收　款　凭　证

收字第___号

借方科目_____　　　　年　月　日　　　　附件_____张

对方单位	摘要	贷方科目		金额	记账符号
		总账科目	明细科目	千百十万千百十元角分	
					□
					□
					□
					□
					□
银行结算方式及票号：			合　计		□

会计主管　　　　　记账　　　　稽核　　　　　出纳　　　　　制证

图3-33　收款凭证

2. 实训流程

(1) 检查收到的转账支票中填写的各项目是否符合规定,如收款人的名称是否为本单位的全称,日期是否正确、是否在10天有效期之内、金额数字书写是否正确、签章是否清晰等。

(2) 持有该转账支票到收款人的开户行办理进账手续。填写进账单后,收到加盖银行印章的回单。

(3) 转账成功,收到收账通知。

3. 实训任务

(1) 填制进账单(回单)。

(2) 填制进账单(收账通知)。

(3) 填制记账凭证。

4. 实训成果

(1) 收到进账单(回单),如图3-34所示。

图3-34　进账单(回单)(填制后)

(2) 收到进账单(收账通知),如图3-35所示。

中国工商银行进账单（收账通知）　　3

2019 年 05 月 07 日

出票人	全　　称	武汉万达商贸公司	收款人	全　　称	长沙信达有限责任公司
	账　　号	32015312345678978		账　　号	432000654223588
	开户银行	中国工商银行武汉洪山区支行		开户银行	中国工商银行长沙开福区支行

金额	人民币（大写）	叁万元整	千	百	十	万	千	百	十	元	角	分
					¥	3	0	0	0	0	0	0

票据种类	转账支票	票据张数	1	中国工商银行长沙开福区支行 20190507 转讫
票据号码	23901145			
		复核	记账	收款人开户银行盖章

图 3-35　收到进账单（收账通知）（填制后）

（3）填制后的收款凭证，如图 3-36 所示。

收　款　凭　证

收字 第 014 号

借方科目 银行存款　　2019 年　05 月　07　日　　附件 2 张

对方单位	摘　要	贷方科目		金额										记账
		总账科目	明细科目	千	百	十	万	千	百	十	元	角	分	符号
武汉万达商贸公司	收到预付款	预收账款	武汉万达商贸公司				3	0	0	0	0	0	0	□
														□
														□
														□
银行结算方式及票号：（略）			合　计			¥	3	0	0	0	0	0	0	□

会计主管　高清　　记账　钱清　　稽核　陈一民　　出纳　钱清　　制证　钱清

图 3-36　收款凭证（填制后）

【任务考核】

任务考核表

实训任务					
实训目标					
实训收获					
评价主体	评价项目		分值	评价得分	加权得分
组员评价	职业素养	考勤	5		
		课堂表现	15		
	职业技能	任务完成度	25		
		任务完成质量	30		
	职业团队	沟通能力	10		
		协调能力	15		
小　　计			100		

续 表

组长评价	职业素养	考勤	5	
		课堂表现	15	
	职业技能	任务完成度	25	
		任务完成质量	30	
	职业团队	沟通能力	10	
		协调能力	15	
	小 计		100	
教师评价	职业素养	考勤	5	
		课堂表现	15	
	职业技能	任务完成度	25	
		任务完成质量	30	
	职业团队	沟通能力	10	
		协调能力	15	
	小 计		100	
合 计				

学生签字：　　　　　　　　　　　　　日期：

实训任务三　银行汇票业务的办理

【任务导入】

长沙信达有限责任公司出纳员钱清因公司异地支付结算申请签发银行汇票，又因销售货物收到银行汇票一张，需要办理进账业务。如何办理这些手续？有哪些规则和注意事项？

【任务目标】

一、技能目标

（1）能准确填写银行汇票业务委托书。

(2) 能准确进行银行汇票付款业务的账务处理。

(3) 能准确审核银行汇票。

(4) 能准确填制银行进账单。

(5) 能准确进行银行汇票收款业务的账务处理。

二、素养目标

(1) 培养严谨的工作态度。

(2) 培养团队协作精神。

【任务描述】

银行汇票是指由出票银行签发的,由其在见票时按实际结算金额无条件付款给收款人或者持票人的票据。银行汇票多用于办理异地转账结算和现金支取,银行汇票具有使用灵活、票随人到、兑现性强等特点,适用于先收款后发货或者钱货两清的商品交易。银行汇票多用于转账支付,如果在商业汇票金额前多加了现金的字样,则可以用于支取现金;但是申请人或者收款人为单位的,不得申请签发现金银行汇票,并且现金银行汇票不得背书转让。

一、银行汇票付款的流程

(1) 申请单位向本单位开户行提出申请签发银行汇票。

(2) 申请人的开户行审核通过申请,银行签发银行汇票。

(3) 申请单位持银行汇票到异地结算,支付给收款单位。

(4) 收款单位持银行汇票,到本单位的开户行办理解付。

(5) 收款人开户行将汇票解付通知给申请人开户行。

(6) 申请人开户行收到通知后,将款项划转给收款人开户行。

(7) 收款人开户行将入账告知收款人单位。

(8) 申请人开户行将结算汇票退还的多余款告知申请单位。

二、收到银行汇票时的注意事项

(1) 收到银行汇票时,先要对银行汇票的内容进行审查。

(2) 银行汇票审查无误后,再去银行办理进账,也可以直接背书转让给其他单位。

【任务实施】

业务1：采购材料申请签发银行汇票，并持票结算。

2019年5月9日，长沙信达有限责任公司采购部刘强完成采购任务，向财务部提交上海经贸公司开具的增值税专用发票，注明买价200 000元，增值税26 000元。出纳员钱清向开户行提出申请开具银行汇票230 000元。完成结算后收到多余款收账通知，金额为4 000元。上海经贸公司开户行为中国银行上海静安区支行，账号为435221255654568。

1. 实训资料

(1) 业务委托书，如图3－37所示。

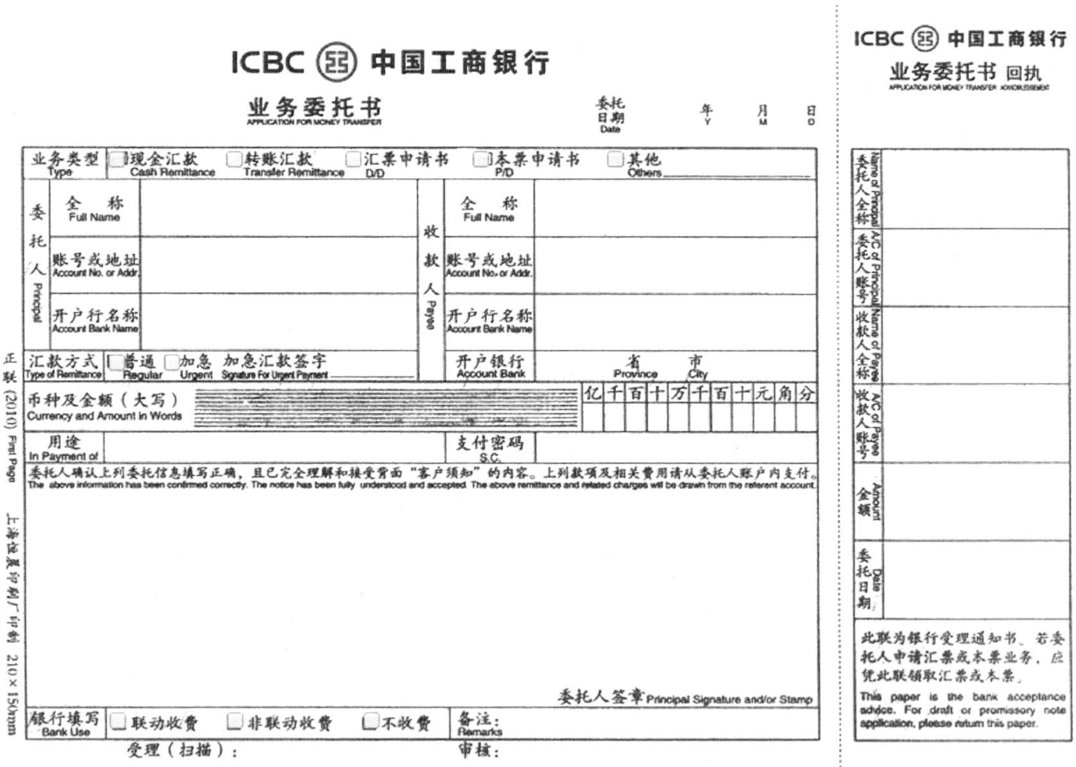
ICBC 中国工商银行

业务委托书 APPLICATION FOR MONEY TRANSFER

委托日期 Date 年 Y 月 M 日 D

业务类型 Type	□现金汇款 Cash Remittance □转账汇款 Transfer Remittance □汇票申请书 D/D □本票申请书 P/D □其他 Others		
委托人 Principal 全称 Full Name		收款人 Payee 全称 Full Name	
账号或地址 Account No. or Addr.		账号或地址 Account No. or Addr.	
开户行名称 Account Bank Name		开户行名称 Account Bank Name	
汇款方式 Type of Remittance	□普通 Regular □加急 Urgent 加急汇款签字 Signature For Urgent Payment	开户银行 Account Bank	省 Province 市 City
币种及金额（大写） Currency and Amount in Words		亿 千 百 十 万 千 百 十 元 角 分	
用途 In Payment of		支付密码 S.C.	

委托人确认上列委托信息填写正确，且已完全理解和接受背面“客户须知”的内容。上列款项及相关费用请从委托人账户内支付。
The above information has been confirmed correctly. The notice has been fully understood and accepted. The above remittance and related charges will be drawn from the referent account.

委托人签章 Principal Signature and/or Stamp

银行填写 Bank Use □联动收费 □非联动收费 □不收费 备注：Remarks

受理（扫描）： 审核：

正联（2010）First Page 上海伍晨印制厂印制 210×150mm

ICBC 中国工商银行

业务委托书 回执 APPLICATION FOR MONEY TRANSFER ACKNOWLEDGEMENT

委托人全称 Name of Principal	
委托人账号 A/C of Principal	
收款人全称 Name of Payee	
收款人账号 A/C of Payee	
金额 Amount	
委托日期 Date	

此联为银行受理通知书。若委托人申请汇票或本票业务，应凭此联领取汇票或本票。
This paper is the bank acceptance advice. For draft or promissory note application, please return this paper.

图3－37　业务委托书

(2) 银行汇票（一式四联），第一联如图3－38所示。

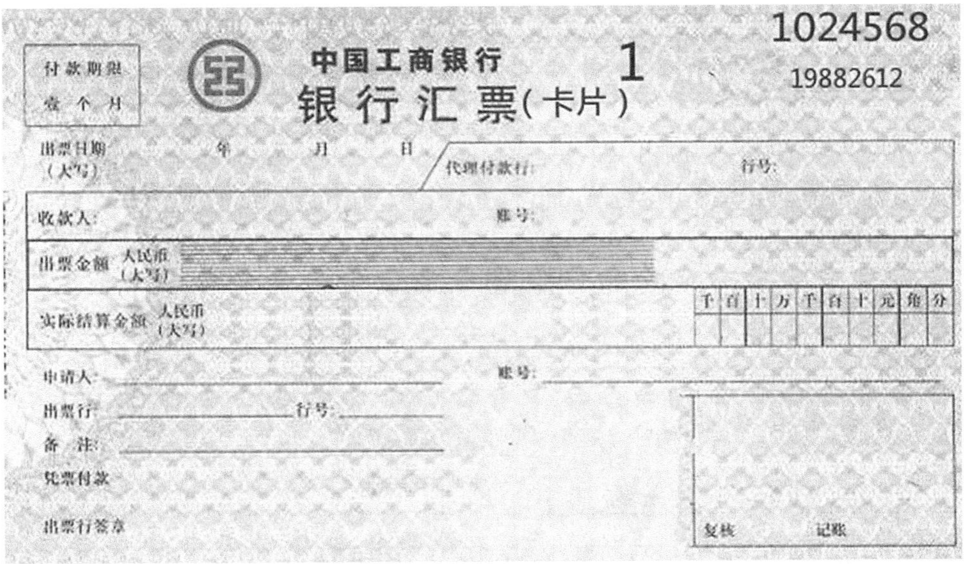
付款期限 壹个月

中国工商银行 1 1024568 19882612
银行汇票（卡片）

出票日期（大写）　年　月　日　代理付款行：　行号：

收款人：　账号：

出票金额 人民币（大写）

实际结算金额 人民币（大写）　千 百 十 万 千 百 十 元 角 分

申请人：　账号：

出票行：　行号：

备　注：

凭票付款

出票行签章　复核　记账

图 3－38　银行汇票（第一联）

（3）付款凭证，如图 3－39 所示。

<u>付　款　凭　证</u>

付字 第____号

贷方科目__________　年　月　日　附件______张

对方单位	摘要	借方科目		金额										记账符号
		总账科目	明细科目	千	百	十	万	千	百	十	元	角	分	
														□
														□
														□
														□
银行结算方式及票号：			合　计											□

会计主管　记账　稽核　出纳　制证

图 3－39　付款凭证

2．实训流程

（1）填写银行汇票业务委托书。

（2）开户行签发银行汇票。

（3）持该汇票前往异地办理结算。

（4）编制记账凭证。

(5) 登记银行存款日记账。

3. 实训任务

(1) 填写业务委托书。

(2) 出纳收到银行签发的银行汇票(第二联)。

(3) 持该汇票前往异地办理结算多余款收账(第三联、第四联)。

(4) 填制记账凭证。

4. 实训成果

(1) 填制后的业务委托书,如图 3-40 所示。

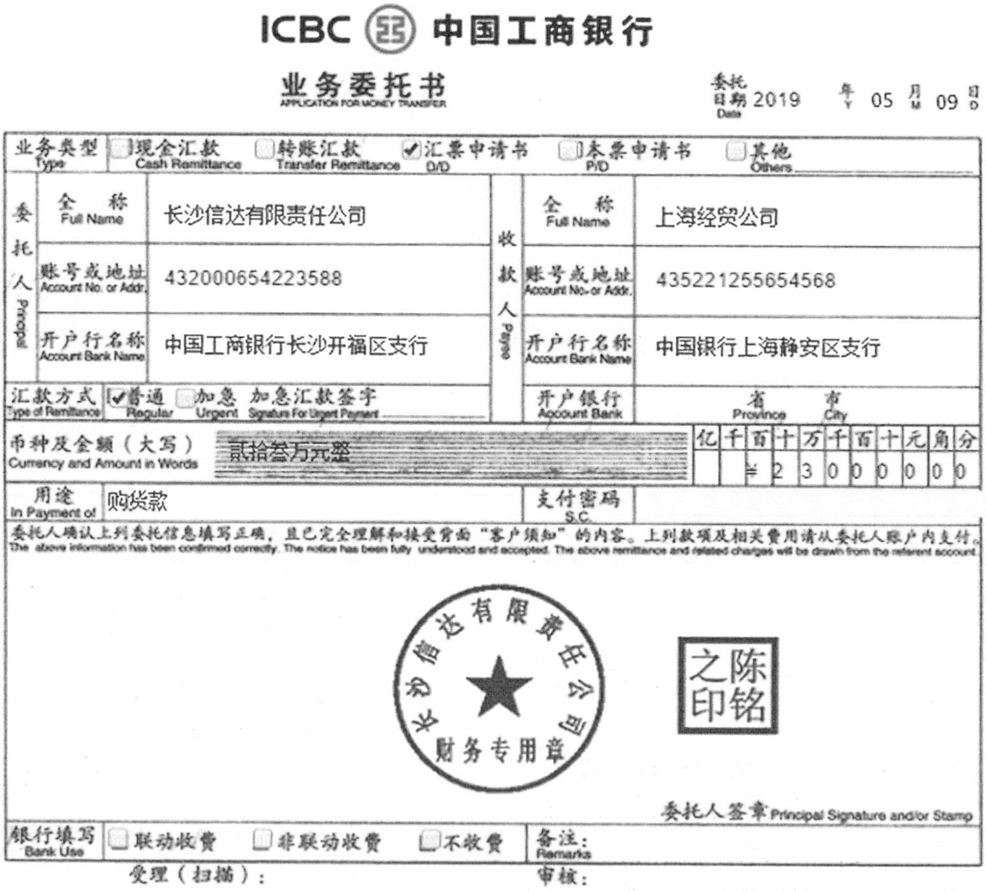

ICBC 中国工商银行

业务委托书
APPLICATION FOR MONEY TRANSFER

委托日期 Date 2019 年 Y 05 月 M 09 日 D

业务类型 Type：□现金汇款 Cash Remittance　□转账汇款 Transfer Remittance　☑汇票申请书 D/D　□本票申请书 P/D　□其他 Others

委托人 Principal		收款人 Payee	
全称 Full Name	长沙信达有限责任公司	全称 Full Name	上海经贸公司
账号或地址 Account No. or Addr.	432000654223588	账号或地址 Account No. or Addr.	435221255654568
开户行名称 Account Bank Name	中国工商银行长沙开福区支行	开户行名称 Account Bank Name	中国银行上海静安区支行
汇款方式 Type of Remittance	☑普通 Regular　□加急 Urgent　加急汇款签字 Signature For Urgent Payment	开户银行 Account Bank	省 Province　市 City

币种及金额(大写) Currency and Amount in Words	亿	千	百	十	万	千	百	十	元	角	分
贰拾叁万元整			¥	2	3	0	0	0	0	0	0

用途 In Payment of：购货款　　支付密码 S.C.：

委托人确认上列委托信息填写正确,且已完全理解和接受背面"客户须知"的内容。上列款项及相关费用请从委托人账户内支付。
The above information has been confirmed correctly. The notice has been fully understood and accepted. The above remittance and related charges will be drawn from the referent account.

委托人签章 Principal Signature and/or Stamp

银行填写 Bank Use：□联动收费　□非联动收费　□不收费　　备注 Remarks：

受理(扫描)：　　审核：

图 3-40　填制后的业务委托书

(2) 填制后的银行汇票(第二联),如图 3-41 所示(第三联同)。

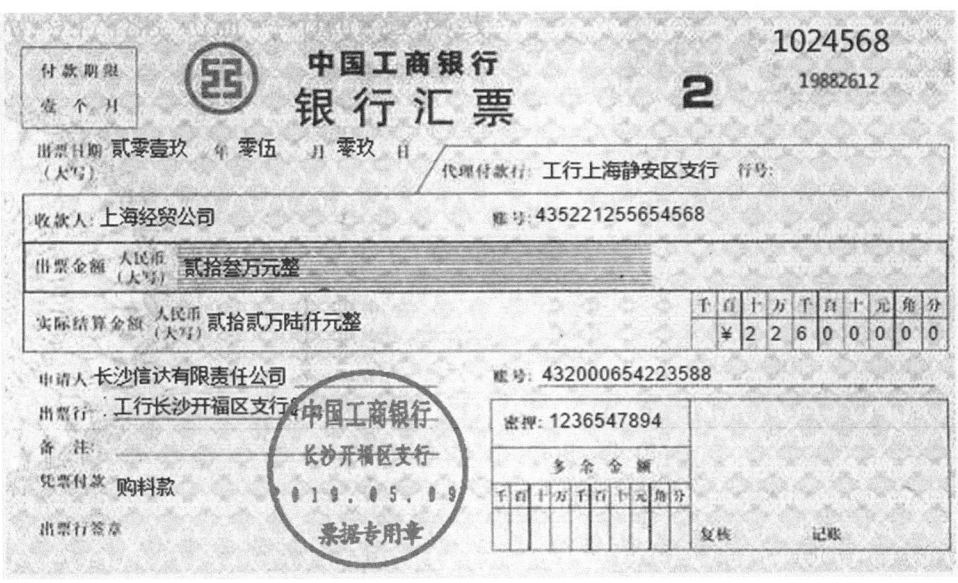

图 3-41 填制后的银行汇票(第二联)

(3) 填制后的银行汇票(第四联),如图 3-42 所示。

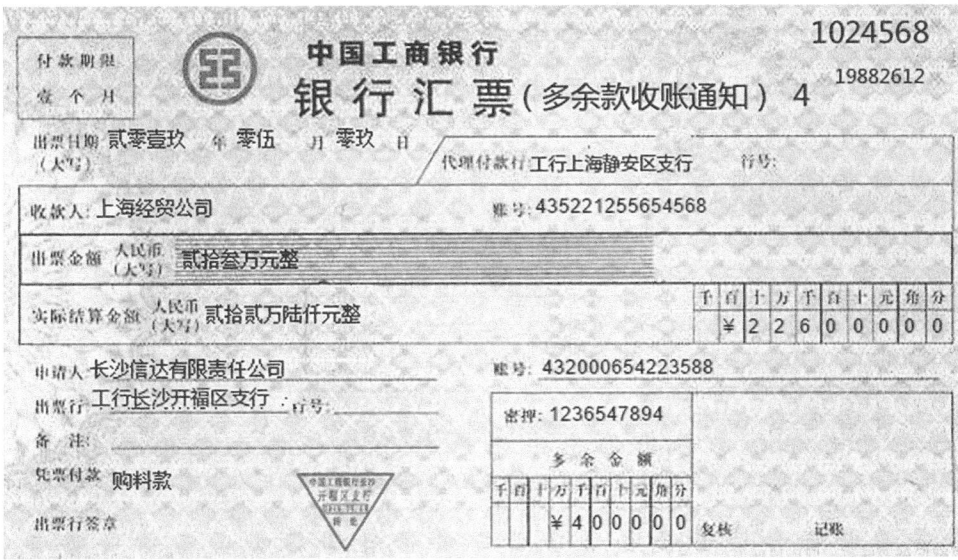

图 3-42 填制后的银行汇票(第四联)

（4）填制后的付款凭证如图3-43所示，填制后的转账凭证和收款凭证如图3-44所示。

付 款 凭 证

付字 第 017 号

贷方科目 银行存款　　　2019 年 05 月 09 日　　　附件　2　张

对方单位	摘要	借方科目		金额	记账符号
		总账科目	明细科目	千百十万千百十元角分	
上海经贸公司	申请办理银行汇票	其他货币资金	银行汇票	2 3 0 0 0 0 0 0	□
					□
					□
					□
				¥ 2 3 0 0 0 0 0 0	□

会计主管 高清　　记账 钱清　　稽核 陈一民　　出纳 钱清　　制证 钱清

图3-43　填制后的付款凭证

转 账 凭 证

转字 第 026 号

2019 年 05 月 09 日　　　附件　3　张

摘要	总账科目	明细科目	借方金额	记账符号	贷方金额	记账符号
			千百十万千百十元角分		千百十万千百十元角分	
购买原材料	原材料	甲材料	2 0 0 0 0 0 0 0	□		□
	应交税费	应交增值税（进项税额）	2 6 0 0 0 0 0	□		□
	其他货币资金	银行汇票		□	2 2 6 0 0 0 0 0	□
				□		□
合 计			¥ 2 2 6 0 0 0 0 0	□	¥ 2 2 6 0 0 0 0 0	□

会计主管 高清　　记账 钱清　　复核 陈一民　　制证 钱清

图3-44(a)　填制后的转账凭证

收 款 凭 证

收字 第 018 号

借方科目 银行存款　　　2019 年 05 月 09 日　　　附件　1　张

对方单位	摘要	贷方科目		金额	记账符号
		总账科目	明细科目	千百十万千百十元角分	
上海经贸公司	退回银行汇票余款	其他货币资金	银行汇票	4 0 0 0 0 0	□
					□
					□
					□
银行结算方式及票号：（略）		合 计		¥ 　 　 4 0 0 0 0 0	□

会计主管 高清　　记账 钱清　　稽核 陈一民　　出纳 钱清　　制证 钱清

图3-44(b)　填制后的收款凭证

业务 2：银行汇票收款业务处理。

2019 年 5 月 10 日，销售产品一批，收到南昌科宇公司的银行汇票一张，金额 50 000 元，实际结算金额 47 520 元，南昌科宇公司开户行为中国工商银行南昌东湖区支行，账号为 432000654254321。

1. 实训资料

(1) 银行汇票(第二联)，如图 3-45 所示。

付款期限 壹个月
中国工商银行
银行汇票 2
1024568
19861234
出票日期（大写） 贰零壹玖 年 零伍 月 壹拾 日
代理付款行：工行长沙开福区支行 行号：
收款人：长沙信达有限责任公司 账号：432000654223588
出票金额 人民币（大写） 伍万元整
实际结算金额 人民币（大写） 千 百 十 万 千 百 十 元 角 分
申请人：南昌科宇公司 账号：432000654254321
出票行：工行南昌东湖区支行
备注：
凭票付款
出票行签章
密押：1884561234
多余金额 千 百 十 万 千 百 十 元 角 分
复核 记账
中国工商银行 南昌东湖区支行 2019.05.10 票据专用章

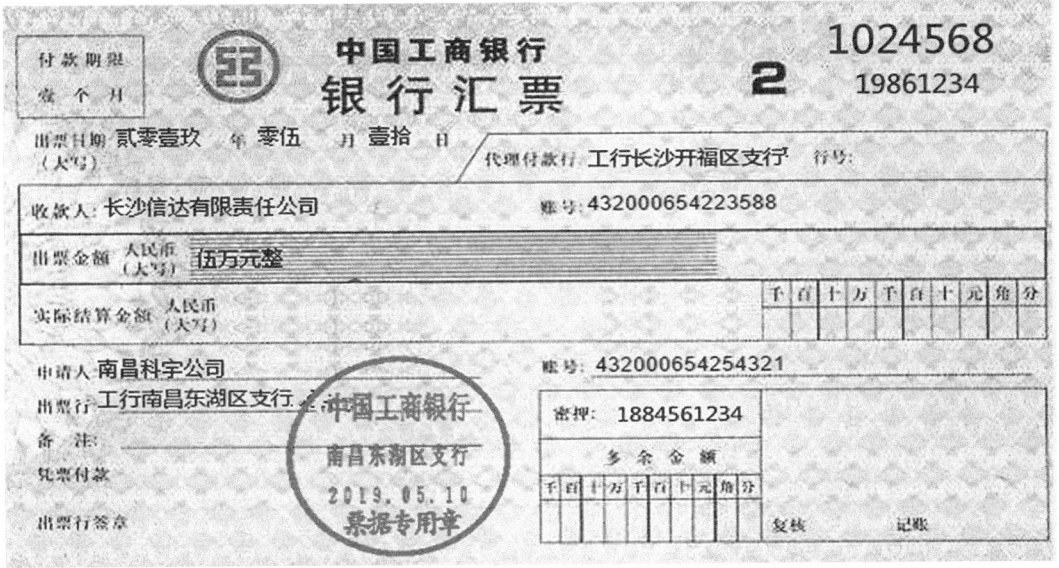

图 3-45 银行汇票(第二联)

(2) 进账单(回单)，如图 3-46 所示。

中国工商银行进账单 （回单） 1

年 月 日

出票人	全称		收款人	全称	
	账号			账号	
	开户银行			开户银行	
金额	人民币（大写）				千 百 十 万 千 百 十 元 角 分
票据种类		票据张数			
票据号码					
	复核 记账				收款人开户银行盖章

图 3-46 进账单(回单)

(3) 收款凭证，如图 3-47 所示。

收 款 凭 证

收字 第___号

借方科目_____　　　　　年　月　日　　　　　附件_____张

对方单位	摘要	贷方科目		金额	记账符号
		总账科目	明细科目	千百十万千百十元角分	
					☐
					☐
					☐
银行结算方式及票号：		合　计			☐

会计主管　　　　记账　　　　稽核　　　　出纳　　　　制证

图 3-47　收款凭证

2. 实训流程

(1) 银行汇票的审核。

(2) 填写实际结算金额。

(3) 填写进账单,办理进账手续。

(4) 银行通知收到款项。

(5) 编制记账凭证。

(6) 登记银行存款日记账。

3. 实训任务

(1) 填写实际结算金额。

(2) 填写进账单。

(3) 编制记账凭证。

4. 实训成果

(1) 填制后的银行汇票(第三联),如图 3-48 所示。

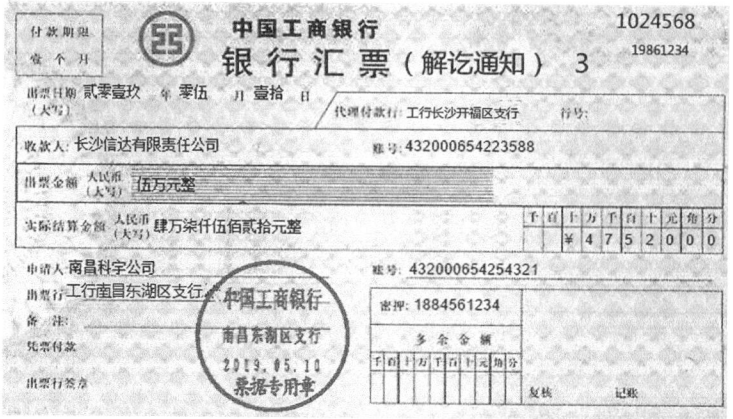

图 3-48　填制后的银行汇票(第三联)

（2）收到的进账单（回单），如图3-49所示。

中国工商银行进账单　（回单）　1

2019 年 05 月 10 日

出票人	全称	南昌科宇公司		收款人	全称	长沙信达有限责任公司
	账号	432000654254321			账号	432000654223588
	开户银行	中国工商银行南昌东湖区支行			开户银行	中国工商银行长沙开福区支行

金额	人民币（大写）	肆万柒仟伍佰贰拾元整		¥ 47520 00

票据种类	银行汇票	票据张数	1
票据号码	19861234		

复核　　记账　　收款人开户银行盖章

图 3-49　收到的进账单（回单）

（3）填制后的收款凭证，如图3-50所示。

收 款 凭 证

收字 第 019 号

借方科目　银行存款　　2019年 05月 10日　　附件 1 张

对方单位	摘要	贷方科目		金额	记账符号
		总账科目	明细科目	千百十万千百十元角分	
南昌科宇公司	收到货款	其他货币资金	银行汇票	4 7 5 2 0 0 0	□
					□
					□
					□
银行结算方式及票号：（略）		合　　计		¥ 4 7 5 2 0 0 0	□

会计主管　高清　　记账　钱清　　稽核　陈一民　　出纳　钱清　　制证　钱清

图 3-50　填制后的收款凭证

【任务考核】

任务考核表

实训任务	
实训目标	
实训收获	

续　表

评价主体	评价项目		分值	评价得分	加权得分
组员评价	职业素养	考勤	5		
		课堂表现	15		
	职业技能	任务完成度	25		
		任务完成质量	30		
	职业团队	沟通能力	10		
		协调能力	15		
	小　计		100		
组长评价	职业素养	考勤	5		
		课堂表现	15		
	职业技能	任务完成度	25		
		任务完成质量	30		
	职业团队	沟通能力	10		
		协调能力	15		
	小　计		100		
教师评价	职业素养	考勤	5		
		课堂表现	15		
	职业技能	任务完成度	25		
		任务完成质量	30		
	职业团队	沟通能力	10		
		协调能力	15		
	小　计		100		
合　计					

学生签字：　　　　　　　　　　　　日期：

实训任务四　银行本票业务的办理

【任务导入】

长沙信达有限责任公司出纳员钱清需要办理同城的结算业务，银行本票是个不错的选择。钱清去银行申请签发了银行本票支付金星装饰公司工程款,还收到了长沙恒泰公司的一张银行本票,办理了进账手续。如果你是钱清,什么情况可以使用银行本票?签发银行本票要注意些什么?如果要去银行办理进账手续该如何办理?

【任务目标】

一、技能目标

(1) 能准确填写银行本票业务委托书。
(2) 能准确进行银行本票付款业务的账务处理。
(3) 能准确填写进账单及银行本票背面信息。
(4) 能准确进行银行本票收款业务的账务处理。

二、素养目标

(1) 培养严谨的工作态度。
(2) 培养团队协作精神。

【任务描述】

银行本票是申请人将款项交存银行,由银行签发给其凭证,以办理转账结算或者支取现金的票据,按其金额不同,分为定额本票和不定额本票两种,银行本票结算适用于同城或同一票据交换区域内的结算,银行本票主要用于转账,注明"现金"字样的银行本票也可以支取现金,付款期限自出票日期两个月,按对月对日计算,到期日遇到节假日顺延,超过付款期限的本票,银行不予受理。

一、申请签发银行本票的处理流程

申请人办理银行本票应向银行填写银行本票业务委托书,详细填明收款人的名称金额,日期等内容,并加盖预留银行印鉴。银行本票业务委托书,一式三联,第一联记账联留存受理业务银行,据以记账。第二联发报或出票依据传递给收款银行,第三联回单联退回申请人。

(1) 填写银行本票委托书。
(2) 申请签发银行本票。
(3) 编制记账凭证。
(4) 登记银行存款日记账。

二、银行本票收款业务的处理流程

(1) 审核银行本票的真实性,完整性,合法性。
(2) 填写银行本票背面信息和进账单。
(3) 编制记账凭证登记。
(4) 登记银行存款日记账。

【任务实施】

业务1：申请签发银行本票。

2019年5月15日,长沙信达有限责任公司出纳员钱清向开户行申请签发银行本票15万元,用于支付长沙金星装饰公司工程款。

1. 实训资料

(1) 银行本票业务委托书,如图3-51所示。

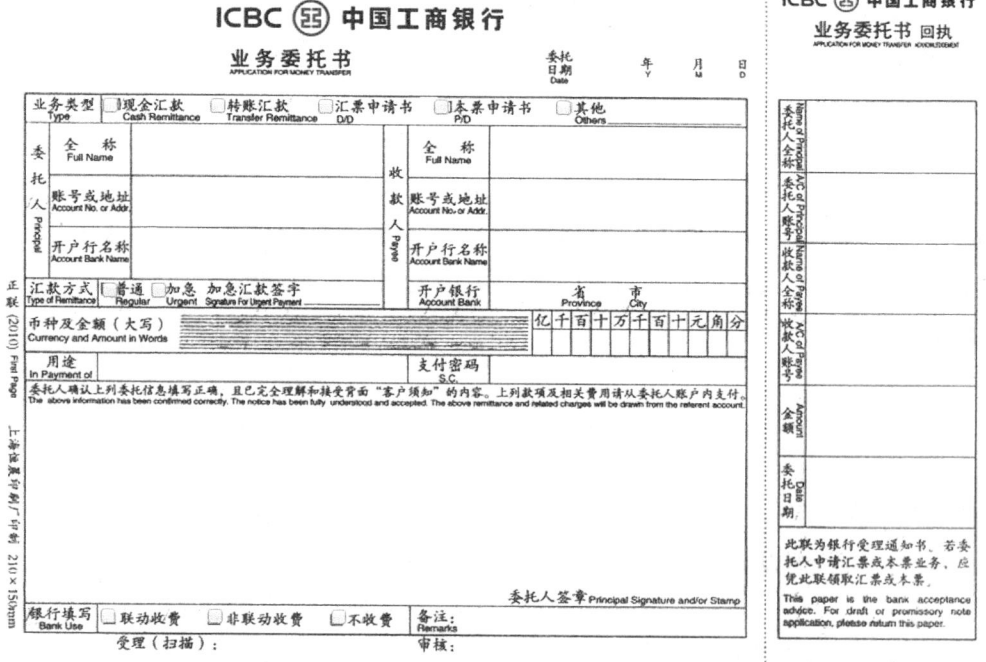

图3-51 银行本票业务委托书

(2) 银行本票(第一联),如图3-52所示。

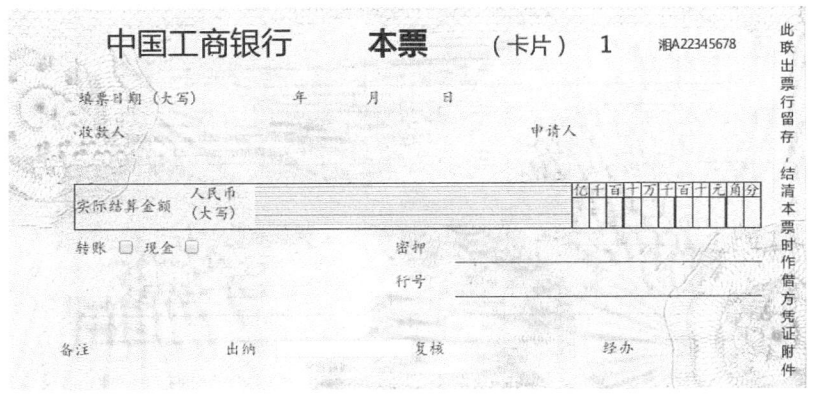

图 3-52 银行本票(第一联)

(3) 银行本票(第二联),如图 3-53 所示。

图 3-53 银行本票(第二联)

(4) 付款凭证,如图 3-54 所示。

付 款 凭 证

付字 第___号

贷方科目_____ 　　年　月　日　　　附件_____张

对方单位	摘 要	借方科目		金　额										记账符号
		总账科目	明细科目	千	百	十	万	千	百	十	元	角	分	
														☐
														☐
														☐
														☐
银行结算方式及票号:			合　　计											☐

会计主管　　　　记账　　　　稽核　　　　出纳　　　　制证

图 3-54 付款凭证

2. 实训流程

（1）填写银行本票委托书。申请人办理银行本票，应向银行填写银行本票委托书，详细填明收款人的名称、金额、日期的内容，并加盖银行预留印鉴。

（2）申请办理银行本票。银行受理企业递交的一式三联的银行本票业务委托书，在收妥款项之后，据以签发银行本票。

（3）持银行本票结算。

（4）填制记账凭证。

3. 实训任务

（1）填写银行本票业务委托书。

（2）申请办理银行本票。

（3）填制记账凭证。

4. 实训成果

（1）填制后的银行本票业务委托书，如图3-55所示。

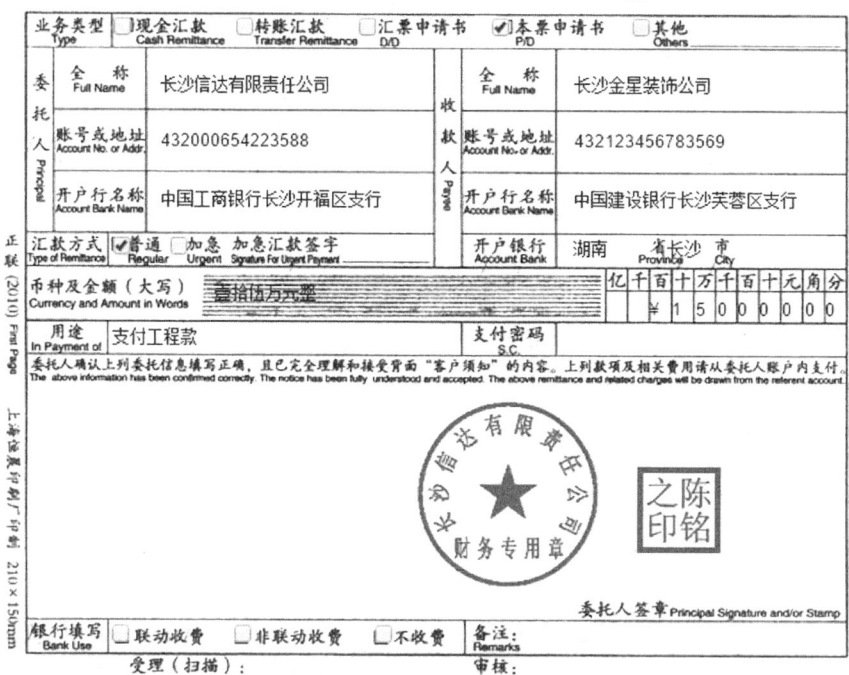

图3-55 填制后的银行本票业务委托书

（2）银行签发银行本票（第一联），如图3-56所示。

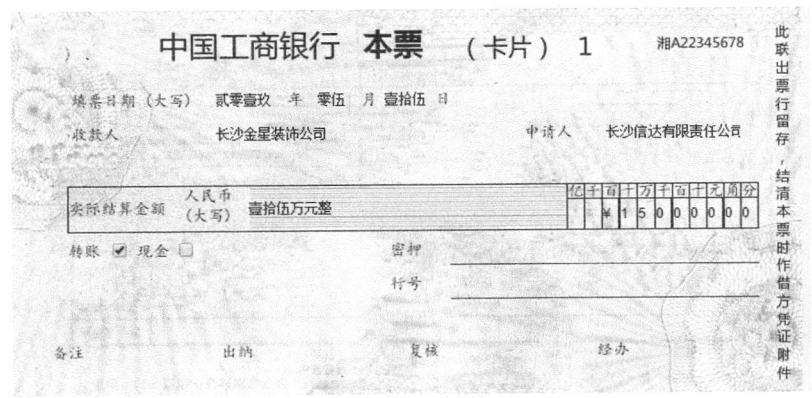

图 3-56 银行本票(第一联)

(3) 银行签发银行本票(第二联),如图 3-57 所示。

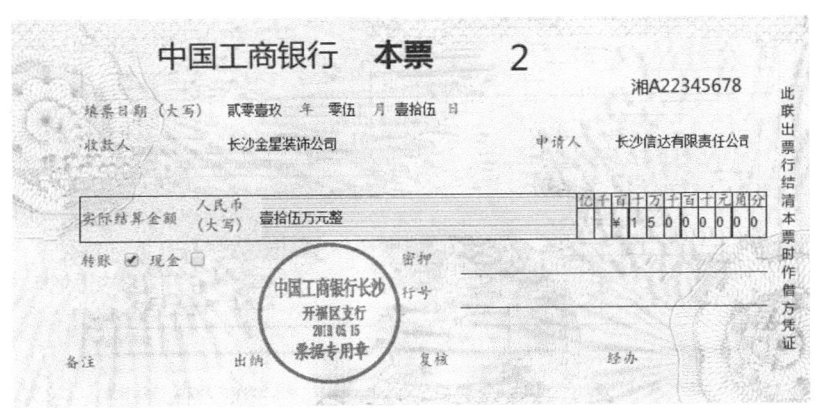

图 3-57 银行本票(第二联)

(4) 填制后的付款凭证,如图 3-58 所示。

付 款 凭 证

付字 第 023 号

贷方科目 银行存款　　　　2019 年 05 月 15 日　　　　附件 2 张

对方单位	摘要	借方科目		金额										记账符号
		总账科目	明细科目	千	百	十	万	千	百	十	元	角	分	
长沙金星装饰公司	申请办理银行本票	其他货币资金	银行本票		1	5	0	0	0	0	0	0	0	☐
														☐
														☐
														☐
				¥	1	5	0	0	0	0	0	0	0	☐

会计主管 高清　　记账 钱清　　稽核 陈一民　　出纳 钱清　　制证 钱清

图 3-58 付款凭证

业务 2：银行本票收款业务处理。

2019 年 5 月 16 日，收到一张长沙恒泰公司银行本票一张，支付货款 100 000 元，增值税 13 000 元，共计 113 000 元，出纳员钱清去银行办理进账手续。长沙恒泰公司开户行为中国交通银行长沙天心区支行，账号为 435648791234567。

1. 实训资料

（1）收到的银行本票，如图 3-59 所示。

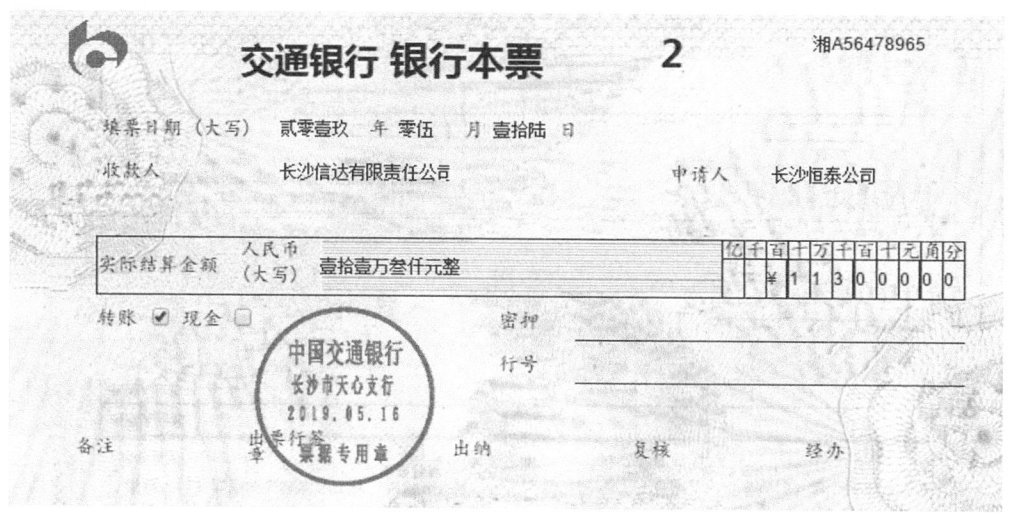

图 3-59 银行本票

（2）进账单（回单），如图 3-60 所示。

图 3-60 进账单（回单）

（3）收款凭证，如图 3-61 所示。

收 款 凭 证

收字第＿＿号

借方科目＿＿＿＿　　　年　月　日　　　　附件＿＿＿＿张

对方单位	摘要	贷方科目		金额									记账符号
		总账科目	明细科目	千	百	十	万	千	百	十	元	角	分	
														☐
														☐
														☐
银行结算方式及票号：		合　计												☐

会计主管　　　记账　　　稽核　　　出纳　　　制证

图 3-61　收款凭证

2. 实训流程

（1）审查银行本票。收款人持银行本票到本单位的开户银行办理收款进账手续，在办理收款进账时，收款人应审查下列事项，如收款人是否为本单位，银行本票是否在提示付款期内，必须载明的事项是否齐全，出票行签章是否符合规定，大小写出票金额是否一致，出票金额出票日期是否有更改等。收款人确定银行本票审核无误后，在银行本票背面，持票人向银行提示付款签章处，加盖银行预留印章。

（2）填写进账单。收款人根据审核无误的银行本票，填写进账单，将银行本票连同进账单一并交给开户银行办理进账。经银行审核无误后在进账单的回单上加盖银行印章，退回收款人。

（3）填制记账凭证。

3. 实训任务

（1）审核银行本票。

（2）填写进账单。

（3）填制记账凭证。

4. 实训成果

（1）收到的进账单（回单），如图 3-62 所示。

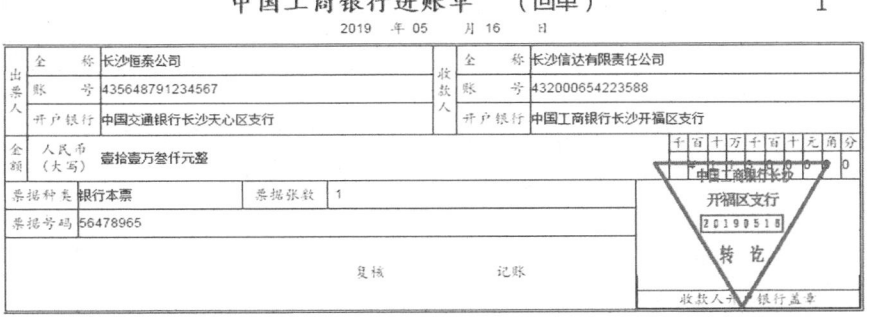

图 3-62　进账单（回单）（填制后）

(2) 填制后的收款凭证,如图 3-63 所示。

收 款 凭 证

收字 第 _024_ 号

借方科目 _银行存款_   2019 年 05 月 16 日   附件 _2_ 张

对方单位	摘要	贷方科目		金额	记账符号
		总账科目	明细科目	千百十万千百十元角分	
长沙恒泰公司	办理银行本票进账	其他货币资金	银行本票	1 1 3 0 0 0 0 0	□
					□
					□
					□
银行结算方式及票号:(略)		合 计		¥ 1 1 3 0 0 0 0 0	□

会计主管 高清   记账 钱清   稽核 陈一民   出纳 钱清   制证 钱清

图 3-63 收款凭证(填制后)

【任务考核】

任务考核表

实训任务					
实训目标					
实训收获					
评价主体		评价项目	分值	评价得分	加权得分
组员评价	职业素养	考勤	5		
		课堂表现	15		
	职业技能	任务完成度	25		
		任务完成质量	30		
	职业团队	沟通能力	10		
		协调能力	15		
	小 计		100		
组长评价	职业素养	考勤	5		
		课堂表现	15		
	职业技能	任务完成度	25		
		任务完成质量	30		
	职业团队	沟通能力	10		
		协调能力	15		
	小 计		100		

续　表

教师评价	职业素养	考勤	5	
		课堂表现	15	
	职业技能	任务完成度	25	
		任务完成质量	30	
	职业团队	沟通能力	10	
		协调能力	15	
小　计			100	
合　计				

学生签字：　　　　　　　　　　　　　日期：

实训任务五　商业汇票业务的办理

【任务导入】

长沙信达有限责任公司最近在资金周转上出现困难，账面资金不足以支付一笔较大的货款，出纳员钱清找到财务经理高清咨询这笔货款应该如何处理。高清告知钱清可以去申请一张银行承兑汇票。银行承兑汇票可以延缓支付货款，最长期限有6个月。于是钱清先打电话到开户银行咨询银行承兑汇票办理事宜，了解遇到什么情况才能够申请开具银行承兑汇票，需要携带和填写什么资料。

咨询完之后，钱清对银行承兑汇票有了进一步了解。她想到其他单位也可以运用同样的方式来达到短期融资的目的，如果自己公司收到了一张银行承兑汇票，应该如何处理呢？于是她想到了背书和贴现的办法。

【任务目标】

一、技能目标

（1）能准确签发银行承兑汇票。

（2）能准确进行银行承兑汇票付款业务的账务处理。

（3）能准确审核银行承兑汇票。

（4）能准确填制委托收款凭证。

(5) 能准确进行银行承兑汇票收款业务的账务处理。

二、素养目标

(1) 培养严谨的工作态度。
(2) 培养团队协作精神。

【任务描述】

商业汇票是指由出票人签发的,委托付款人在指定日期无条件支付确定金额给收款人或者持票人的票据。在实际工作中,商业汇票是企业之间进行交易最普遍的一种结算方式,它促进了商业的发展。商业汇票的付款期间,最长不得超过 6 个月。商业汇票在同城和异地均可使用。根据承兑人的不同,商业汇票分为银行承兑汇票与商业承兑汇票(银行承兑汇票和商业承兑汇票的业务处理有很多的相似之处,在本任务中只着重描述银行承兑汇票)。

银行承兑汇票属于商业汇票的一种,是由在承兑银行开立存款账户的存款人出票,向开行申请并经银行审查同意承兑的,保证在指定日期无条件支付确定的金额给收款人或持票人。

一、银行承兑汇票付款的处理流程

(1) 申请签发银行承兑汇票。向开户行提出申请,填写银行承兑汇票申请书,提供相应的申请资料。

(2) 转存保证金。提出申请后,经银行审核完成,出纳应向银行指定账户存入保证金或办理担保。存入保证金以转账支票的形式来支付,并填写进账单。

(3) 开户行签发银行承兑汇票。银行承兑汇票第一联,留承兑行备查。第二联,可作为支付结算的凭证由出纳暂时保管。出纳应及时将银行签发的银行承兑汇票登记到备查簿。同时,将银行承兑汇票正联复印两份,一份用于做账,另一份用于留底备查。

(4) 兑付票款,编制记账凭证。银行承兑汇票交给收款方后,出纳应在票据到期前将足额的票款存入付款账号。到期后,出纳会收到银行的付款通知,出纳应将付款通知与银行承兑汇票内容进行核对,确认无误之后,通知银行把款项划给收款人。

当票据到期之后,若企业无力支付,银行会将账户余额与保证金一并扣除,再垫付企业不足的部分支付给收款人。由银行垫付的部分,银行要收取每日万分之五的利息,并且会留下不良的记录。

二、银行承兑汇票收款的处理流程

企业持有银行承兑汇票可有三种途径将其进行处置。如果银行承兑汇票已经到期,出纳应在到期日起 10 日之内向银行提示付款,办理托收手续。如果银行承兑汇票未到期,可以采用背书转让或者办理贴现手续。

(一) 到期托收

(1) 向银行提示付款。

(2) 填制托收凭证。

(3) 向银行提交资料。

(4) 收到收账通知。

(二) 背书转让

将银行承兑汇票背书即可用于支付结算。银行承兑汇票可以多次背书,但是背书一定要连续满足斜线一致的原则。其后一个背书人,一定是前一个的被背书人。如果多次背书,可使用粘单进行连续背书,要在粘单的骑缝线处盖骑缝章。

(1) 填写背书信息并盖章。

(2) 持票结算。

(三) 贴现

贴现是汇票持有人将未到期的银行承兑汇票交给银行,银行按照票面金额扣除贴现息之后将剩余金额交给持票人。

(1) 计算贴现息,填写贴现凭证。

(2) 将银行承兑汇票转让给银行,银行审查无误后,将贴现金额直接划拨到公司账上。

【任务实施】

业务 1:申请签发银行承兑汇票。

2019 年 5 月 11 日,长沙信达有限责任公司支付武汉铭才有限责任公司一笔货款,金额为 113 万元。如果将这笔款项一次性支付,会影响后期的经营活动,于是钱清去开户行申请签发了一张银行承兑汇票,期限为 6 个月。武汉铭才有限责任公司开户银行为中国农业银行武汉江汉区支行,账号为 32015312345612345。5 月 13 日,长沙信达有限责任公司将 5 万元保证金存入指定账户,账号为 432000654123456。

1. 实训资料

(1) 承兑汇票申请书,如图 3 - 64 所示。

中国工商银行长沙分行
承兑汇票申请书

我单位遵守中国人民银行《商业汇票法》的一切规定,向贵行申请承兑。票据内容如下:

申请单位		开户银行		账号		
汇票号码						
汇票金额(大写)						
出票日期(大写)						
汇票到期日(大写)						
承兑银行						
收款人	收款人全称					
	开户行					
	账户					
申请承兑合计金额						
申请承兑的原因和用途:						
申请单位(公章)			法人代表: 签章:		年 月 日	

注:本申请书一式三份,两份提交银行,一份由申请单位自留。

图 3-64 承兑汇票申请书

(2)转账支票,如图 3-65 所示。

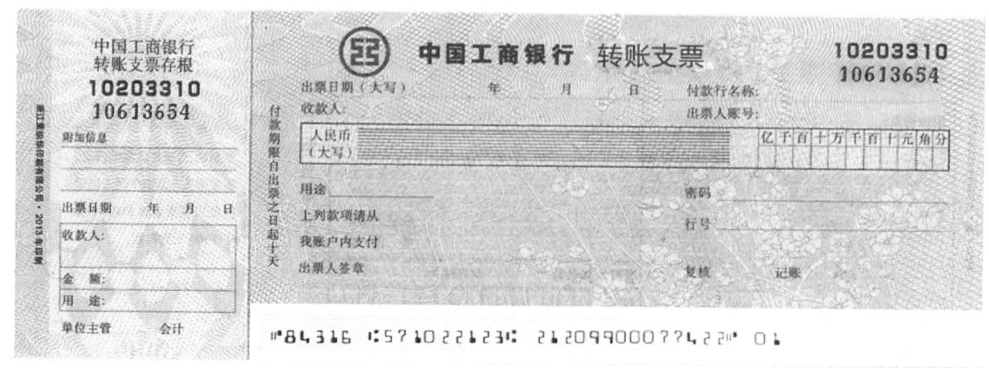

图 3-65 转账支票

(3) 进账单(回单),如图 3－66 所示。

中国工商银行进账单　(回单)　　1

年　月　日

出票人	全　称		收款人	全　称	
	账　号			账　号	
	开户银行			开户银行	
金额	人民币(大写)				千 百 十 万 千 百 十 元 角 分
票据种类		票据张数			
票据号码					
复核　　记账					收款人开户银行盖章

图 3－66　进账单

(4) 银行承兑汇票(第一联),如图 3－67 所示。

银行承兑汇票　(卡片)　　1

汇票号码　98765432

出票日期(大写)　　年　月　日

出票人	全　称		收款人	全　称	
	账　号			账　号	
	开户银行			开户银行	
出票金额	人民币(大写)				千 百 十 万 千 百 十 元 角 分
汇票到期日(大写)			付款人开户行	行号	
承兑协议编号				地址	
		备注			

图 3－67　银行承兑汇票(第一联)

(5) 银行承兑汇票(第二联),如图 3－68 所示。

银行承兑汇票　　2

汇票号码　98765432

出票日期(大写)　　年　月　日

出票人	全　称		收款人	全　称	
	账　号			账　号	
	开户银行			开户银行	
出票金额	人民币(大写)				千 百 十 万 千 百 十 元 角 分
汇票到期日(大写)			付款人开户行	行号	
承兑协议编号				地址	
		备注			

图 3-68　银行承兑汇票(第二联)

(6) 付款凭证,如图 3-69 所示。

付　款　凭　证

付字 第____号

贷方科目__________　　　年　月　日　　　附件______张

对方单位	摘　要	借方科目		金额										记账符号
		总账科目	明细科目	千	百	十	万	千	百	十	元	角	分	
														□
														□
														□
														□
银行结算方式及票号:			合　计											□

会计主管　　　记账　　　稽核　　　出纳　　　制证

图 3-69　付款凭证

2. 实训流程

(1) 申请签发银行承兑汇票。

(2) 开出转账支票,转存保证金入指定账户,并填写进账单。

(3) 开户行签发银行承兑汇票。

(4) 支付货款。

(5) 编制记账凭证。

3. 实训任务

(1) 填写承兑汇票申请书。

(2) 填制转账支票和进账单。

(3) 取得银行承兑汇票。

(4) 填制记账凭证。

4. 实训成果

(1) 填制后的承兑汇票申请书,如图 3-70 所示。

中国工商银行长沙分行
承兑汇票申请书

我单位遵守中国人民银行《商业汇票法》的一切规定,向贵行申请承兑。票据内容如下:

申请单位	长沙信达有限责任公司	开户银行	中国工商银行长沙开福区支行	账号	432000654223588	
汇票号码						
汇票金额(大写)	人民币壹佰壹拾叁万元整					
出票日期(大写)	贰零壹玖年零伍月壹拾壹日					
汇票到期日(大写)	贰零壹玖年壹拾壹月壹拾壹日					
承兑银行	中国工商银行长沙开福区支行					
收款人	收款人全称	武汉铭才有限责任公司				
	开户行	中国农业银行武汉江汉区支行				
	账户	32015312345612345				
申请承兑合计金额	人民币壹佰壹拾叁万元整					

申请承兑的原因和用途:

申请单位:  法人代表:
签章:

2019 年 05 月 11 日

注:本申请书一式三份,两份提交银行,一份由申请单位自留。

图 3-70 填制后的承兑汇票申请书

(2) 填制后的转账支票,如图 3-71 所示。

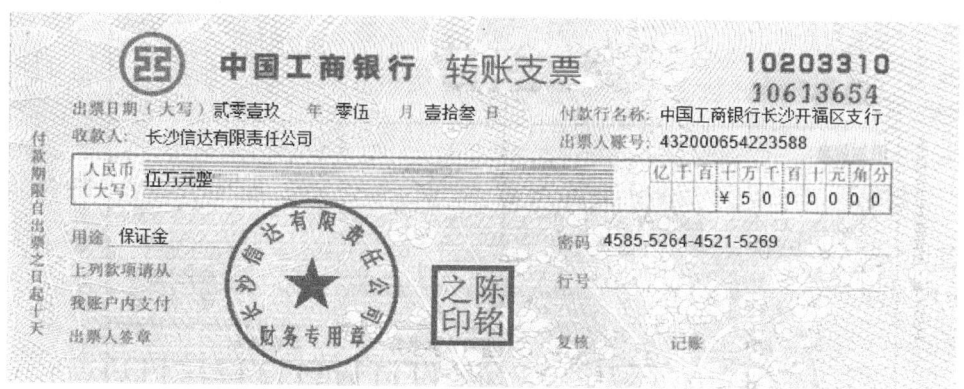

图 3-71 转账支票(填制后)

(3)进账单(贷方凭证),如图 3-72 所示。

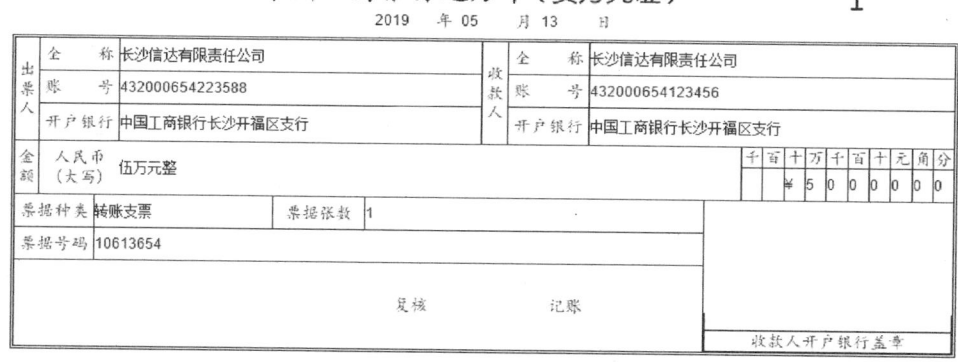

图 3-72 进账单(贷方凭证)

(4)填制后的银行承兑汇票(第一联),如图 3-73 所示。

图 3-73 填制后的银行承兑汇票(第一联)(填制后)

(5) 填制后的银行承兑汇票(第二联),如图 3-74 所示。

银行承兑汇票

汇票号码 78945612

| 出票日期(大写) 贰零壹玖 年 零伍 月 壹拾叁日 |

出票人	全 称	长沙信达有限责任公司	收款人	全 称	武汉铭才有限责任公司
	账 号	中国工商银行长沙开福区支行		账 号	320153123456712345
	开户银行	432000654223588		开户银行	中国农业银行武汉江汉区支行

出票金额 人民币(大写) 壹佰壹拾叁万元整   ¥ 1 1 3 0 0 0 0 0

汇票到期日(大写) 贰零壹玖年壹拾壹月壹拾壹日

承兑协议编号 654789

地址 长沙市开福区禁鄂北路125号

本汇票已经承兑,到期日由本行付款

备注

图 3-74 填制后的银行承兑汇票(第二联)(填制后)

(6) 收到的付款凭证(注:这张凭证不在5月份登记银行存款日记账),如图 3-75 所示。

付 款 凭 证

付字 第 241 号

贷方科目 银行存款   2019 年 11 月 11 日   附件 2 张

对方单位	摘 要	借方科目		金 额	记账符号
		总账科目	明细科目	千百十万千百十元角分	
武汉铭才有限责任公司	支付货款	应付票据	武汉铭才有限责任公司	1 1 3 0 0 0 0 0 0	☐
					☐
					☐
				¥ 1 1 3 0 0 0 0 0 0	☐

会计主管 高清   记账 钱清   稽核 陈一民   出纳 钱清   制证 钱清

图 3-75 收到的付款凭证(填制后)

业务 2:开具转账支票结算材料款。

2019 年 5 月 16 日,长沙信达有限责任公司向武汉万达商贸公司销售一批货物,合同编号为 773847,货款为 56 500 元,双方约定采用银行承兑汇票结算,协议编号为 587168。武汉万达商贸公司于 2019 年 5 月 16 日,先发一张银行承兑汇票,该汇票承兑期为 6 个月,于 2019 年 11 月 16 日到期。武汉万达商贸公司开户行为中国农业银行武汉洪山区支行,账号为 32015312345678978。

1. 实训资料

(1) 银行承兑汇票(第二联),如图3-76所示。

图3-76 银行承兑汇票(第二联)

(2) 托收凭证,如图3-77所示。

图3-77 托收凭证

(3) 收款凭证,如图3-78所示。

收款凭证

借方科目:		年 月 日		附件	字第 号 张
对方单位	摘要	贷方科目		金额	记账符号
		总账科目	明细科目	千百十万千百十元角分	
					□
					□
					□
					□
					□
银行结算方式及票号:			合计		□
会计主管	记账	稽核	出纳	制证	

图 3-78 收款凭证

2. 实训流程

(1) 审核银行承兑汇票。

(2) 填写委托收款凭证。

(3) 银行受理委托收款的托收凭证。

(4) 收到开户行通知。

(5) 编制记账凭证。

3. 实训任务

(1) 审核银行承兑汇票。

(2) 填写托收凭证(第一联、第四联)。

(3) 编制记账凭证。

4. 实训成果

(1) 填制后的银行承兑汇票(第二联),如图 3-79 所示。

银行承兑汇票

汇票号码98765432

出票日期(大写) 贰零壹玖 年 零伍 月 壹拾陆日

出票人	全称	武汉万达商贸公司	收款人	全称	长沙信达有限责任公司
	账号	32015312345678978		账号	432000654223588
	开户银行	中国农业银行武汉洪山区支行		开户银行	中国工商银行长沙开福区支行

出票金额	人民币(大写) 伍万陆仟伍佰元整	千百十万千百十元角分 ¥ 5 6 5 0 0 0 0

汇票到期日(大写)	贰零壹玖年壹拾月壹拾陆日	承兑银行	鑫鑫 1254
承兑协议编号	587168	地址	长沙开福区蔡锷北路124号

321654987456

备注

图 3-79 银行承兑汇票(第二联)(填制后)

(2) 填制后的托收凭证,如图 3-80、图 3-81 所示。

托收凭证(受理回单) 1

委托日期:2019 年 11 月 16 日

业务类型	委托收款(□邮划、☑电划)			托收承付(□邮划、□电划)			
付款人	全称	武汉万达商贸公司		收款人	全称	长沙信达有限责任公司	
	账号	32015312345678978			账号	432000654223588	
	地址	湖北 省武汉 市县 开户行	中国农业银行武汉洪山区支行		地址	湖南 省 长沙 市县 开户行	中国工商银行长沙开福
金额	人民币(大写)	伍万陆仟伍佰元整				千百十万千百十元角分 ¥ 5 6 5 0 0 00	
款项内容	货款		托收凭据名称	银行承兑汇票、销售发		附寄单证张数	3
商品发运情况	已发运			合同名称号码	773847		
备注:			款项收妥日期				
复核 记账			年 月 日	收款人开户银行签章		年 月 日	

图 3-80 托收凭证(受理回单)

托收凭证 (收账通知) 4

委托日期:2019 年 11 月 16 日

业务类型	委托收款(□邮划、☑电划)			托收承付(□邮划、□电划)			
付款人	全称	武汉万达商贸公司		收款人	全称	长沙信达有限责任公司	
	账号	32015312345678978			账号	432000654223588	
	地址	湖北 省武汉 市县 开户行	中国农业银行武汉洪山区支行		地址	湖南 省 长沙 市县 开户行	中国工商银行长沙开福
金额	人民币(大写)	伍万陆仟伍佰元整				千百十万千百十元角分 ¥ 5 6 5 0 0 00	
款项内容	货款		托收凭据名称	银行承兑汇票、销售发		附寄单证张数	3
商品发运情况	已发运			合同名称号码	773847		
备注:			款项收妥日期		中国工商银行长沙开福区支行 2019.11.16 转账转讫		
复核 记账			年 月 日	收款人开户银行签章		年 月 日	

图 3-81 托收凭证(收账通知)

(3) 收到的收款凭证(注:这张凭证不在 5 月份登记银行存款日记账),如图 3-82 所示。

收 款 凭 证

收字 第 __248__ 号

借方科目 __银行存款__　　2019 年 11 月 16 日　　附件 __2__ 张

对方单位	摘要	贷方科目		金额	记账符号
		总账科目	明细科目	千百十万千百十元角分	
武汉万达商贸公司	收到货款	应收票据	武汉万达商贸公司	5 6 5 0 0 0 0	☐
					☐
					☐
					☐
银行结算方式及票号：(略)		合　　计		¥ 5 6 5 0 0 0 0	☐

会计主管 高清　　记账 钱清　　稽核 陈一民　　出纳 钱清　　制证 钱清

图 3－82　收款凭证(填制后)

【任务考核】

任务考核表

实训任务					
实训目标					
实训收获					
评价主体	评价项目		分值	评价得分	加权得分
组员评价	职业素养	考勤	5		
		课堂表现	15		
	职业技能	任务完成度	25		
		任务完成质量	30		
	职业团队	沟通能力	10		
		协调能力	15		
	小　　计		100		
组长评价	职业素养	考勤	5		
		课堂表现	15		
	职业技能	任务完成度	25		
		任务完成质量	30		
	职业团队	沟通能力	10		
		协调能力	15		
	小　　计		100		

续表

教师评价	职业素养	考勤	5	
		课堂表现	15	
	职业技能	任务完成度	25	
		任务完成质量	30	
	职业团队	沟通能力	10	
		协调能力	15	
小　计			100	
合　计				

学生签字：　　　　　　　　　　　　　日期：

实训任务六　微信、支付宝业务的办理

【任务导入】

长沙信达有限责任公司一直使用传统的支付结算方式，近两年微信、支付宝企业用户越来越多，钱清接到领导指示，为本公司办理企业支付宝和企业微信账户。

【任务目标】

一、技能目标

（1）能熟练使用企业支付宝。
（2）能熟练使用企业微信。

二、素养目标

培养严谨的工作态度。

【任务描述】

支付宝（中国）网络技术有限公司是国内的第三方支付平台，致力于提供"简单、安全、快速"的支付解决方案。支付宝公司从2004年建立开始，始终以"信任"作为产品和服务

的核心。旗下有"支付宝"与"支付宝钱包"两个独立品牌。自2014年第二季度开始,发展成为全球最大的移动支付厂商。

微信支付是集成在微信客户端的支付功能,用户可以通过手机完成快速的支付流程。微信支付以绑定银行卡的快捷支付为基础,向用户提供快捷、高效的支付服务。微信支付(商户功能),是公众平台向有出售物品需求的公众号提供推广销售、支付收款、经营分析的整套解决方案。

一、企业支付宝的注册流程与使用

(1)登录支付宝官网。

(2)填写信息并上传企业营业执照和法人代表身份证。

二、企业微信的使用

详见业务2。

【任务实施】

业务1：支付宝的注册与使用。

2019年5月20日,长沙信达有限责任公司正式启用企业支付宝结算,出纳员钱清负责办理此事。

1. 实训资料

(1)支付宝官网。

(2)法人代表身份证。

(3)公司的营业执照。

2. 实训流程

(1)登录支付宝官网。

(2)填写信息并上传企业营业执照和法人代表身份证。

(3)使用支付宝。

3. 实训任务

(1)登录支付宝官网。

(2)填写信息并上传企业营业执照和法人代表身份证。

(3)完成注册。

(4)企业支付宝的使用。

4. 实训成果

(1)登录支付宝网站(www.alipay.com),如图3-83所示。

图 3-83　登录支付宝官网

（2）选择"我是商家用户"进入"商家中心"，如图 3-84 所示。

图 3-84　进入商家中心

（3）注册企业用户，如图 3-85 所示。

图 3-85　注册企业用户

（4）发送验证信息后立即查收邮件，如图3-86所示。

图3-86　用户验证

（5）邮箱中激活支付宝账户，点击"继续注册"，如图3-87所示。

图3-87　继续注册

(6) 填写用户信息,如图 3-88 所示。

登录密码 登录时需验证,保护账户信息

登录密码 ☐

再输入一次 ☐

支付密码 交易付款或账户信息更改时需输入,与登录密码不一样,安全级别更高

支付密码 ☐

再输入一次 ☐

安全保护问题 忘记密码时,可通过回答问题找回密码

安全保护问题 --请选择--

安全保护答案 ☐

[下一步]

图 3-88 用户信息

(7) 继续填写企业信息,如图 3-89 所示。

① 创建账户 —— ② 填写基本信息 —— ③ 填写企业实名信息 —— ✓ 成功

您可以通过以下方式完成企业实名信息填写,才可以正常使用支付宝相关功能。
如在2019年06月04日未完成,需重新创建账户。

[企业实名信息填写] 登录已有企业认证账户完成操作

图 3-89 企业用户信息

(8) 填写并上传资料,如图 3-90 所示。

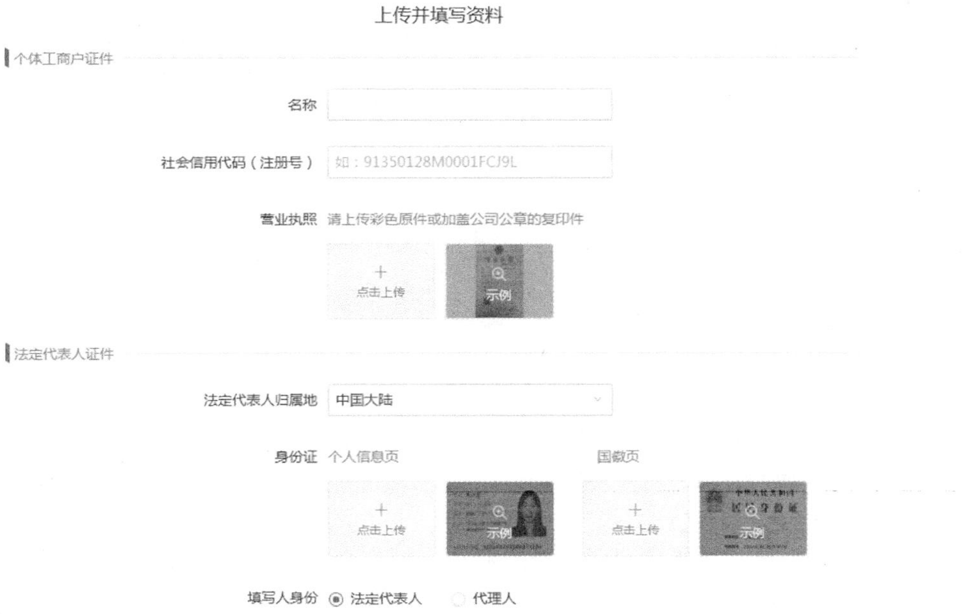

图 3-90 上传资料并完成注册

(9) 了解企业支付宝的功能，如图 3-91、图 3-92 所示。

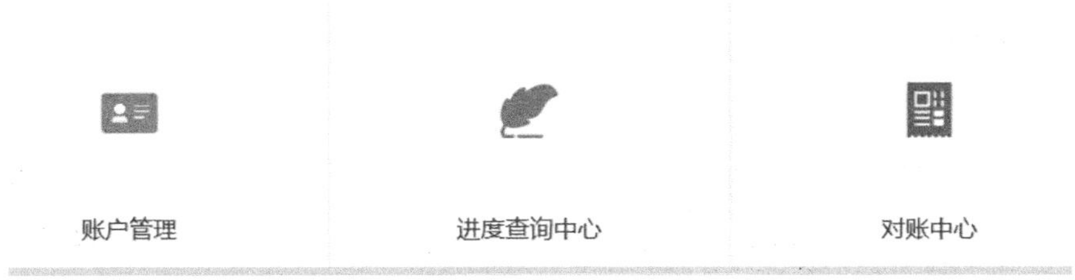

账户管理　　　　　进度查询中心　　　　对账中心

图 3-91 三个中心

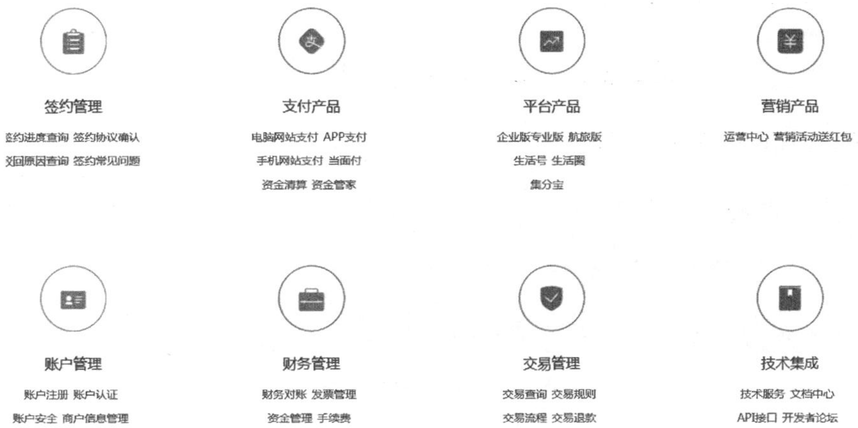

签约管理　　　　支付产品　　　　平台产品　　　　营销产品
签约进度查询 签约协议确认　电脑网站支付 APP支付　企业版专业版 航旅版　运营中心 营销活动送红包
对回原因查询 签约常见问题　手机网站支付 当面付　生活号 生活圈
　　　　　　　　　资金清算 资金管家　集分宝

账户管理　　　　财务管理　　　　交易管理　　　　技术集成
账户注册 账户认证　财务对账 发票管理　交易查询 交易规则　技术服务 文档中心
账户安全 商户信息管理　资金管理 手续费　交易流程 交易退款　API接口 开发者论坛

图 3-92 八大模块

业务2：微信支付结算。

2019年5月20日，长沙信达有限责任公司正式启用微信的结算，出纳员钱清负责办理此事。

1. 实训资料

(1) 微信公众平台。

(2) 法人代表身份证。

(3) 公司的营业执照。

2. 实训流程

(1) 资格审查。申请成为公众账号支付商户必须满足以下两个条件：

第一，拥有公众账号，且为服务号。

第二，公众账号须通过微信认证；微信认证资质审核通过后，即可申请微信支付功能。

(2) 登录支付宝官网。

(3) 填写信息并上传企业营业执照和法人代表身份证。

(4) 使用微信支付结算。

3. 实训任务

(1) 登录微信公众平台(mp.weixin.qq.com)。

(2) 填写信息并上传企业营业执照和法人代表身份证。

(3) 完成注册。

(4) 企业微信的使用。

4. 实训成果

(1) 登录微信公众平台，如图3-93所示。

图3-93　登录微信公众平台

(2) 填写商户基本资料、业务审核资料、财务审核资料等注册信息，如图3-94所示。

注册企业微信

企业信息
企业名称 长沙信达有限责任公司
填写企业、政府或组织名称

行业类型 制造业 > 食品/饮料

人员规模 51-100人

管理员信息
管理员姓名 钱清
请填写企业微信管理员的姓名

图 3-94　注册企业微信

(3) APP 开通微信支付流程,如图 3-95、图 3-96 所示。

首先,APP 注册并认证。然后,注册开放平台账号,提交 APP 基本信息,通过开放平台应用审核;完成后,APP 内即可调用微信支付模块内容,发起支付。线下实体商户可通过掌贝等微信支付服务商直接申请。所需条件:持有营业执照;公众账号须通过微信认证。

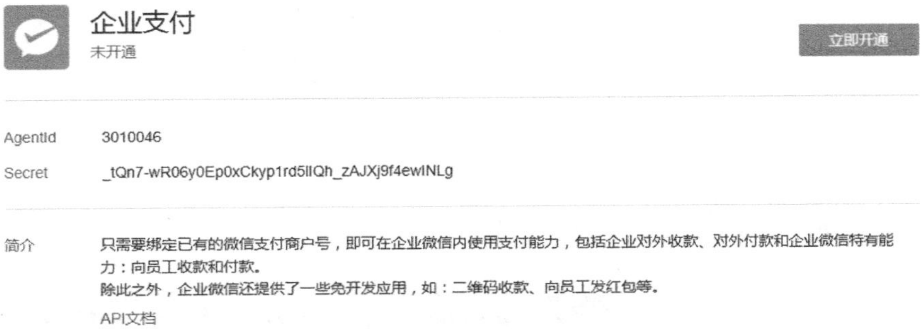

企业支付
未开通   立即开通

AgentId   3010046
Secret   _tQn7-wR06y0Ep0xCkyp1rd5llQh_zAJXj9f4ewINLg

简介 只需要绑定已有的微信支付商户号,即可在企业微信内使用支付能力,包括企业对外收款、对外付款和企业微信特有能力:向员工收款和付款。
除此之外,企业微信还提供了一些免开发应用,如:二维码收款、向员工发红包等。
API文档

图 3-95　开通企业支付

支付能力
- 对外收款能力
- 对外付款能力
- 向员工收款能力
- 向员工付款能力
- 向员工发红包能力

支付应用
- 对外收款 免开发
- 向员工收款 免开发
- 向员工付款 免开发
- 向员工发红包 免开发

图 3-96　企业微信收付结算九大功能

(4) 微信结算收付款功能的使用。

① 微信收款,如图 3-97、图 3-98 所示。

图 3-97　扫码收款

图 3-98　收款通知

② 微信付款,如图 3-99、图 3-100 所示。

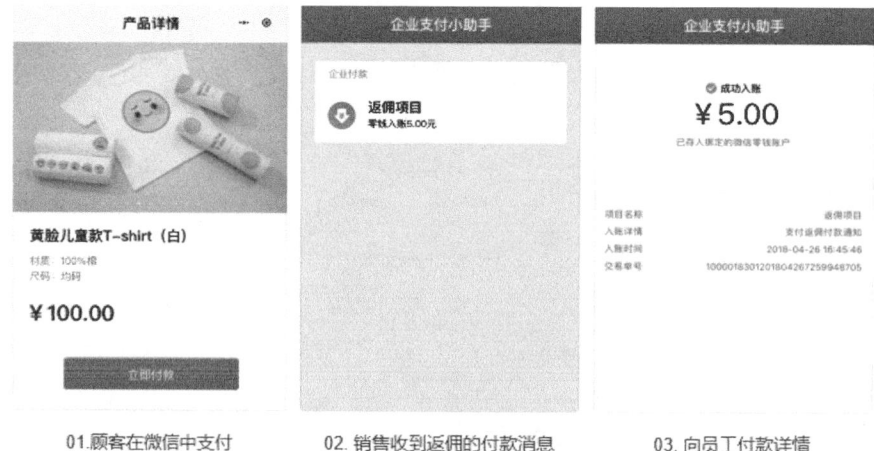

图 3-99　支付销售佣金给员工

01.页面直接付款　　　02.员工收到付款消息　　　03.付款消息详情

图 3-100　报销小额差旅费

【任务考核】

任务考核表

实训任务					
实训目标					
实训收获					
评价主体	评价项目		分值	评价得分	加权得分
组员评价	职业素养	考勤	5		
		课堂表现	15		
	职业技能	任务完成度	25		
		任务完成质量	30		
	职业团队	沟通能力	10		
		协调能力	15		
小　　计			100		
组长评价	职业素养	考勤	5		
		课堂表现	15		
	职业技能	任务完成度	25		
		任务完成质量	30		
	职业团队	沟通能力	10		
		协调能力	15		
小　　计			100		

续　表

教师评价	职业素养	考勤	5	
		课堂表现	15	
	职业技能	任务完成度	25	
		任务完成质量	30	
	职业团队	沟通能力	10	
		协调能力	15	
小　　计			100	
合　　计				

学生签字：　　　　　　　　　　　　　日期：

实训任务七　银行存款日记账的登记与清查业务的处理

【任务导入】

2019年4月末，长沙信达有限责任公司出纳员钱清把银行存款日记账和银行对账单进行核对，找出未达账项以及可能出现的错误，为5月份的出纳工作做准备。

2019年5月末，长沙信达有限责任公司出纳员钱清要结清本月的银行存款业务。该如何操作，有哪些注意事项？

【任务目标】

一、技能目标

（1）能准确进行银行对账。

（2）能准确填写银行存款余额调节表。

（3）能熟练登记银行存款日记账。

二、素养目标

培养严谨的工作态度。

【任务描述】

银行存款日记账，通常由出纳人员根据审核后的银行存款记账凭证，逐日逐笔进行登记,若一个单位开设若干个银行账户,应分别设户登记,便于与银行核对,也有利于银行存款的管理。银行存款日记账,借方栏一般根据银行存款的收款项目来登记,贷方一般根据银行存款的付款项目来登记。因为银行收付款业务比较频繁,收付结算方式比较多,所以登账时必须按照现金支票、转账支票、银行汇票、委托收款等不同的结算凭证字号登记清楚,便于银行存款对账单进行核对,同时查明未达账项,编制银行存款余额调节表,使两者相符。

一、银行存款日记账的清查

(1) 准备银行存款日记账、银行对账单。

(2) 对账找出未达账项。

(3) 编制银行存款余额调节表。

二、银行存款日记账的登记

(1) 根据审核后的记账凭证,逐日逐笔进行登记。

(2) 日清月结。

【任务实施】

业务 1:银行存款日记账的清查。

2019 年 4 月 30 日,长沙信达有限责任公司出纳员钱清进行银行存款日记账的清查。

1. 实训资料

(1) 2019 年 4 月银行存款日记账,如表 3-2 所示。

表 3-2 银行存款日记账

第 1 页

2019 年		凭证		摘要	结算凭证		借方	贷方	余额
月	日	字	号		种类	号数			
4	1			月初余额					4 238 562.15
	5	付	1	支付差旅费	现支	2013330		1 000.00	4 237 562.15
	15	付	2	提现发薪	现支	2013331		45 000.00	4 192 562.15
	20	付	3	办公用品	转支	004038		320.00	4 192 242.15
	25	收	1	存销货款	进账单	00240	11 700.00		4 203 942.15
	26	收	1	收货款	支票	000315	95 000.00		4 298 942.15
	27	付	3	借支	支票	2013342		2 000.00	4 296 942.15

(2) 2019 年 4 月银行对账单,如表 3-3 所示。

表 3-3 银行对账单

中国工商银行长沙开福区支行

2019 年 4 月 30 日

单位:长沙信达有限责任公司　　账号:432000654223588

2019年		摘　　要	凭证号		借　方	贷　方	余　额
月	日		支票	结算凭证			
3	1	月初余额					4 238 562.15
	6	现金支票	2013330		1 000.00		4 237 562.15
	6	现金支票	2013331		45 000.00		4 192 562.15
	8	转账支票	004038		320.00		4 192 242.15
	8	进账单		00240		11 700.00	4 203 942.15
	11	付税款			4 088.00		4 199 854.15
	18	现金支票	2013332		1 000.00		4 198 854.15
	19	进账单		00479		3 000.00	4 201 854.15
	20	转账支票	004039		1 170.00		4 200 684.15

(3) 银行存款余额调节表,如表 3-4 所示。

表 3-4 银行存款余额调节表

单位:长沙信达有限责任公司　　账号:432000654223588　　2019 年 4 月 30 日止

企业银行存款日记账		银行对账单	
项　目	金　额	项　目	金　额
银行存款日记账余额		银行对账单余额	
加:银行已收,企业未收		加:企业已收,银行未收	
减:银行已付,企业未付		减:企业已付,银行未付	
调节后余额		调节后余额	

即:长沙信达有限责任公司可以真正动用的银行存款数额是_____。

2. 实训流程

(1) 准备银行存款日记账、银行对账单。

(2) 对账找出未达账项。

(3) 编制银行存款余额调节表。

3. 实训任务

(1) 对账。

(2) 填制银行存款余额调节表。

4. 实训成果

编制后的银行存款余额调节表,如表 3-5 所示。

表 3-5　银行存款余额调节表

单位:长沙信达有限责任公司　　　账号:432000654223588　　　　　2019 年 4 月 30 日止

企业银行存款日记账		银行对账单	
项　　目	金　　额	项　　目	金　　额
银行存款日记账余额	4 296 942.15	银行对账单余额	4 200 684.15
加:银行已收,企业未收	3 000.00	加:企业已收,银行未收	95 000.00
减:银行已付,企业未付	4 088.00	减:企业已付,银行未付	2 000.00
	1 000.00		
	1 170.00		
调节后余额	4 293 684.15	调节后余额	4 293 684.15

业务 2:登记银行存款日记账。

2019 年 5 月,长沙信达有限责任公司出纳逐日逐笔登记了银行存款日记账,并进行了日清月结(业务内容仅限于项目三)。

1. 实训资料

银行存款日记账,如图 3-101 所示。

银行存款日记账

年月日	凭证编号	摘要	结算方式		对方科目	收入(借方)	√	支出(贷方)	√	余额	√
			种类	号码		千百十万千百十元角分		千百十万千百十元角分		千百十万千百十元角分	

图 3-101　银行存款日记账

2. 实训流程

(1) 根据项目三的业务逐日逐笔登记银行存款日记账。

(2) 对银行存款日记账进行日清月结。

3. 实训任务

(1) 登记银行存款日记账。

(2) 日清月结。

4. 实训成果

实训任务完成后得到的银行存款日记账,如图3-102所示。

银行存款日记账

2019年		凭证编号	摘要	结算方式		对方科目	收入(借方)	√	支出(贷方)	√	余额	√
月	日			种类	号码		千百十万千百十元角分		千百十万千百十元角分		千百十万千百十元角分	
5	1		期初余额	(略)	(略)			☐		☐	4 2 9 3 6 8 4 1 5	☐
	4	付字05	网银支付			应付账款		☐	2 2 6 0 0 0 0	☐	4 2 7 1 0 8 4 1 5	☐
	5	付字012	提现			库存现金		☐	1 0 0 0 0 0 0	☐	4 2 6 1 0 8 4 1 5	☐
	6	付字013	支付货款			应付账款		☐	5 6 5 0 0 0 0	☐	4 2 0 4 5 8 4 1 5	☐
	7	收字014	预收货款			预收账款	3 0 0 0 0 0 0	☐		☐	4 2 3 4 5 8 4 1 5	☐
	9	付字017	申请银行承兑汇票			其他货币资金		☐	2 3 0 0 0 0 0	☐		☐
	9	收字018	退回多余款			其他货币资金	4 0 0 0 0 0	☐		☐		☐
			本日小计				4 0 0 0 0 0		2 3 0 0 0 0 0		4 0 0 8 5 8 4 1 5	
	10	收字019	收到货款			其他货币资金	4 7 5 2 0 0 0	☐		☐	4 0 5 6 1 0 4 1 5	☐
	15	付字023	申请银行本票			其他货币资金		☐	1 5 0 0 0 0 0	☐	3 9 0 6 1 0 4 1 5	☐
	16	收字024	本票进账			其他货币资金	1 1 3 0 0 0 0	☐		☐	4 0 1 9 1 0 4 1 5	☐
	31		本月合计				1 9 4 5 2 0 0 0		4 6 9 1 0 0 0 0		4 0 1 9 1 0 4 1 5	

图3-102 银行存款日记账

【任务考核】

任务考核表

实训任务					
实训目标					
实训收获					
评价主体		评价项目	分值	评价得分	加权得分
组员评价	职业素养	考勤	5		
		课堂表现	15		
	职业技能	任务完成度	25		
		任务完成质量	30		
	职业团队	沟通能力	10		
		协调能力	15		
	小 计		100		

续　表

组长评价	职业素养	考勤	5	
		课堂表现	15	
	职业技能	任务完成度	25	
		任务完成质量	30	
	职业团队	沟通能力	10	
		协调能力	15	
小　计			100	
教师评价	职业素养	考勤	5	
		课堂表现	15	
	职业技能	任务完成度	25	
		任务完成质量	30	
	职业团队	沟通能力	10	
		协调能力	15	
小　计			100	
合　计				

学生签字：　　　　　　　　　　日期：

项目四 出纳涉税与社保业务技能

Item 4

实训任务一　办理税务登记

【任务导入】

钱清大学毕业后进入长沙信达有限责任公司担任出纳,由于这家公司刚成立不到一个月,还没有办理设立税务登记。2019 年 3 月 10 日,公司财务经理高清通知钱清去税务局开户。钱清应该准备并携带哪些资料去办理?

【任务目标】

一、技能目标

(1) 能掌握企业税收登记工作内容。
(2) 能根据纳税主体信息填写《税务登记表》《一般纳税人登记表》等表格。

二、素养目标

培养严格遵守税收政策规定,认真完成企业涉税业务的工作态度。

【任务描述】

新设企业从创办之日起,就与纳税活动息息相关。根据税务机关的规定,企业开业之后应根据相关要求进行税务登记。税务登记是税务机关依据税法规定,对纳税人的生产、经营活动进行登记管理的一项法定制度,也是纳税人依法履行纳税义务的法定手续。

一、税务登记的种类

税务登记是整个税收征收管理的起点。税务登记种类包括：开业登记，变更登记，停业、复业登记，注销登记，外出经营报验登记，纳税人税种登记，扣缴税款登记等。

二、办理税务登记的时限

（1）从事生产、经营的纳税人应当自领取营业执照，或者自有关部门批准设立之日起 30 日内，或者自纳税义务发生之日起 30 日内申报办理税务登记。

（2）从事生产、经营的纳税人领取临时工商营业执照的，应当自领取工商营业执照之日起 30 日内申报办理税务登记。

（3）有独立的生产经营权、在财务上独立核算并定期向发包人或者出租人上交承包费或租金的承包承租人，应当自承包承租合同签订之日起 30 日内，向其承包承租业务发生地税务机关申报办理税务登记。

（4）境外企业在中国境内承包建筑、安装、装配、勘探工程和提供劳务的，应当自项目合同或协议签订之日起 30 日内，向项目所在地税务机关申报办理税务登记。

三、办理税务登记的地点

企业，企业在外地设立的分支机构和从事生产、经营的场所，个体工商户和从事生产、经营的事业单位（以下统称从事生产、经营的纳税人），向生产、经营所在地税务机关申报办理税务登记。其他纳税人，除国家机关、个人和无固定生产、经营场所的流动性农村小商贩外，均应当自纳税义务发生之日起 30 日内，向纳税义务发生地税务机关申报办理税务登记。

四、办理税务登记需提供的资料

多证合一登记制度推行后，新办企业领取新版营业执照后，无需再进行税务登记，并不再领取税务登记证，其领取的营业执照证件作为税务登记证件使用。企业办理涉税事宜时，税务机关会及时核对纳税人信息，对于工商登记已采集的信息，税务机关不再重复采集。其他必要涉税基础信息，可在企业办理有关涉税事宜时，及时采集、陆续补齐。信息发生变化的，由企业直接向税务机关申报变更，税务机关应及时更新税务系统中的企业信息。

本任务主要进行企业设立税务登记、变更税务登记和注销税务登记业务训练。

（1）企业基本情况如表 4-1 所示。

表 4-1 企业基本情况

公司名称	长沙信达有限责任公司
注册地址	长沙市开福区蔡鄂北路 118 号
企业类型	有限责任公司
注册资本	100 万元
基本存款账户	中国工商银行长沙开福区支行
基本户账号	432000654223588
法人代表	陈铭
经营范围及主要产品	日常用品
经营方式	批发、零售日用品、食品
财务主管	高清
出纳员	钱清
会计部门人员	会计主管：陈一民
纳税人识别号、类型	914305896523012589，一般纳税人

（2）请根据长沙信达责任有限公司发生的下列业务填写相关表格，并办理税务登记工作。

业务 1：2019 年 3 月 10 日，出纳员钱清为该公司办理设立登记，申请增值税一般纳税人资格登记需要提交的资料如表 4-2 至表 4-8 和图 4-1 至图 4-3 所示。

表 4-2 纳税人存款账户账号报告表

纳税人名称				纳税人识别号		
经营地址						
银行开户登记证号				发证日期		
账户性质	开户银行	账号	开户时间	变更时间	注销时间	是否缴税账号、出口退税账号
基本账户						
一般账户						
专用账户						
临时账户						

续　表

报告单位： 经办人： 法定代表人(负责人)： 报告单位(签章) 　　　　　　　　　年　月　日	税务机关： 经办人： 负责人： 税务机关(签章) 　　　　　　　　　年　月　日

表 4 - 3　财务会计制度及核算软件备案报告书

纳税人名称		纳税人识别号		
资　　料	名　　称		备　　注	
1. 财务会计制度				
2. 低值易耗品摊销方法				
3. 折旧方法				
4. 成本核算方法				
5. 会计核算软件				
6. 会计报表				
纳税人： 经办人： 负责人： 纳税人(签章) 报告日期：　　年　月　日		税务机关： 经办人： 负责人： 税务机关(签章) 受理日期：　　年　月　日		

委托扣款协议书

　　　　　　　　　　　　　　　　　　　　　　　　协议书编号：

甲方：
　　纳税人识别号：
　　缴税(费)账户名称：
　　缴税(费)账号：
乙方：开户银行行号：
　　清算银行行号：
丙方：
　　为简化办税程序,方便纳税人完成缴税(费)义务,确保税款安全,提高税款征收入库效率,经协商,甲、乙、丙三方现就有关事项达成如下协议：

一、本协议同时作为甲方授权丙方的《授权扣款协议书》和甲方委托乙方的《委托扣款协议书》，由乙方提供实时扣缴税款（包括基金费，下同）服务。甲方实行网上扣款的，乙方根据甲方发起的应缴税款电子信息将税款从甲方指定的缴税账户中扣缴，实时将扣缴税款信息传至丙方和甲方；甲方实行办税服务厅扣款的，乙方根据丙方发起的应缴税款电子信息将税款从甲方指定的缴税账户中扣缴，实时将扣缴税款信息传至丙方。

二、缴税（费）账户一经确定，原则上不得变更。甲方变更名称、账号、法定代表人姓名或变更经营地址、改变主管税务机关时，应在办理有关涉税事项的5个工作日前，向乙方、丙方同时提出变更申请，并重新签订《协议书》。甲方必须注意保管缴税（费）账户的密码以及网上申报登录密码，因密码泄露造成的损失由甲方承担。

三、甲方应保证在办理每一项缴款的涉税事项时，缴税（费）账户内有足够存款余额。因甲方缴税（费）账户资金余额不足或未按法定期限申报造成乙方无法及时划缴税（费）款而导致应征的税款不能依期足额入库的，一切责任由甲方承担，丙方将按《中华人民共和国税收征收管理法》和其他法律法规的有关规定处理。如甲方为实行定期定额征收方式的纳税人，丙方在纳税例征期内自动向乙方发起扣款请求，划缴税款成功后视同甲方当期纳税申报。

四、各项税款划缴成功后，乙方根据接收的甲方电子缴款书信息打印《电子缴税付款凭证》。《电子缴税付款凭证》一式两联，第一联作乙方记账凭证，第二联加盖银行收讫章交甲方作付款回单，《电子缴税付款凭证》作为甲方缴纳税款的会计核算凭证。

五、乙方未按规定开具《电子缴税付款凭证》，其法律责任由乙方承担。因电脑故障、自然灾害、电力中断、通信故障或其他不可抗力造成乙方不能及时打印凭证的，乙方应予免责，但乙方应及时采取补救措施。

六、除国家法律法规另有规定外，本协议将长期有效。甲方如注销税务登记，本协议即自行终止。甲方有正当理由需解除协议时，应提前通知乙方、丙方，并向丙方申报新的纳税方式。

七、在协议有效期内发生纠纷，甲、乙、丙三方应协商解决。经协商后仍不能解决的，相关当事人可根据有关法律、法规申请复议、仲裁或诉讼。

八、本协议书一式三份，从签订盖章之日起生效，甲、乙、丙方各执一份，均具同等法律效力。

甲方：	乙方：	丙方：
（纳税人公章或签名）	（银行公章）	（税务机关公章）
（个人账号持有人签名）		
甲方法定代表人：（签章）		
年　月　日	年　月　日	年　月　日

图 4-1　委托扣款协议书

填表日期 □□□□ □□ □□

＊**纳税人声明**：表中所列明的内容，已知晓。本表所报送的内容准确无误，所提交的证明文件和资料真实有效。如有虚假，愿意承担相应的法律责任。
（纳税人盖章）

社会信用代码
（纳税人识别号） □□□□□□□□□□□□□□□□□□

纳税人名称：

授权人授权： 　（身份证号码： 　、联系电话： 　）
授权人授权： 　（身份证号码： 　、联系电话： 　）
授权人授权： 　（身份证号码： 　、联系电话： 　）
到主管税务机关办理涉税事项，办理结果及相关法律责任由授权人负责。

原被授权人：　　　　　（身份证号码：　　　　　）不再为我（单位）指派办理涉税事项（仅在变更办税人员时填写）。

授权人（法定代表人/负责人、业主）签名：
被授权人签名：

　　　　　　　　　　　　　　　　　　　　　　　　　　　年　　月　　日

填表说明：
1. 纳税人与税务代理中介机构有税务代理合同（协议）提供合同（协议）原件即可，无需填写此委托书。
2. 本委托事项发生变更的，授权人应及时到税务机关办理变更手续。授权人未及时变更登记信息的，被授权人从事委托税务事项所产生的一切法律后果由授权人承担。

图 4-2　纳税人办税授权委托书

表 4-4　纳税人办税授权信息采集表

*纳税人声明：表中所列明的内容，已知晓。本表所报送的内容准确无误，所提交的证明文件和资料真实有效。如有虚假，愿意承担相应的法律责任。
（纳税人盖章）

填表日期　□□□□　□□　□□

社会信用代码
（纳税人识别号）　□□□□□□□□□□□□□□□□□□
纳税人名称：＿＿＿＿＿＿＿＿＿＿＿＿＿＿＿＿＿＿
邮寄地址：＿＿＿＿＿＿＿＿＿＿＿＿＿＿＿＿＿＿
法定代表人（负责人、业主）：＿＿＿＿＿　身份证号码：＿＿＿＿＿＿＿＿＿＿
联系手机：＿＿＿＿＿＿＿＿＿＿＿＿

纳税人授权办税人员信息			
财务负责人信息			
姓　　　名		联系手机	
身 份 证 号 码			
所 属 关 系	□本公司（单位）员工　　□中介机构　　□其他		
是否为购票员	□是　　□否		
若办税人员是中介机构人员，请填写以下信息：			
中介机构社会信用代码（纳税人识别号）			
中介机构名称			
中介机构地址			
中介机构电话			
办税员信息1			
姓　　　名		联系手机	
身 份 证 号 码			

续　表

所属关系	☐本公司（单位）员工　　☐中介机构　　☐其他		
是否为购票员	☐是　　☐否		
若办税人员是中介机构人员，请填写以下信息：			
中介机构社会信用代码（纳税人识别号）			
中介机构名称			
中介机构地址			
中介机构电话			
办税员信息2			
姓　　名		联系手机	
身份证号码			
所属关系	☐本公司（单位）员工　　☐中介机构　　☐其他		
是否为购票员	☐是　　☐否		
若办税人员是中介机构人员，请填写以下信息：			
中介机构社会信用代码（纳税人识别号）			
中介机构名称			
中介机构地址			
中介机构电话			

以上被授权人代表我（单位）意愿办理涉税事项，由我（单位）承担涉税事项的法律责任。

法定代表人（负责人、业主）签名确认：

年　　月　　日

国家税务总局　　　　　　税务局：

　　本单位（纳税人名称：　　　　　　，纳税人识别号：　　　　　　）因自身原因没有办理实名办税信息采集。没有及时采集信息的人员如下：

序号	姓名	身份证号	职务
1			
2			
3			

　　本单位承诺将秉承诚信原则，按照税务机关要求，在　　　年　　月　　日前完成实名办税信息采集工作。若逾期未履行，本单位自愿承担相应后果及责任。本单位授权经办人　　　　办理实名办税信息采集承诺业务。

　　特此承诺。

（公章）

承诺日期：　　年　月　日

本人确认上述信息属实，如有虚假，愿意承担相应责任。

经办人：　　　　　　　　　身份证号：

地　址：　　　　　　　　　日　期：

图4-3　新办纳税人实名办税信息采集承诺书

表4-5 "多证合一"登记信息确认表

尊敬的纳税人：

以下是您在工商机关办理注册登记时提供的信息。为保障您的合法权益，请您仔细阅读，对其中不全的信息进行补充，对不准确的信息进行更正，对需要更新的信息进行补正，以便为您提供相关服务。

一、以下信息非常重要，请您务必仔细阅读并予以确认

纳税人名称				
登记注册类型		批准设立机关		统一社会信用代码
生产经营期限起		生产经营期限止		开业（设立）日期
注册地址			注册地址邮政编码	注册地址联系电话
生产经营地址				
经营范围				
注册资本		币种		金额
投资方名称	证件类型	证件号码	投资比例	国籍或地址
		□□□□□□□□□□□□□□□□□□		
		□□□□□□□□□□□□□□□□□□		
……	……	……	……	……
项目\联系人	姓名	证件类型	证件号码	固定电话	移动电话
法定代表人			□□□□□□□□□□□□□□□□□□		
财务负责人			□□□□□□□□□□□□□□□□□□		

二、以下信息比较重要，请您根据您的实际情况予以确认

法定代表人电子邮箱		财务负责人电子邮箱	

续表

投资总额	币种		金额	
若您是总机构,请您确认				
		分支机构名称		分支机构统一社会信用代码
		分支机构名称		分支机构统一社会信用代码
		分支机构名称		分支机构统一社会信用代码
		……		
若您是分支机构,请您确认				
		总机构名称		总机构统一社会信用代码

经办人： 纳税人（签章）

年　月　日

表 4-6 税务登记表

（适用单位纳税人）

填表日期：　　　年　　　月　　　日

纳税人名称							
纳税人识别号							
登记注册类型			批准设立机关			批准设立证明或文件号	
开业(设立)日期		生产经营期限		证照名称		证照号码	
注册地址				邮政编码		联系电话	
生产经营地址				邮政编码		联系电话	
核算方式	请选择对应项目打"√"□ 独立核算□ 非独立核算(据实勾选)			从业人数____人		其中外籍人数____	
单位性质	请选择对应项目打"√"□ 企业　□事业单位　□ 社会团体　□ 民办非企业单位 □ 其他(据实勾选)						
网站网址	（选填）			国标行业	请填写《国民经济行业分类标准》对应数字,如"零售业"填"65"		
适用会计制度	请选择对应项目打"√"(据实勾选) □ 企业会计制度　□ 小企业会计制度　□ 金融企业会计制度 □ 行政事业单位会计制度						
经营范围(据实填写)	请将法定代表人(负责人)身份证件复印件粘贴在此处。						

项目 内容 联系人	姓　名	身份证件		固定电话	移动电话	电子邮箱
		种类	号　码			
法定代表人(负责人)		身份证/……				
财务负责人		身份证/……				
办税人		身份证/……				

续 表

税务代理人名称		纳税人识别号		联系电话		电子邮箱	
市　　　公司(选填)							
注册资本或投资总额		币种	金额	币种	金额	币种	金额

投资方名称	投资方经济性质	投资比例	证件种类	证件号码	国籍或地址

自然人投资比例		外资投资比例		国有投资比例	

分支机构名称	注册地址	纳税人识别号

总机构名称		纳税人识别号	
注册地址		经营范围	
法定代表人姓名		联系电话		注册地址邮政编码	

代扣代缴代收代缴税款业务情况	代扣代缴、代收代缴税款业务内容	代扣代缴、代收代缴税种

附报资料：(据实填写)

经办人签章：　　　　　　　法定代表人(负责人)签章：　　　　　纳税人公章：

　　　　年　月　日　　　　　　　　　年　月　日　　　　　　　　年　月　日

以下由税务机关填写：

纳税人所处街道		隶属关系	
主管税务机关		主管税务所(科)	
经办人(签章)： 税务机关经办人：＿＿＿＿ 受理日期： ＿＿＿＿年＿＿月＿＿日		税务登记机关 (税务登记专用章)： 核准日期： ＿＿＿＿年＿＿月＿＿日 主管税务机关：	
核发《税务登记证副本》数量： 本 发证日期：＿＿＿＿年＿＿月＿＿日			

国家税务总局监制

表4-7 增值税一般纳税人登记表

纳税人名称			社会信用代码 (纳税人识别号)		
法定代表人 (负责人、业主)		证件名称及号码		联系电话	
财务负责人		证件名称及号码		联系电话	
办税人员		证件名称及号码		联系电话	
税务登记日期	年 月 日				
生产经营地址					
注册地址					
纳税人类别：企业□ 非企业性单位□ 个体工商户□ 其他□					
主营业务类别：工业□ 商业□ 服务业□ 其他□					
会计核算健全：是□					
一般纳税人生效之日：当月1日□ 次月1日□					
纳税人(代理人)承诺： 　　会计核算健全，能够提供准确税务资料，上述各项内容真实、可靠、完整。如有虚假，愿意承担相关法律责任。 　　　　经办人： 　　法定代表人： 　　代理人： 　　（签章） 　　　　　　　　　　　　　　　　　　　　　　　　　　　　　　　　年 月 日					
以下由税务机关填写					
税务机关受理情况	受理人：			受理税务机关(章) 　　　年　月　日	

 小规模纳税人
申请代开增值
税专用发票

表 4-8 选择按小规模纳税人纳税的情况说明

纳税人名称			纳税人识别号		
连续不超过 12 个月的经营期内累计应税销售额		货物劳务：	年　月至　年　月共　　元。		
		应税服务：	年　月至　年　月共　　元。		
情况说明	由纳税人填写符合财政部、国家税务总局规定可选择按小规模纳税人纳税的具体情形及理由。				
纳税人（代理人）承诺： 　　上述各项内容真实、可靠、完整。如有虚假，愿意承担相关法律责任。 　　经办人：　　　　法定代表人：　　　　代理人：　　　（签章） 　　　　　　　　　　　　　　　　　　　　　　　　　　　　年　月　日					
以下由税务机关填写					
主管税务机关受理情况	受理人：　　　　　　　　　　　　　　　　主管税务机关（章） 　　　　　　　　　　　　　　　　　　　　　　　年　月　日				

增值税税控系统安装告知书

纳税人名称：
纳税人识别号：
　　你单位已具备增值税税控系统使用资格，可选择增值税税控系统服务单位_____或_____，自愿选派人员参加免费的增值税税控系统操作培训。
　　增值税税控系统所需专用设备包括金税盘、税控盘，以及特定纳税人使用的报税盘，须凭此使用告知书向增值税税控系统服务单位购买。依据《国家发展改革委关于降低增值税税控系统产品及维护服务价格等有关问题的通知》（发改价格〔2017〕1243号）规定：金税盘每个200元，税控盘每个200元，报税盘每个100元，技术维护费每户每年每套280元。购买增值税税控系统专用设备（包括分开票机）支付的费用和每年缴纳的技术维护费可依据《财政部国家税务总局关于增值税税控系统专用设备和技术维护费用抵减增值税税额有关政策的通知》（财税〔2012〕15号）的规定在增值税应纳税额中全额抵减。
　　增值税税控系统所需通用设备（台式计算机或笔记本电脑、打印机）由纳税人自行选择购买。任何单位和个人不得借税务机关名义，或以专用设备兼容性等任何借口向纳税人强行销售通用设备、软件或其他商品。
　　请你单位与增值税税控系统服务单位签署《增值税税控系统技术服务协议》，并监督其按协议中的服务承诺提供技术维护服务。
　　主管税务机关受理投诉举报电话：
　　省级税务机关受理投诉举报电话：
　　航天信息全国服务监督电话：4008106116
　　国家信息安全中心监督电话：4006112366
　　　　　　　　　　　　　　　　　　　　税务机关名称（盖章）：
　　　　　　　　　　　　　　　　　　　　　　年　月　日

本告知书一式三联:第一联主管税务机关留存,第二联纳税人留存,第三联交纳税人转增值税税控系统服务单位。

图 4-4　增值税税控系统安装使用告知书

业务 2:申请变更税务登记。

2019 年 10 月 10 日,长沙信达有限责任公司撤销了陈铭的法定代表人资格,由张瀚(身份证号码为 37021219650803××××)担任新的法定代表人。10 月 15 日,申请工商变更登记。10 月 20 日,申请变更税务登记,变更税务登记表如表 4-9 所示。

表 4-9　变更税务登记表

纳税人名称		纳税人识别号	
变更登记事项			
序号	变更项目	变更前内容	变更后内容	批准机关名称及文件
送缴证件情况:				
纳税人 经办人:　　　　　　　　法定代表人(负责人):　　　　　　　　纳税人(签章) 　　年　月　日　　　　　　　　　　年　月　日　　　　　　　　　　年　月　日				
经办税务机关审核意见: 经办人:　　　　　　　　负责人:　　　　　　　　税务机关(签章) 　　年　月　日　　　　　　　　年　月　日　　　　　　　　年　月　日				

表单说明:

一、本表适用于各类纳税人变更税务登记填用

二、报送此表时还应附送如下资料

税务登记变更内容与工商行政管理部门登记变更内容一致的应提交：

（1）工商执照及工商变更登记表复印件。

（2）纳税人变更登记内容的决议及有关证明文件。

（3）主管税务机关发放的原税务登记证件（税务登记证正、副本和税务登记表等）。

（4）主管税务机关需要的其他资料。

变更税务登记内容与工商行政管理部门登记内容无关的应提交：

（1）纳税人变更登记内容的决议及有关证明、资料。

（2）主管税务机关需要的其他资料。

三、变更项目：填需要变更的税务登记项目

四、变更前内容：填变更税务登记前的登记内容

五、变更后内容：填变更的登记内容

六、批准机关名称及文件：凡需要经过批准才能变更的项目须填写此项

七、本表一式二份，税务机关一份，纳税人一份

业务 3：办理注销税务登记。

2019 年 12 月 10 日，长沙信达有限责任公司因违法经营被工商行政机关吊销营业执照。2019 年 12 月 15 日，向原税务机关申报办理注销税务登记，注销税务登记申请审批表如表 4-10 所示。

表 4-10 注销税务登记申请审批表

纳税人名称		纳税人识别号	
注销原因			
附送资料			
纳税人经办人： 年 月 日	法定代表人（负责人）： 年 月 日		纳税人（签章）： 年 月 日
以下由税务机关填写			
受理时间	经办人： 年 月 日		负责人： 年 月 日
清缴税款、滞纳金、罚款情况	经办人： 年 月 日		负责人： 年 月 日
缴销发票情况	经办人： 年 月 日		负责人： 年 月 日

续 表

税务检查意见	检查人员： 年　月　日		负责人： 年　月　日	
收缴税务 证件情况	种类	税务登记证正本	税务登记证副本	临时税务 登记证正本	临时税务 登记证副本
	收缴 数量				
	经办人： 年　月　日			负责人： 年　月　日	
批准意见	部门负责人： 年　月　日			税务机关（签章） 年　月　日	

【任务实施】

业务 1：新公司办理设立税务登记。

1．办理渠道

（1）办税服务厅。

（2）电子税务局。

2．新设企业电子税务局申请"综合套餐服务"的办理流程

新办企业取得加载统一社会信用代码的营业执照，依次完成单位公章刻制和银行账户开立；取得"法人一证通"数字证书后，可持法人一证通登录湖南省电子税务局进行"套餐式"办理。

（1）准备资料：营业执照、法人代表和代办人的身份证、授权证书、单位的公章、财务专用章、发票专用章、法人代表的姓名章等。

（2）打开浏览器，在地址栏输入网址：www.hntax.gov.cn，再点击回车键，点击"湖南省电子税务局"进入电子税务局首页，点击【登录】按钮，进入登录界面。

（3）选择【企业用户】，输入用户名（即营业执照上的"统一社会信用代码"）、密码、验证码。如果是新公司，先要点击【新办开户】，输入企业财务信息，点击【提交】按钮。

（4）在网页页面上选择【我的应用】找到【新办企业综合套餐】，点击进去。

（5）查看办理流程信息，确认后点击【立即办理】。

（6）系统跳出提示信息，可在线银行开户。公司已经在银行开户了，所以不用进行此步骤，直接点击【确定】。

（7）选择开票的形式，一种是"一般纳税人"，一种是"小规模纳税人"；根据公司的情况选择。如果公司处于创业阶段，销售额非常小，没有完善的财务制度，可选择"小规模纳

税人",以后再改为"一般纳税人"。选择了"一般纳税人",那以后就不能选择"小规模纳税人",反之则能。

(8) 根据该公司情况选择"一般纳税人",弹出提示信息,点击【确定】。

(9) 确认所开发票的种类(千、万、十万)、申请联次、份数,输入联系人的姓名、电话、身份证号码,然后提交信息(注:如果暂时不需要发票,可选择份数为0)。

(10) 待后台处理成功后,关注系统邮箱消息;后台处理成功后,系统便发来《委托银行代缴税款电子协议书》。

(11) 下载并打印《委托银行代缴税款电子协议书》,由法人代表签字,并盖好单位公章、财务章、法人代表章,去开户银行办理基本账户的"开户许可证"。

(12) 选择线上或线下申请税控设备,如果选择"线上",根据系统提示选择税控商,缴费成功后,反馈办税人可以领取税控设备的相关信息。如果选择"线下",则可在以后再购买。

(13) 纳税人依照网上税务局提示内容填写并上报表单,提交成功后,等待反馈结果即可,等待期间无需前往办税服务厅。

(14) 受理通过后,网上税务局反馈办理结果及反馈文书的税(费)种认定时间,按期申报。在网上预约时间内,去税务局柜台进行"实名采集"、领取税控设备。如果是代办人,需填写《纳税人办税授权委托书》,同时需要法人代表签名、盖章,办理人签名。

业务2:办理变更税务登记。

1. 办理渠道

(1) 办税服务厅。

(2) 电子税务局、移动终端、自助办税终端。

2. 变更税务登记的办理流程

登录网上税务局,点击右侧【我要办事】中的【税务登记】菜单,点击【变更登记】后的【办理】按钮,进入办理页面。

第一步:填写《变更税务登记表》。

第二步:上传附件并签名(注:此申请不需要上传资料)。请点击【签名并上传】按钮。插入CA证书,输入正确的CA密码,点击【确定】按钮继续操作。

第三步:点击【确定】按钮返回事项列表。提交成功的事项可以在【事项进度】中进行查询受理状态。点击【文书号】可以查询详细情况。

业务3:办理注销税务登记。

1. 办理渠道

(1) 办税服务厅。

(2) 电子税务局、移动终端、自助办税终端。

2. 提交报送资料

两份《注销税务登记申请审批表》,以下为条件报送资料:

(1) 被市场监督管理机关吊销营业执照,市场监督管理机关发出的吊销工商营业执照决定复印件1份。

(2) 上级主管、董事会决议上级主管部门批复文件或董事会决议复印件1份。

增值税专用发票和普通发票的区别

(3) 境外企业在中国境内承包建筑、安装、装配、勘探工程和提供劳务项目完工证明、验收证明等相关文件复印件1份。

(4) 未启用统一社会信用代码的税务登记证件和其他税务证件1份;已实行实名办税的纳税人免予提供。

(5) 领用发票的纳税人《发票领购簿》及未验旧、未使用的发票1份。

(6) 使用增值税防伪税控设备的纳税人提供增值税防伪税控的设备1份。

(7) 使用其他按规定应收缴设备的纳税人提供其他按规定应收缴的设备1份。

3. 税务登记注销的办理流程

(1) 税务注销网上预检:

① 打开网上税务局首页,点击左下部分的【快速通道】中的【税务注销预检】,进入预检页面。该预检支持状态为"正常""非正常""非正常注销""清算""停业"的企业和个体户;对状态为"正常"的企业,可登录网上税务局后进行办理。

② 录入"纳税人识别号(统一社会信用代码)""法定代表人(负责人)身份证号码""法定代表人手机号",点击【校验信息并获取验证码】按钮。

③ 对于验证通过的,发送短信验证码至法定代表人手机,录入验证码,点击【查看《税务事项通知书》】按钮,查看《税务事项通知书》(未结事项告知书)。

(2) 税务注销在线办理。

登录网上税务局,点击右侧【我要办事】中的【税务登记】菜单,点击【注销登记】后的【办理】按钮,进入办理页面。

第一步:填写《注销税务登记申请表》,在"纳税人经办人"中选择经办人和选择"注销原因",录入"注销原因说明"后,点击【查验】按钮。

第二步:查验。系统完成查验后,会根据查验结果给出对应的处理方式,提示即办或一般注销流程办理建议。符合即办资格和即办条件,且不存在其他未结事项的,系统提示符合即办注销要求,下方会出现【提交】按钮。点击该按钮,进行在线办理税务注销。

第三步:签名。插入CA证书,输入正确的CA密码,点击【确定】按钮继续操作。系统将自动进行税务登记注销,同时提示制作清税证明(注销通知书)。

第四步:清税证明(注销通知书)下载。点击【确定】,跳转到【清税证明(注销通知书)

下载】界面,输入税号和身份证号后,点击【下载证书】可下载。该通知书也可至"网上税务局首页—税务注销预检—清税证明(注销通知书)下载"界面进行下载。

【承诺即办】符合即办资格和即办条件,但存在其他未结事项的。系统下方会出现【查看《即办〈清税证明〉承诺书》】按钮,点击该按钮,查看、打印该承诺书。如需办理注销的,请携带该承诺书和相关资料至主管税务机关办税服务厅办理。

【一般注销流程办理】不符合即办资格或即办条件的(即界面中"即办资格验证信息"任一条监控均未通过,或"即办条件验证信息"存在红色监控),按一般注销流程办理。如有未结事项,系统将在页面中显示【查看《税务事项通知书》】按钮,可查看并打印(具体通知书样式同上)。如需办理注销的,请携带相关资料至主管税务机关办税服务厅办理。

【任务考核】

任务考核表

实训任务					
实训目标					
实训收获					
评价主体		评价项目	分值	评价得分	加权得分
组员评价	职业素养	考勤	5		
		课堂表现	15		
	职业技能	任务完成度	25		
		任务完成质量	30		
	职业团队	沟通能力	10		
		协调能力	15		
小 计			100		
组长评价	职业素养	考勤	5		
		课堂表现	15		
	职业技能	任务完成度	25		
		任务完成质量	30		
	职业团队	沟通能力	10		
		协调能力	15		
小 计			100		

续 表

教师评价	职业素养	考勤	5	
		课堂表现	15	
	职业技能	任务完成度	25	
		任务完成质量	30	
	职业团队	沟通能力	10	
		协调能力	15	
小　　计			100	
合　　计				

学生签字：　　　　　　　　　　　　　日期：

实训任务二　发票的领购、开具和保管

【任务导入】

钱清是长沙信达有限责任公司的出纳员，她收到了更换新版发票的通知。那么新的发票监制章是怎样的？开具发票有何要求？公司员工出差住宿应该开哪种发票？

【任务目标】

一、技能目标

（1）能掌握发票的种类，领购方式和适用范围。
（2）能熟练办理增值税发票和普通发票的购买业务。
（3）能正确开具和保管发票。

二、素养目标

培养严格遵守《发票管理办法》的规定工作理念。

【任务描述】

发票是指一切单位和个人在购销商品、提供或接受服务以及从事其他经营活动中，所

开具和收取的业务凭证,是会计核算的原始依据,也是审计机关、税务机关执法检查的重要依据。作为一名合格的出纳员,必须掌握发票领购、开具和保管的相关技能。

一、发票的种类

目前现行的发票分为税控发票和非税控发票。税控发票是通过增值税发票管理新系统开具的发票的统称。而通过其他开具方式进行开具的发票,可称之为非税控票。常见的税控发票主要有以下几种:

(一)增值税专用发票

增值税专用发票适用于增值税一般纳税人。住宿业、建筑业、鉴证咨询业、工业及信息传输、软件技术服务业起征点以上的小规模纳税人以及一般纳税人转登记的小规模纳税人也可自行开具专用发票。增值税专用发票不仅是购销双方收付款的凭证,同时也可作为购买方用于抵扣增值税进项税额的凭证。增值税专用发票分为中文三联无金额限制版和中文六联无金额限制版两种。第一联为记账联,是销售方记账凭证;第二联为抵扣联,是购买方记账凭证;第三联为发票联,是购买方记账凭证;六联版的其他联次由纳税人自行确定用途。

(二)增值税普通发票

适用于增值税一般纳税人和起征点以上小规模纳税人。现行的增值税普通发票分为折叠式和卷式两种。折叠式又分为二联无金额限制版和五联无金额限制版两种。第一联为记账联,是销售方记账凭证;第二联为发票联,是购买方记账凭证;五联版的其他联次由纳税人自行确定用途。增值税普通发票(卷票)分为两种规格:$57 \times 177.8 (mm^2)$、$76 \times 177.8 (mm^2)$,均为单联。

(三)增值税电子普通发票

适用于增值税一般纳税人和起征点以上小规模纳税人。增值税电子普通发票的开票方和受票方需要纸质发票的,可以自行打印增值税电子普通发票的版式文件,其法律效力、基本用途、基本使用规定等与税务机关监制的增值税普通发票相同。

(四)二手车销售统一发票

该类型发票适用于从事二手车经营活动或者与二手车经营活动相关的单位和个人。"二手车发票"为一式五联计算机票。计算机票第一联为发票联,印色为棕色;第二联为转移登记联(公安车辆管理部门留存),印色为蓝色;第三联为出入库联,印色为紫色;第四联为记账联,印色为红色;第五联为存根联,印色为黑色。

非税控发票中通用机打发票是通过电子(网络)发票应用系统开具,定额发票和客运限额发票则是直接撕用的。

二、发票领购手续

根据《中华人民共和国发票管理办法》的规定,首次申请领购发票的单位和个人应当

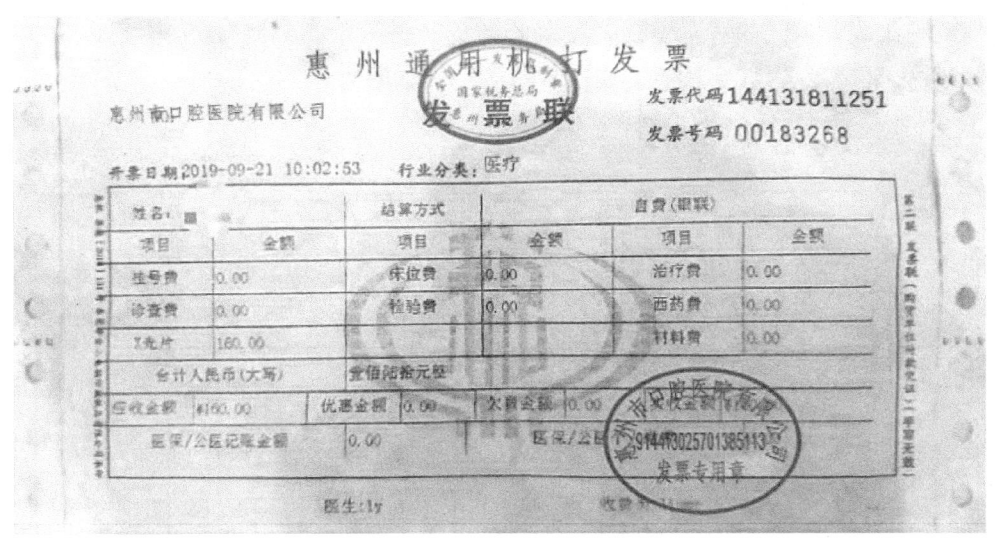

图 4-5　通用机打发票票样

提出购票申请,同时提供经办人身份证明及发票专用模等资料,经主管税务机关审核后发给其《发票领购簿》。新办纳税人首次申领增值税发票主要包括发票票种核定、增值税专用发票(增值税税控系统)最高开票限额审批、增值税税控系统专用设备初始发行、发票领用等涉税事项。发票票种核定需要注意两个限制范围:增值税专用发票最高开票限额不超过 10 万元,每月最高领用数量不超过 25 份;增值税普通发票最高开票限额不超过 10 万元,每月最高领用数量不超过 50 份。各省税务机关可以在此范围内结合纳税人税收风险程度,自行确定新办纳税人首次申领增值税发票票种的核定标准。

三、发票开具

发票开具是指法律、法规规定在何种情况下开具发票;基于证明商品和资金所有权转移的需要、进行会计核算的需要和进行税收管理的需要,发票应在发生经营业务确认营业收入时由收款方向付款方开具,特殊情况下,由付款方向收款方开具。同时,开具发票的范围与发票使用的范围是一致的。因此,用票人发生非经营性业务时不得开具发票,单位内部各部门间发生业务往来结算款项时亦不得开具发票,可使用内部结算凭证。单位和个人在开具发票时,必须做到按照号码顺序填开,填写项目齐全,内容真实,字迹清楚,全部联次一次打印,内容完全一致,并在发票联和抵扣联加盖发票专用章。

四、发票监制章

根据《关于增值税电子普通发票使用有关事项的公告》国家税务总局公告 2018 年第 41 号规定,2019 年 1 月 1 日起,全国统一启用新的发票监制章,旧版监制章的发票不能再用。新启用的发票监制章形状为椭圆形,长轴为 3 厘米,短轴为 2 厘米,边宽为 0.1 厘米,内环加刻一细线,上环刻制"全国统一发票监制章"字样,中间刻制"国家税务总局"字样,下环刻制"×××税务局"字样,如"四川省税务局",如图 4-6 所示。

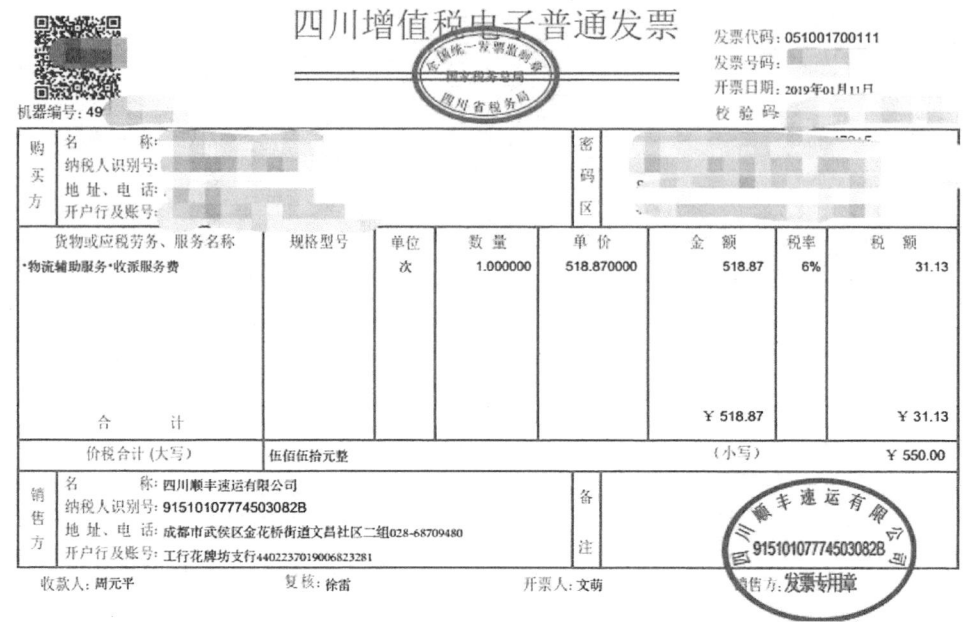

图 4-6 新版发票监制章样式

本任务主要进行发票领购、增值税专用发票开具和发票保管业务训练。长沙信达有限责任公司发生的有关业务如【任务实施】中的列示。

【任务实施】

业务1: 2019 年 4 月 1 日,长沙信达有限责任公司财务主管通知钱清去税务局及时领购发票,经审批确认,该公司可以领购增值税普通发票每月 25 份,增值税专用发票每月 25 份,增值税专用发票的开票限额是 10 万元。出纳员钱清可以选择哪些渠道领购发票?如何办理?

1. 办理渠道

领购发票的办理渠道为主管税务机关办税服务厅、网上税务局、自助办税终端。

2. 办理提交资料

领购普通发票需携带以下资料:①《发票购用印制簿》、单位公章;② 在发票窗口领取并填写《发票领购申请单》;③ 税控 IC 卡、税控盘,自第二次领购发票起,需携带已开具但尚未验旧的发票存根联。

领购增值税专用发票需携带以下资料:①《发票购用印制簿》、单位公章;② 在发票窗口领取并填写《增值税专用发票领用申请单》;③ 税控 IC 卡;自第二次领购发票起,需携带已开具但尚未验旧的发票存根联。

3. 发票票种核定办理流程

首次申请领用发票,需要办理发票票种核定。需提供资料:《纳税人领用发票票种核定表》2 份、加载统一社会信用代码的营业执照、经办人身份证明及复印件和发票专用章印模。登录网上税务局,点击右侧【我要办事】中的【发票办理】菜单,点击【发票票种核定】后的【办理】,进入办理页面。

第一步:填写表单,填写完毕,点击【保存】按钮,点击【下一步】按钮,提交当前数据并继续办理如仅保存未提交,则下次进入该表单时前次保存内容可选择回显自动带出,无需再次输入。

第二步:上传附件并签名,相关申请资料如表 4-11 至表 4-13 所示。

表 4-11 税务行政许可申请表

申请日期: 年   月   日

申请人	申请人名称			
	统一社会信用代码 (纳税人识别号)			
	法定代表人 (负责人)			
	地址及邮政编码			
	经办人		身份证件号码	
	联系电话		联系地址	
	委托代理人		身份证件号码	
	联系电话		联系地址	
申请事项	□企业印制发票审批 □对纳税人延期申报的核准 □对纳税人延期缴纳税款的核准 ☑增值税专用发票(增值税税控系统)最高开票限额审批 □对纳税人变更纳税定额的核准 □对采取实际利润额预缴以外的其他企业所得税预缴方式的核定 □非居民企业选择由其主要机构场所汇总缴纳企业所得税的审批			
申请材料	**除提供经办人身份证件(□)外,应根据申请事项提供以下相应材料:** 一、企业印制发票审批 □1.《印刷经营许可证》或《其他印刷品印制许可证》 □2. 生产设备、生产流程及安全管理制度 □3. 生产工艺及产品检验制度 □4. 保存、运输及交付相关制度 二、对纳税人延期缴纳税款的核准 □1.《延期缴纳税款申请审批表》 □2. 纳税人申请延期缴纳税款报告(详细说明申请延期原因,人员工资、社会保险费支出情况,连续 3 个月缴纳税款情况) □3. 当期货币资金余额情况及所有银行存款账户的对账单			

续 表

申请材料	□4. 应付职工工资和社会保险费等省税务机关要求提供的支出预算 □5.《资产负债表》 □6. 因不可抗力，导致纳税人发生较大损失，正常生产经营活动受到较大影响的，应报送因不可抗力的灾情报告或公安机关出具的事故证明 **三、对纳税人延期申报的核准** □1.《延期申报申请核准表》 □2. 确有困难不能正常申报的情况说明 **四、对纳税人变更纳税定额的核准** □申请变更纳税定额的相关证明材料 **五、增值税专用发票（增值税税控系统）最高开票限额审批** ☑增值税专用发票最高开票限额申请单 **六、对采取实际利润额预缴以外的其他企业所得税预缴方式的核定** □按照月度或者季度的实际利润额预缴确有困难的证明材料 **七、非居民企业选择由其主要机构场所汇总缴纳企业所得税的审批** □1. 汇总缴纳企业所得税的机构、场所对其他机构、场所负有管理责任的证明材料 □2. 设有完整的账簿、凭证，能够准确反映各机构、场所的收入、成本、费用和盈亏情况的证明材料 **委托代理人提出申请的，还应当提供代理委托书(□)、代理人身份证件(□)。**

收件人： 收件日期： 年 月 日 编号：

表 4－12 增值税专用发票最高开票限额申请单

申请事项（由纳税人填写）	纳税人名称		纳税人识别号	
	地　　址		联系电话	
	购票人信息			
	申请增值税专用发票（增值税税控系统）最高开票限额	□初次　□变更　（请选择一个项目并在□内打"√"） □十亿元　□一亿元　□一千万元　□一百万元　□十万元 □一万元　□一千元 （请选择一个项目并在□内打"√"）		
	申请货物运输业增值税专用发票（增值税税控系统）最高开票限额	□初次　□变更　（请选择一个项目并在□内打"√"） □十亿元　□一亿元　□一千万元　□一百万元　□十万元 □一万元　□一千元 （请选择一个项目并在□内打"√"）		
	申请理由： 　经办人（签字）：　　　　　　　　　　　　　　　　纳税人（印章）： 　　　年　月　日　　　　　　　　　　　　　　　　　　年　月　日			
区县税务机关意见	发票种类		批准最高开票限额	
	增值税专用发票（增值税税控系统）			
	货物运输业增值税专用发票（增值税税控系统）			
	经办人（签字）：　　　批准人（签字）：　　　税务机关（印章）： 　　年　月　日　　　　　　年　月　日　　　　　　年　月　日			

表 4-13　纳税人领用发票票种核定表

纳税人识别号								
纳税人名称								
领票人		联系电话		身份证件类型		身份证件号码		
发票种类名称	发票票种核定操作类型	单位（数量）	每月最高领票数量	每次最高领票数量	持票最高数量	定额发票累计领票金额	领票方式	
纳税人（签章）								
经办人：								
法定代表人（业主、负责人）：								
填表日期：　　　年　　　月　　　日								
发票专用章印模：								

4. 网上税务局申领发票流程

点击【网上税务局】—【我要办事】—【发票办理】—【发票网上申领】（上门取票和就近取票适用）后的【办理】按钮，进入办理页面。

第一步：填写《发票领购申请单》（注：标＊的项目为必填项目）。

① 选择领票人，领票人联系电话和证件号码将自动带出，若领票人信息带出不完整或错误请至发票票种核定进行变更。

② 选择提货方式，系统默认为上门提货。

③ 点击增行然后选择需要申领的发票，并根据页面信息填写正确的申领份数。

④ 填写完毕，点击【提交】按钮，提交本次已填写的内容。

第二步：审核签名。确认上述需要申领的发票信息无误后输入 CA 密码进行数字签名。插入 CA 证书，输入正确的 CA 密码，点击【确定】按钮继续操作。申请成功后弹出提示框显示申请单编号和下载提货单。

第三步：下载提货单。申请成功后，点击【下载提货单】按钮开始下载提货单。

第四步：购票员携带提货单、营业执照、领票人身份证原件、增值税税控系统金税盘（税控盘）和发票领购簿至主管税务机关办税服务大厅领取纸质发票或电子发票。

第五步：发票领购后进入电子税务局则点击【已取票】完成取票确认，本次网上申请办结。

5. 微信领购增值税发票的步骤

（1）首先关注国税的微信公众号，关注后进行绑定进入到身份公众号主界面，点击【微办税】。

（2）界面弹出企业身份选项，点击企业名称，点击【进入】之后，界面弹转到我的页面；点击页面下方的【事项办理】。

（3）再点击【发票领用】，界面弹出企业的名称、购票员的信息、弹出可供购买的发票种类，购票员依次选择需要购买的发票种类、需要购买的发票份数（本数）。

（4）选择好后把页面拉到最下方，选择【受理网点】【取票方式】。如果需要快递则打开快递按键，现场领取则选择大厅领取。

（5）最后点击【提交】后，用微信申领发票就办理完成了。购票员携带身份证原件到预约的大厅领取发票即可。

下面以广东国税微信公众号领购发票为例介绍：

（1）关注"广东国税"微信公众号。

（2）点击左下方【微办税】进入【用户绑定】界面，输入在电子税务局注册的手机号，获取验证码后点击绑定即可成功登录，如图4-7所示。

图4-7　电子税务局"微办税"进入"用户绑定"界面

（3）绑定成功后，选择需要办税的企业，点击【事项办理】的【发票领用】，进入界面，如图4-8所示。

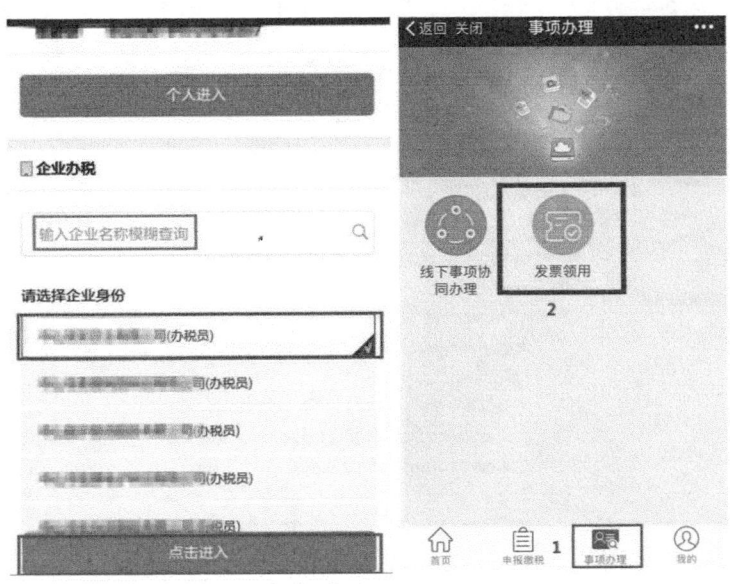

图4-8 电子税务局"微办税"进入"发票领用"界面

若出现如下图等强制监控则无法通过,如图4-9所示。

> ⚠ 尊敬的纳税人:
> 　　当前登录人信息(姓名、证件号码)与已备案的购票员信息不一致,请核实。

图4-9 "发票领用"监控无法通过界面

(4)在【发票领用】界面,系统自动显示所有核定的票种信息,勾选发票种类、填写可领用数量,如图4-10所示。

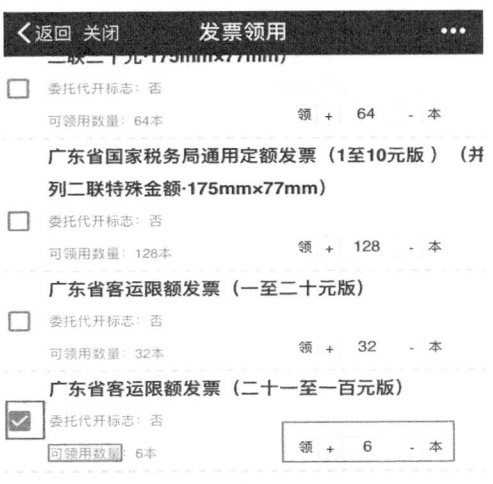

图4-10 "发票领用"界面

（5）领取方式若选择"大厅领取"或"回单柜"，可就近选择税务机关再点击【提交】，如图 4-11 所示。

图 4-11　发票领取方式选择的界面

领取方式若选择"邮政配送"，点击【下一步】，核对信息无误后可点击【提交】。

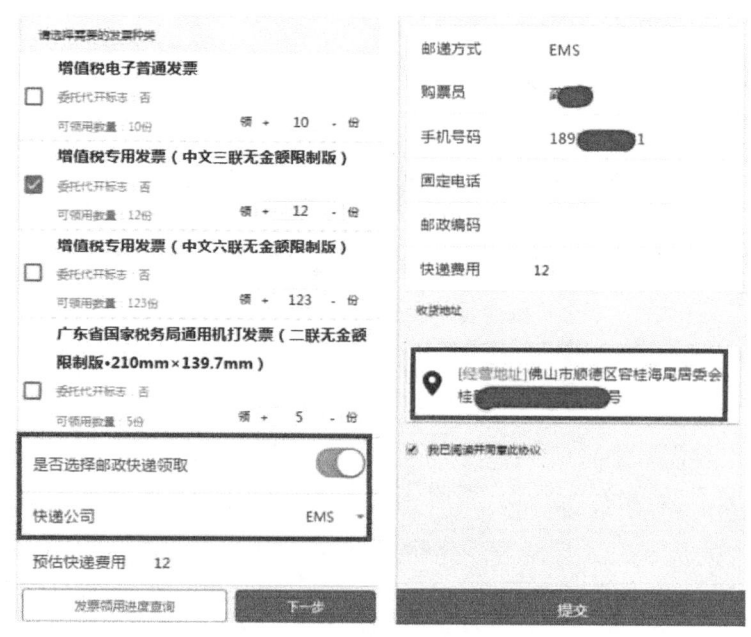

图 4-12　"发票领用进度查询"界面

点击下图标注红色框进入快递地址管理页面：可以进行"选择""新增""删除"。当状态变成"已受理"时，在发票领用进度查询里点击【查看物流】，就可以查询实时物流信息，如图4-12、图4-13所示。

图4-13 "发票领用物流查询"界面

（6）发票领用提交后，如图4-14所示。

图4-14 "发票领用申请提交成功"界面

（7）点击【发票领用受理进度】查询税务机关的处理进度。在税务机关未受理之前，都可以点击【撤销】进行操作。

业务 2：2019 年 4 月 12 日，长沙大东有限责任公司（纳税人识别号：914305891001692754；地址及电话：长沙市工业园 8 号，0316‑3105690；开户行及账号：中国工商银行长沙分行 432000600369378）向长沙信达有限责任公司购买膨化饼干 20 箱（规格 20×500 包），售价每箱 500 元，商品已发出，货款已支付。请开具增值税专用发票。

开具增值税专用发票流程如下：

（1）插上金税盘在电脑上，用开票员的身份进入增值税防伪税控开票系统。

（2）进入后就能看到发票填开选项，点击【发票填开】。

（3）点击发票填开后，可以选择是开增值税专用发票还是普通发票。选择增值税专用发票，点击【确认】。

（4）开始填写开票信息，购买方的信息，及货物应税劳务的名称等，按规定填完。

（5）检查无误后，根据打印机的情况设置边距，将同一发票号的纸质发票放入打印机内，点击【打印】。

（6）打印完后，如果还需要开就点确认开下一张发票，开完了就点击【取消】，退出系统。

（7）打印完后，在发票的每一联都盖上发票专用章，把发票联和抵扣联寄给发票索取方即可。

业务 3：2019 年 5 月 18 日，长沙大东有限责任公司发现发票公司名称写错，把发票退回要求作废并重新开具。请开具红字增值税专用发票。

（1）登录增值税专用发票开具软件，登录界面如图 4‑15 所示。

图 4‑15　税控发票开票软件登录界面

（2）点击【发票管理】—【红字发票管理】—【增值税专票红字信息表填开】菜单，弹出"开具红字发票信息选择"界面，如图4-16所示。

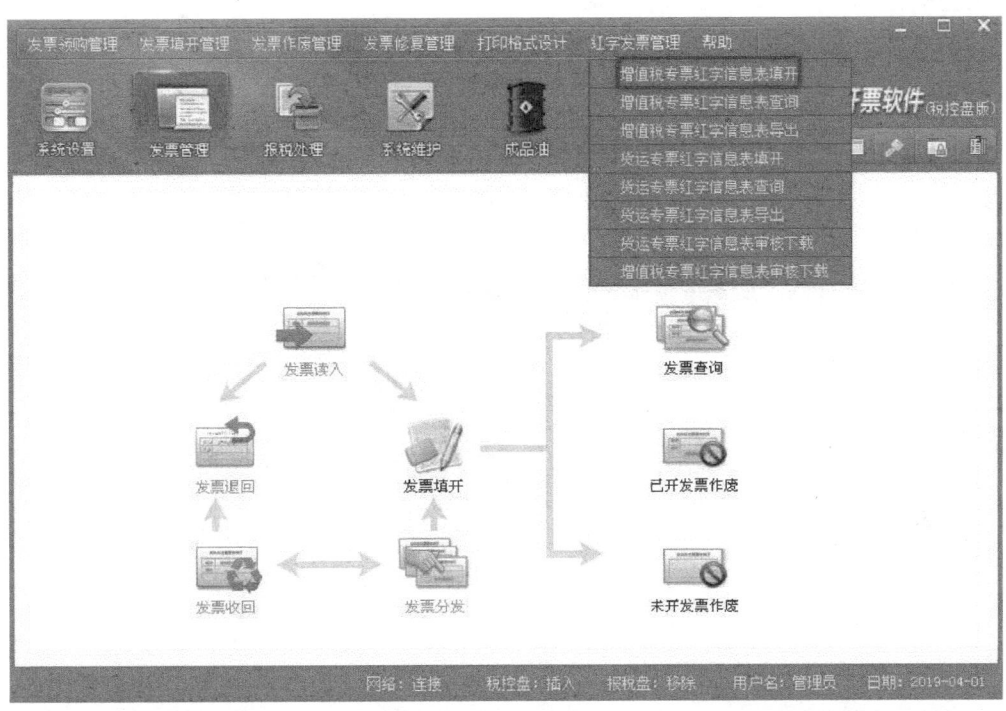

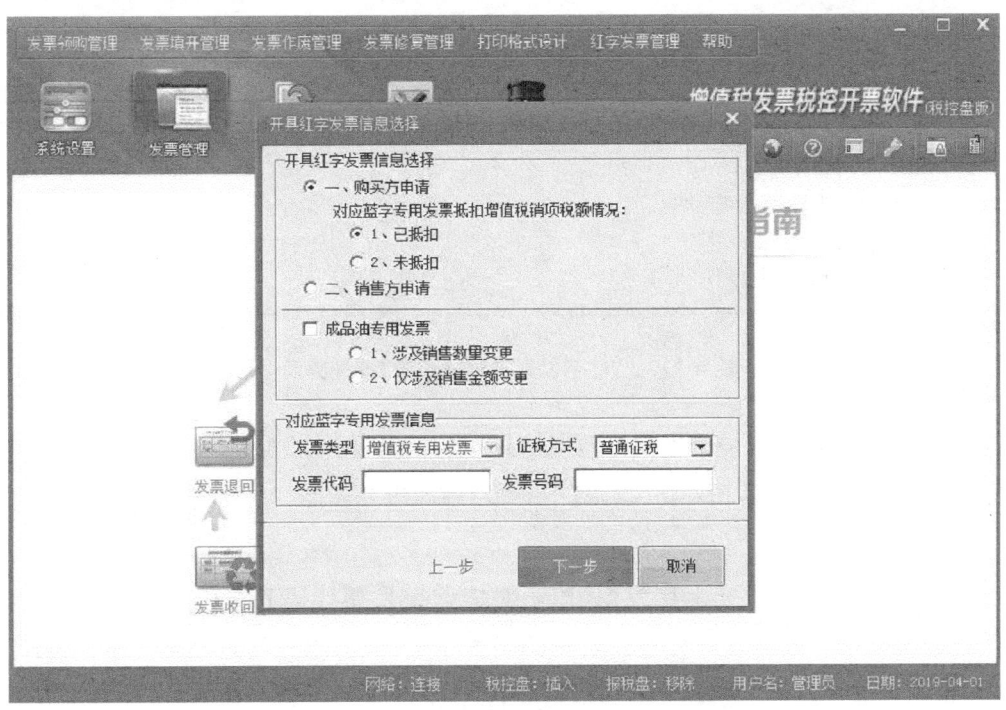

图4-16 增值税专票红字信息选择界面

在"开具红字发票信息选择"界面中,提供两种申请方式:购买方申请和销售方申请,具体情况视纳税人需要而定。

购买方申请:

由购买方申请开具红字专用发票,根据对应蓝字专用发票抵扣增值税销项税额情况,分已抵扣和未抵扣两种方式:

① 当选择已抵扣时,只要选择发票种类后,不需要填写对应蓝字发票代码和发票号码,点击【下一步】进入填开界面,如图4-17所示。

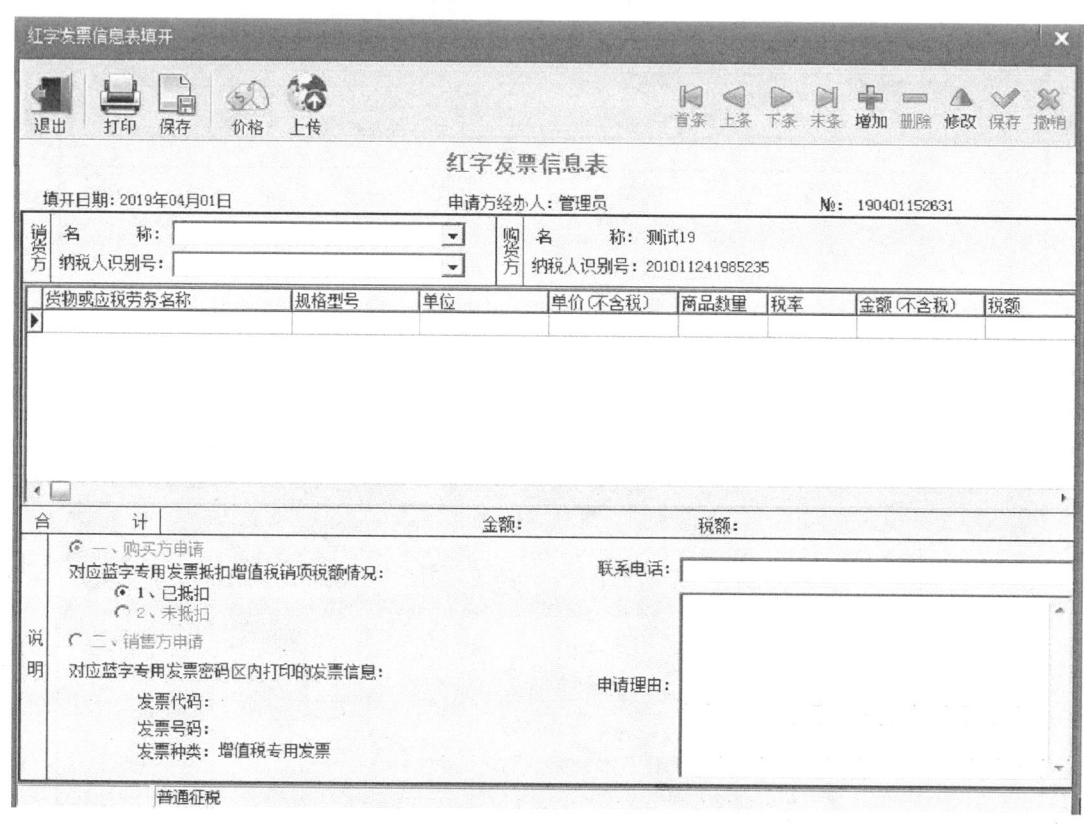

图4-17 "红字发票已抵扣情况"填开界面

② 当选择未抵扣时,应根据实际情况选择对应的具体未抵扣原因后,选择发票种类,并填写对应蓝字发票代码和号码,点击【下一步】进入填开界面。

销售方申请:

由销售方申请开具红字专用发票,填写对应蓝字发票代码和号码,点击【确定】按钮后,如果数据库中有对应蓝字发票。对于购买方申请,购方信息将自动带出不可修改,其他项需要手工填写。对于销售方申请但数据库中无对应蓝字发票信息的,销方信息将自动带出不可修改,需手工填写其他各项信息。对于销售方申请且数据库中有对应蓝字发票信息的,系统会自动填写信息表信息。

(3) 已经填写完成的红字信息表,纳税人可以通过两种方式申请审核处理:一种是直接使用【上传】按钮,联网进行上传,税务机关进行自动或手动审核,上传提示"审核成功"之后,可以直接在"增值税专票红字信息表审核下载"中下载审核通过的信息表,并开具红字发票;另一种方式是通过打印、导出方式,到税务机关进行办理。

(4) 点击【发票管理】—【发票填开管理】—【增值税专用发票填开】,然后点击【负数】—【导入开具】,如图 4-18 所示,选择已审核下载的红字信息表,并点击【确认】,核实无误后,保存并打印。

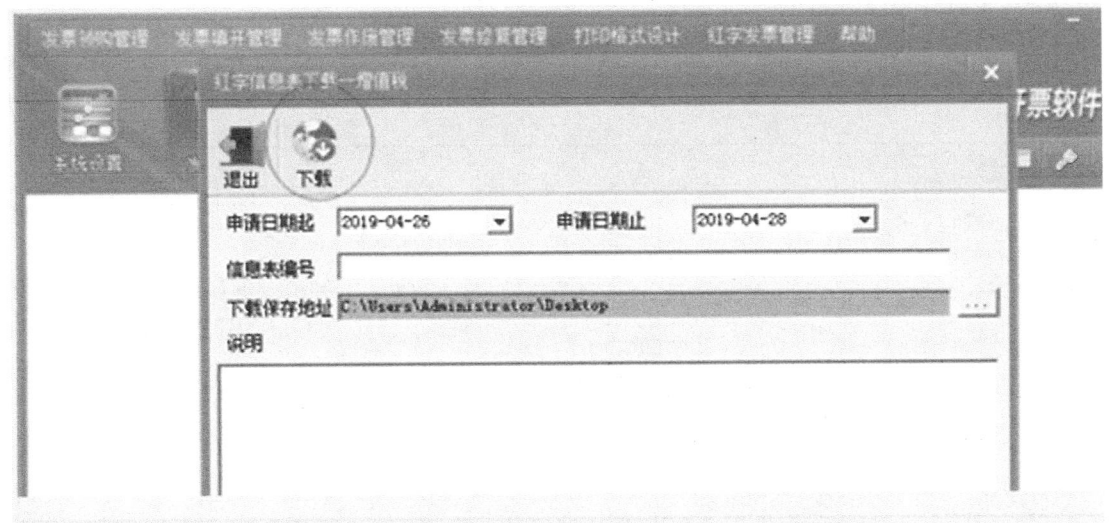

图 4-18 开具负数发票选择"导入红字信息表"界面

业务 4:每月月末,出纳员钱清如何进行发票的整理、保管和缴销?

每月月末,出纳需要把本公司的普通发票和增值税专用发票分开整理,先按时间,再按种类分开,按发票的号码从小到大整理。单位应当建立发票使用登记制度,设置发票领用登记簿,如表 4-14 所示,并定期向主管国家税务机关报告发票使用情况。单位在办理变更或者注销税务登记的同时,办理发票和发票领购簿的变更、缴销手续。已经开具的发票存根联和发票登记簿,应当保存五年。保存期满,报经主管国家税务机关查验后销毁。

表 4-14 发票领用登记簿

日期	部门	序号	发票始止号	数量	交回时间	签字	备注

【任务考核】

任务考核表

实训任务			
实训目标			
实训收获			

评价主体	评价项目		分值	评价得分	加权得分
组员评价	职业素养	考勤	5		
		课堂表现	15		
	职业技能	任务完成度	25		
		任务完成质量	30		
	职业团队	沟通能力	10		
		协调能力	15		
	小 计		100		
组长评价	职业素养	考勤	5		
		课堂表现	15		
	职业技能	任务完成度	25		
		任务完成质量	30		
	职业团队	沟通能力	10		
		协调能力	15		
	小 计		100		

续 表

教师评价	职业素养	考勤	5	
		课堂表现	15	
	职业技能	任务完成度	25	
		任务完成质量	30	
	职业团队	沟通能力	10	
		协调能力	15	
	小　计		100	
	合　计			

学生签字：　　　　　　　　　　　　　日期：

实训任务三　增值税纳税申报

【任务导入】

2019年5月10日，出纳员钱清为长沙信达责任有限公司办理增值税纳税申报业务，请问她该如何填写《增值税纳税申报表》和办理增值税纳税申报？

【任务目标】

一、技能目标

（1）能熟练掌握增值税纳税申报方式和流程。
（2）能正确填写增值税一般纳税人纳税申报表和附列资料。
（3）能正确填写增值税小规模纳税人纳税申报表和附列资料。
（4）能按照最新增值税税率改革内容正确计算、填报和缴纳增值税。

二、素养目标

树立诚信和依法纳税意识。

【任务描述】

纳税申报是指纳税人按照税法规定的期限和内容向税务机关提交有关纳税事项书面报告的法律行为,是纳税人履行纳税义务、承担法律责任的主要依据。纳税人办理纳税申报时,应当如实填写纳税申报表,并根据不同的情况向税务机关报送有关证件、资料。纳税申报主要有直接申报(上门申报)、邮寄申报和电子申报三种方式。纳税人可以根据本企业的具体情况选择合适的申报方式。

一、增值税税率改革

为贯彻落实党中央、国务院决策部署,推进增值税实质性减税,2019年增值税改革有关事项如下:

(1)增值税一般纳税人(以下简称"纳税人")发生增值税应税销售行为或者进口货物,原适用16%税率的,税率调整为13%;原适用10%税率的,税率调整为9%。

(2)纳税人购进农产品,原适用10%税率的,税率调整为9%。纳税人购进用于生产或者委托加工13%税率货物的农产品,按照10%的税率计算进项税额。

(3)原适用16%税率且出口退税率为16%的出口货物劳务,出口退税率调整为13%;原适用10%税率且出口退税率为10%的出口货物、跨境应税行为,出口退税率调整为9%。

(4)适用13%税率的境外旅客购物离境退税物品,退税率为11%;适用9%税率的境外旅客购物离境退税物品,退税率为8%。退税率的执行时间,以退税物品增值税普通发票的开具日期为准。

(5)自2019年4月1日起,《营业税改征增值税试点有关事项的规定》(财税〔2016〕36号印发)第一条第(四)项第1点、第二条第(一)项第1点停止执行,纳税人取得不动产或者不动产在建工程的进项税额不再分2年抵扣。此前按照上述规定尚未抵扣完毕的待抵扣进项税额,可自2019年4月税款所属期起从销项税额中抵扣。

(6)纳税人购进国内旅客运输服务,其进项税额允许从销项税额中抵扣。

(7)2019年1月1日至2021年12月31日,小规模纳税人发生增值税应税销售行为,合计月销售额未超过10万元(以1个季度为1个纳税期的,季度销售额未超过30万元)的,免征增值税。

二、增值税纳税期限

增值税的纳税期限分别为1日、3日、5日、10日、15日、1个月或者是1个季度。纳税人的具体纳税期限,由主管税务机关根据纳税人应纳税额的大小分别核定;不能按照固定期限纳税的,可以按次纳税。

三、增值税应纳税额的计算

一般纳税人采取税款抵扣制度计算增值税,即应纳税额=(销项税额—进项税额)×税率,要求准确计算确认当期的销项税额和进项税额。一般根据开具的增值税发票确认当期的销项税额,根据取得的进项发票确认当期的进项税额。

小规模纳税人采取简易方法计税,即应纳税额=销售额×征收率,没有购进发票的抵扣。相对一般纳税人而言,小规模纳税人的申报比较简单。

四、具体任务

本任务主要进行增值税一般纳税人和小规模纳税人纳税申报业务训练。

业务1:增值税一般纳税人纳税申报。

长沙信达有限责任公司为增值税一般纳税人,适用的增值税税率为13%,2019年4月发生下列经济业务,2019年5月10日进行纳税申报。

(1) 2019年4月3日,购进了办公大楼一座,用于公司办公,计入固定资产,并于次月开始计提折旧。该公司取得了增值税专用发票上注明的金额为100万元,增值税税额为9万元。

(2) 2019年4月所属期发生购进旅客运输服务:取得增值税专用发票1份,票面金额为10万元,税额为9 000元;取得增值税电子普通发票1份,票面注明税额900元;取得注明旅客身份信息的航空运输电子客票行程单1份,票价为800元,燃油附加费为50元;取得注明旅客身份信息的铁路火车票1份,票面金额为240元;取得注明旅客身份信息的公路客票1份,票面金额为103元。上述抵扣凭证合法有效。

(3) 2019年4月,销售货物一批,开具增值税专用发票1份,票面金额为20万元,税额为2.6万元。

请根据上述资料,计算增值税销项税额、进项税额和应纳税额,办理增值税一般纳税人申报,并填写《增值税纳税申报表(适用于增值税一般纳税人)》(表4-15)及其附列资料(表4-16至表4-20)。

表 4-15　增值税纳税申报表(适用于增值税一般纳税人)

根据国家税收法律法规及增值税相关规定制定本表。纳税人不论有无销售额,均应按税务机关核定的纳税期限填写本表,并向当地税务机关申报。

税款所属时间:　年　月　日　至　年　月　日　　填表日期:　年　月　日　　金额单位:元至角分

纳税人识别号							
纳税人名称			法定代表人姓名		所属行业		
开户银行及账号			注册地址		生产经营地址		
			登记注册类型		电话号码		

	项　目	栏次	一般项目		即征即退项目	
			本月数	本年累计	本月数	本年累计
销售额	(一)按适用税率计税销售额	1				
	其中:应税货物销售额	2				
	应税劳务销售额	3				
	纳税检查调整的销售额	4				
	(二)按简易办法计税销售额	5				
	其中:纳税检查调整的销售额	6				
	(三)免、抵、退办法出口销售额	7			—	—
	(四)免税销售额	8			—	—
	其中:免税货物销售额	9			—	—
	免税劳务销售额	10			—	—

续表

税款计算	销项税额	11			—
	进项税额	12			—
	上期留抵税额	13			—
	进项税额转出	14		—	—
	免、抵、退应退税额	15		—	—
	按适用税率计算的纳税检查应补缴税额	16			—
	应抵扣税额合计	17=12+13+14－15+16		—	—
	实际抵扣税额	18(如17＜11,则为17,否则为11)		—	—
	应纳税额	19=11－18			—
	期末留抵税额	20=17－18		—	—
	简易计税办法计算的应纳税额	21			—
	按简易计税办法计算的纳税检查应补缴税额	22			—
	应纳税额减征额	23			—
	应纳税额合计	24=19+21－23		—	—
税款缴纳	期初未缴税额（多缴为负数）	25			—
	实收出口开具专用缴款书退税额	26			—
	本期已缴税额	27=28+29+30+31			—
	①分次预缴税额	28			—

续表

税款缴纳	② 出口开具专用缴款书预缴税额	29	—	—	—
	③ 本期缴纳上期应纳税额	30	—	—	—
	④ 本期缴纳欠缴税额	31			
	期末未缴税额（多缴为负数）	32＝24＋25＋26－27			
	其中：欠缴税额（≥0）	33＝25＋26－27	—		
	本期应补（退）税额	34＝24－28－29	—		
	即征即退实际退税额	35	—		
	期初未缴查补税额	36		—	—
	本期入库查补税额	37		—	—
	期末未缴查补税额	38＝16＋22＋36－37		—	—

授权声明：如果你已委托代理人申报，请填写下列资料：
为委托代理人（地址），为本纳税人的代理申报人，任何与本申报表有关的往来文件，都可寄予此人。
授权人签字：

申报人声明：本纳税申报表是根据国家税收法律法规及相关规定填报的，我确定它是真实的、可靠的、完整的。
声明人签字：

主管税务机关： 接收人： 接收日期：

表4-16 增值税纳税申报表附列资料(一)

本期销售情况明细

纳税人名称:(公章)

税款所属时间: 年 月 日至 年 月 日

金额单位:元至角分

项目及栏次			开具增值税专用发票		开具其他发票		未开具发票		纳税检查调查		合　计			服务、不动产和无形资产扣除项目本期实际扣除金额	扣除后	
			销售额	销项(应纳)税额	销售额	销项(应纳)税额	销售额	销项(应纳)税额	销售额	销项(应纳)税额	销售额	销项(应纳)税额	价税合计		含税(免税)销售额	销项(应纳)税额
			1	2	3	4	5	6	7	8	9=1+3+5+7	10=2+4+6+8	11=9+10	12	13=11−12	14=13÷(100%+税率或征收率)×税率或征收率
一般计税方法计税	全部征税项目	13%税率的货物及加工修理修配劳务　1														
		13%税率的服务、不动产和无形资产　2														
		9%税率的货物及加工修理修配劳务　3														
		9%税率的服务、不动产和无形资产　4														
		6%税率　5														
	其中:即征即退项目	即征即退货物及加工修理修配劳务　6											—	—	—	—
		即征即退服务、不动产和无形资产　7											—	—	—	—

续表

二、简易计税方法计税	全部征税项目	6%征收率	8			—	—	—	—
		5%征收率的货物及加工修理修配劳务	9a			—	—	—	—
		5%征收率的服务、不动产和无形资产	9b			—	—	—	—
		4%征收率	10			—	—	—	—
		3%征收率的货物及加工修理修配劳务	11			—	—	—	—
		3%征收率的服务、不动产和无形资产	12			—	—	—	—
	其中：即征即退项目	预征率 %	13a			—	—	—	—
		预征率 %	13b			—	—	—	—
		预征率 %	13c			—	—	—	—
		即征即退货物及加工修理修配劳务	14	—	—	—	—	—	—
		即征即退服务、不动产和无形资产	15	—	—	—	—	—	—
三、免抵退税		货物及加工修理修配劳务	16			—	—	—	—
		服务、不动产和无形资产	17			—	—	—	—
四、免税		货物及加工修理修配劳务	18			—	—	—	—
		服务、不动产和无形资产	19			—	—	—	—

表 4-17 增值税纳税申报表附列资料(二)

本期进项税额明细

税款所属时间：　　年　　月　　日至　　年　　月　　日

纳税人名称：(公章)　　　　　　　　　　　　　　　　　　　　金额单位：元至角分

一、申报抵扣的进项税额				
项　　目	栏次	份数	金额	税额
(一)认证相符的增值税专用发票	1＝2＋3			
其中：本期认证相符且本期申报抵扣	2			
前期认证相符且本期申报抵扣	3			
(二)其他扣税凭证	4＝5＋6＋7＋8a＋8b			
其中：海关进口增值税专用缴款书	5			
农产品收购发票或者销售发票	6			
代扣代缴税收缴款凭证	7		—	
加计扣除农产品进项税额	8a	—	—	
其他	8b			
(三)本期用于购建不动产的扣税凭证	9			
(四)本期用于抵扣的旅客运输服务扣税凭证	10			
(五)外贸企业进项税额抵扣证明	11	—	—	
当期申报抵扣进项税额合计	12＝1＋4＋11			
二、进项税额转出额				
项　　目	栏次		税　额	
本期进项税额转出额	13＝14至23之和			
其中：免税项目用	14			
集体福利、个人消费	15			
非正常损失	16			

续 表

	简易计税方法征税项目用	17			
	免抵退税办法不得抵扣的进项税额	18			
	纳税检查调减进项税额	19			
	红字专用发票信息表注明的进项税额	20			
	上期留抵税额抵减欠税	21			
	上期留抵税额退税	22			
	其他应作进项税额转出的情形	23			

三、待抵扣进项税额

项　目	栏　次	份数	金额	税额
（一）认证相符的增值税专用发票	24	—	—	—
期初已认证相符但未申报抵扣	25			
本期认证相符且本期未申报抵扣	26			
期末已认证相符但未申报抵扣	27			
其中：按照税法规定不允许抵扣	28			
（二）其他扣税凭证	29＝30 至 33 之和			
其中：海关进口增值税专用缴款书	30			
农产品收购发票或者销售发票	31			
代扣代缴税收缴款凭证	32		—	
其他	33			
	34			

四、其他

项　目	栏　次	份数	金额	税额
本期认证相符的增值税专用发票	35			
代扣代缴税额	36		—	—

表 4-18 增值税纳税申报表附列资料(三)

服务、不动产和无形资产扣除项目明细

税款所属时间： 年 月 日 至 年 月 日

纳税人名称：(公章) 金额单位：元至角分

项目及栏次		本期服务、不动产和无形资产价税合计额(免税销售额)	服务、不动产和无形资产扣除项目			
			期初余额	本期发生额	本期应扣除金额	本期实际扣除金额	期末余额
		1	2	3	4=2+3	5(5≤1且5≤4)	6=4-5
13%税率的项目	1						
9%税率的项目	2						
6%税率的项目(不含金融商品转让)	3						
6%税率的金融商品转让项目	4						
5%征收率的项目	5						
3%征收率的项目	6						
免抵退税的项目	7						
免税的项目	8						

表4-19 增值税纳税申报表附列资料(四)

税额抵减情况表

纳税人名称：(公章)

税款所属时间： 年 月 日至 年 月 日

金额单位：元至角分

一、税额抵减情况

序号	抵减项目	期初余额	本期发生额	本期应抵减税额	本期实际抵减税额	期末余额
		1	2	3=1+2	4≤3	5=3-4
1	增值税税控系统专用设备费及技术维护费					
2	分支机构预征缴纳税款					
3	建筑服务预征缴纳税款					
4	销售不动产预征缴纳税款					
5	出租不动产预征缴纳税款					

二、加计抵减情况

序号	加计抵减项目	期初余额	本期发生额	本期调减额	本期可抵减额	本期实际抵减额	期末余额
		1	2	3	4=1+2-3	5	6=4-5
6	一般项目加计抵减额计算						
7	即征即退项目加计抵减额计算						
8	合计						

表4-20 增值税减免税申报明细表

纳税人名称(公章):

税款所属时间：自 年 月 日 至 年 月 日　　　　　金额单位：元至角分

一、减税项目

减税性质代码及名称	栏次	期初余额 1	本期发生额 2	本期应抵减税额 3＝1＋2	本期实际抵减税额 4≤3	期末余额 5＝3－4
合计	1					
	2					
	3					
	4					
	5					
	6					

二、免税项目

免税性质代码及名称	栏次	免征增值税项目销售额 1	免税销售额扣除项目本期实际扣除金额 2	扣除后免税销售额 3＝1－2	免税销售额对应的进项税额 4	免税额 5
合计	7					
出口免税	8				—	—
其中:跨境服务	9				—	—
	10					

续表

11	12	13	14	15	16

业务 2：增值税小规模纳税人纳税申报。

海东家具有限责任公司为小规模纳税人。注册类型：私营企业；纳税人识别号：914305859370200456；企业注册地址及电话：长沙市岳麓区天马科技园 B 座 1107 号，0731-4301049；法定代表人：王坤；财务负责人：刘胜；办税员：王海凯。

2019 年 1—3 月份发生下列经济业务：

(1) 1 月 3 日，向长沙福源商城销售办公桌 200 张，每张办公桌单价为 500 元，税务机关代开增值税专用发票 1 张。

(2) 2 月 8 日。向强富商店销售椅子 50 把，每把椅子单价为 206 元，开具普通发票 1 张，金额为 10 300 元。

(3) 3 月 19 日，销售使用过的小汽车(原值为 140 000 元)，取得二手车销售统一发票，价税合计 72 100 元。

该公司于 4 月 10 日办理增值税按季纳税申报，请根据上述资料计算增值税应纳税额，办理增值税小规模纳税人纳税申报，并填写《增值税纳税申报表(小规模纳税人适用)》(表 4-21)。

表 4-21 增值税纳税申报表(小规模纳税人适用)

纳税人识别号：

纳税人名称(公章)：　　　　　　　　　　　　　　　　　　　　　　金额单位：元至角分

税款所属期：　　年　月　日至　　年　月　日　　　　填表日期：　　年　月　日

	项　目	栏次	本期数		本年累计	
			货物及劳务	服务、不动产和无形资产	货物及劳务	服务、不动产和无形资产
一、计税依据	(一) 应征增值税不含税销售额(3%征收率)	1				
	税务机关代开的增值税专用发票不含税销售额	2				
	税控器具开具的普通发票不含税销售额	3				
	(二) 应征增值税不含税销售额(5%征收率)	4		—		—
	税务机关代开的增值税专用发票不含税销售额	5		—		—
	税控器具开具的普通发票不含税销售额	6		—		—
	(三) 销售使用过的固定资产不含税销售额	7(7≥8)		—		—
	其中：税控器具开具的普通发票不含税销售额	8		—		—

续 表

项　目	栏次	本期数		本年累计	
		货物及劳务	服务、不动产和无形资产	货物及劳务	服务、不动产和无形资产
一、计税依据 （四）免税销售额	9＝10＋11＋12				
其中：小微企业免税销售额	10				
未达起征点销售额	11				
其他免税销售额	12				
（五）出口免税销售额	13(13≥14)				
其中：税控器具开具的普通发票销售额	14				
二、税款计算 本期应纳税额	15				
本期应纳税额减征额	16				
本期免税额	17				
其中：小微企业免税额	18				
未达起征点免税额	19				
应纳税额合计	20＝15－16				
本期预缴税额	21			—	—
本期应补(退)税额	22＝20－21			—	—

纳税人或代理人声明： 本纳税申报表是根据国家税收法律法规及相关规定填报的,我确定它是真实的、可靠的、完整的。	如纳税人填报,由纳税人填写以下各栏：
	办税人员：　　　　　　财务负责人：
	法定代表人：　　　　　　联系电话：
	如委托代理人填报,由代理人填写以下各栏：
	代理人名称(公章)：　　　　　　　　经办人：
	联系电话：

主管税务机关：　　　　　　接收人：　　　　　　接收日期：

表单说明：

本纳税申报表及其附列资料填写说明(以下简称本表及填写说明)适用于增值税小规模纳税人(以下简称纳税人)。

一、名词解释

(1)本表及填写说明所称"货物",是指增值税的应税货物。

(2)本表及填写说明所称"劳务",是指增值税的应税加工、修理、修配劳务。

(3)本表及填写说明所称"服务、不动产和无形资产",是指销售服务、不动产和无形资产(以下简称"应税行为")。

(4) 本表及填写说明所称"扣除项目",是指纳税人发生应税行为,在确定销售额时,按照有关规定允许其从取得的全部价款和价外费用中扣除价款的项目。

二、《增值税纳税申报表(小规模纳税人适用)》填写说明

本表"货物及劳务"与"服务、不动产和无形资产"各项目应分别填写。

(1) "税款所属期"是指纳税人申报的增值税应纳税额的所属时间,应填写具体的起止年、月、日。

(2) "纳税人识别号"栏,填写纳税人的税务登记证件号码。

(3) "纳税人名称"栏,填写纳税人名称全称。

(4) 第1栏"应征增值税不含税销售额(3%征收率)":填写本期销售货物及劳务、发生应税行为适用3%征收率的不含税销售额,不包括应税行为适用5%征收率的不含税销售额、销售使用过的固定资产和销售旧货的不含税销售额、免税销售额、出口免税销售额、查补销售额。

纳税人发生适用3%征收率的应税行为且有扣除项目的,与当期《增值税纳税申报表(小规模纳税人适用)附列资料》第8栏数据一致。

(5) 第2栏"税务机关代开的增值税专用发票不含税销售额":填写税务机关代开的增值税专用发票销售额合计。

(6) 第3栏"税控器具开具的普通发票不含税销售额":填写税控器具开具的货物及劳务、应税行为的普通发票金额换算的不含税销售额。

(7) 第4栏"应征增值税不含税销售额(5%征收率)":填写本期发生应税行为适用5%征收率的不含税销售额。

纳税人发生适用5%征收率应税行为且有扣除项目的,本栏填写扣除后的不含税销售额,与当期《增值税纳税申报表(小规模纳税人适用)附列资料》第16栏数据一致。

(8) 第5栏"税务机关代开的增值税专用发票不含税销售额":填写税务机关代开的增值税专用发票销售额合计。

(9) 第6栏"税控器具开具的普通发票不含税销售额":填写税控器具开具的发生应税行为的普通发票金额换算的不含税销售额。

(10) 第7栏"销售使用过的固定资产不含税销售额":填写销售自己使用过的固定资产(不含不动产,下同)和销售旧货的不含税销售额,销售额=含税销售额/(1+3%)。

(11) 第8栏"税控器具开具的普通发票不含税销售额":填写税控器具开具的销售自己使用过的固定资产和销售旧货的普通发票金额换算的不含税销售额。

(12) 第9栏"免税销售额":填写销售免征增值税的货物及劳务、应税行为的销售额,不包括出口免税销售额。

应税行为有扣除项目的纳税人,填写扣除之前的销售额。

(13) 第10栏"小微企业免税销售额":填写符合小微企业免征增值税政策的免税销售额,不包括符合其他增值税免税政策的销售额。个体工商户和其他个人不填写本栏次。

(14) 第11栏"未达起征点销售额":填写个体工商户和其他个人未达起征点(含支持

小微企业免征增值税政策)的免税销售额,不包括符合其他增值税免税政策的销售额。本栏次由个体工商户和其他个人填写。

(15)第12栏"其他免税销售额":填写销售免征增值税的货物及劳务、应税行为的销售额,不包括符合小微企业免征增值税和未达起征点政策的免税销售额。

(16)第13栏"出口免税销售额":填写出口免征增值税货物及劳务、出口免征增值税应税行为的销售额。

应税行为有扣除项目的纳税人,填写扣除之前的销售额。

(17)第14栏"税控器具开具的普通发票销售额":填写税控器具开具的出口免征增值税货物及劳务、出口免征增值税应税行为的普通发票销售额。

(18)第15栏"本期应纳税额":填写本期按征收率计算缴纳的应纳税额。

(19)第16栏"本期应纳税额减征额":填写纳税人本期按照税法规定减征的增值税应纳税额。包含可在增值税应纳税额中全额抵减的增值税税控系统专用设备费用以及技术维护费,可在增值税应纳税额中抵免的购置税控收款机的增值税税额。

当本期减征额小于或等于第15栏"本期应纳税额"时,按本期减征额实际填写;当本期减征额大于第15栏"本期应纳税额"时,按本期第15栏填写,本期减征额不足抵减部分结转下期继续抵减。

(20)第17栏"本期免税额":填写纳税人本期增值税免税额,免税额根据第9栏"免税销售额"和征收率计算。

(21)第18栏"小微企业免税额":填写符合小微企业免征增值税政策的增值税免税额,免税额根据第10栏"小微企业免税销售额"和征收率计算。

(22)第19栏"未达起征点免税额":填写个体工商户和其他个人未达起征点(含支持小微企业免征增值税政策)的增值税免税额,免税额根据第11栏"未达起征点销售额"和征收率计算。

(23)第21栏"本期预缴税额":填写纳税人本期预缴的增值税税额,但不包括查补缴纳的增值税税额。

【任务实施】

业务1：增值税一般纳税人申报。

1. 增值税进项税额、销项税额的计算

(1)2019年4月1日后,长沙信达有限责任公司取得不动产或者不动产在建工程的进项税额不再分两年抵扣,可以一次性在购入当期抵扣进项税额90 000元。

会计分录为：

借：固定资产　　　　　　　　　　　　　　　　　　　　1 000 000

　　应交税费——应交增值税(进项税额)　　　　　　　　90 000

　　贷：银行存款　　　　　　　　　　　　　　　　　　　1 090 000

(2) 2019年4月,所属期发生购进旅客运输服务的进项税额计算过程如下:

9 000＋900＋(800＋50)÷(1＋9％)×9％＋240÷(1＋9％)×9％＋103÷(1＋3％)×3％＝9 000＋900＋70.18＋19.82＋3＝9 993(元)

(3) 2019年4月,长沙信达有限责任公司销售货物一批,开具增值税专用发票1份,票面金额为200 000元,销项税额为26 000元。

因此,该企业增值税销项税额为26 000元,进项税额为9 993＋90 000＝99 993元,应纳税额＝26 000－99 993＝－73 993(元)。

2. 增值税一般纳税人网络申报流程

下面以广东省电子税务局为例,介绍增值税一般纳税人网络申报流程。

(1) 进入广东企业电子申报管理系统,首先对当月进项、销项发票进行采集,然后完整填写报表。

(2) 通过电子申报管理系统【增值税(一般纳税人)】按钮下的【申报管理】—【生成申报盘】—【导出申报文件】,导出已填写好的对应所属时期的申报文件电子文件(一个压缩包与一个后缀名为.XML的文件)。

(3) 打开广东省电子税务局网站,点击页面右上角【登录】按钮,再选择【用户名登录】,使用实名认证账户登录,输入个人用户名等资料进行登录,进入办税身份选择,选择对应企业名称,点击【企业进入】。

(4) 成功登录后,点击页面上方【申报缴款】,页面展示纳税人按期应申报信息,点击【申报月份】选择要申报的月份,若清册显示异常,点击刷新以及最下方的【重置申报清册】。

(5) 点击增值税税种的【填写申报表】按钮,弹出上传申报文件界面。然后点击【浏览】,选择已保存在电脑上的、后缀名为.XML的文件,选中后点击【打开】。

(6) 出现【上传申报文件】窗口,核对无误后点击【上传】,若有误则返回重新打开。

(7) 出现【申报结果】提示窗口,说明增值税已经申报成功,如要立即缴税,点击【现在去缴税】按钮;如不现在缴税,后续可通过单独模块进行清缴。点击【申报缴税】—【清缴税款】,在清缴税款信息页面,勾选想要缴款的增值税,最后点击【立即缴款】按钮。

业务2:增值税小规模纳税人申报。

1. 计算增值税不含税销售额

小规模纳税人企业发生业务的不含税销售额的计算如下:

(1) 税务机关代开增值税专用发票不含税销售额:200×500＝100 000元。

(2) 普通发票不含税销售额:10 300÷(1＋3％)＝10 000元。

(3) 销售使用过的应税固定资产不含税销售额:72 100÷(1＋3％)＝70 000元。

2. 增值税小规模纳税人网络申报流程

"三无需"是指凡符合条件的纳税人,无需任何审批流程、无需任何核查手续、无需任何证明资料,只要如实填写纳税申报表,均可享受小微企业普惠性减税政策。"三自动"是指凡采用电子申报的方式,只要纳税人项目填写完整,系统就可以自动帮助享受减免税优惠,包括自动识别纳税人是否可享受小微企业普惠性减税政策、自动计算纳税人的可减免税金额、自动生成纳税申报表。

（1）首先打开并登录所在省电子税务局，系统将自动弹出此次小微企业普惠性税收减免政策相关内容，如图 4-19 所示。

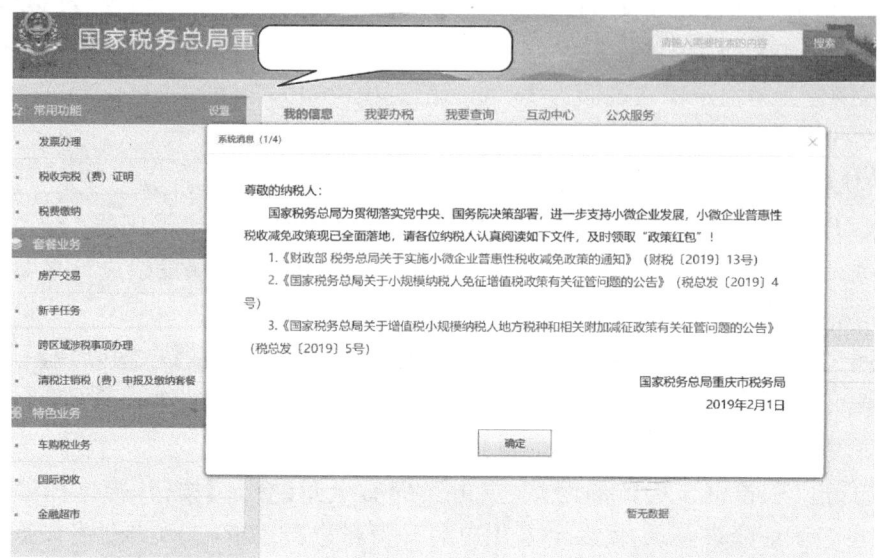

图 4-19　电子税务局小微企业普惠性税收减免政策宣传界面

（2）点击【我要办税】—【申报纳税】—【增值税小规模纳税人申报】，如图 4-20 所示。

图 4-20　增值税小规模纳税人申报界面

如果是月销售额不超过 10 万元（按季申报 30 万元）的小规模纳税人，选择"免税申报

(小微企业)"模块进行简易填写;如果为月销售额超过 10 万元(按季申报超过 30 万元)的小规模纳税人,需选择【填表申报】—【立刻填表】。

(3)填报报表。首先在填表界面,将会温馨提醒是否抄报税;然后点击【确定】按钮,将提示此次普惠优惠政策的简介。最后点击【确定】,会弹出提醒本期是否发生不动产销售额,如有发生,填写减去不动产原值后的不含税金额;如未发生,点击【继续填写】进入报表填写界面,如实填写本期发生销售额,货物及劳务、服务、不动产及无形资产,计算合计金额。最后系统根据填写的数据,合计超过起征点的,会第二次提醒,本期是否发生不动产销售,纳税人可以选择【是】或【否】,进行下一步操作。如果选择【是】,纳税人需要填写本期发生的不动产销售额,如图 4-21 所示。

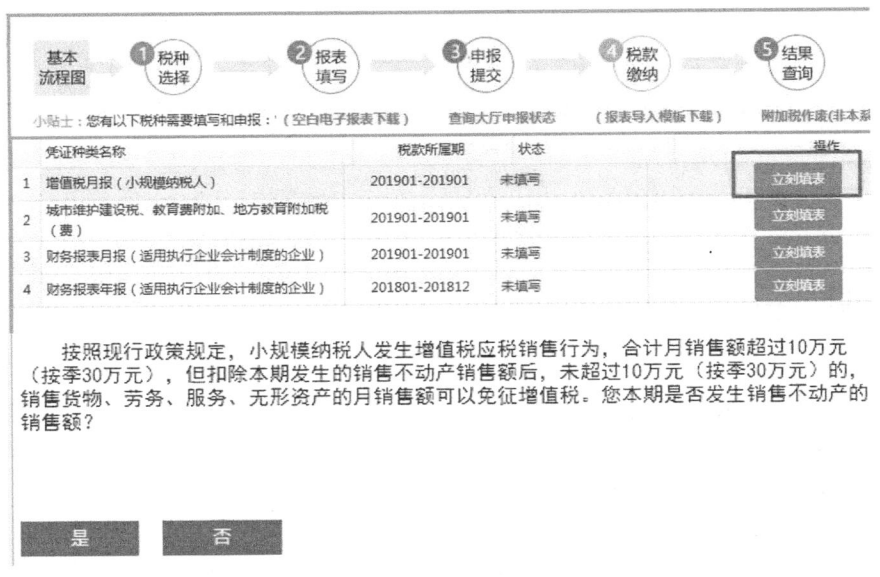

图 4-21 增值税小规模纳税人报表填写界面

(4)报送申报。点击【保存】按钮,并点击【申报】按钮,发起申报。报表状态会变为【申报成功】。

(5)税款缴纳。如本期有税款需要缴纳,点击【缴税】按钮。可以使用三方协议网上扣款,或者打印银行端交款凭证,到银行扣款。

【任务考核】

任务考核表

实训任务	
实训目标	
实训收获	

续表

评价主体	评价项目		分值	评价得分	加权得分
组员评价	职业素养	考勤	5		
		课堂表现	15		
	职业技能	任务完成度	25		
		任务完成质量	30		
	职业团队	沟通能力	10		
		协调能力	15		
	小 计		100		
组长评价	职业素养	考勤	5		
		课堂表现	15		
	职业技能	任务完成度	25		
		任务完成质量	30		
	职业团队	沟通能力	10		
		协调能力	15		
	小 计		100		
教师评价	职业素养	考勤	5		
		课堂表现	15		
	职业技能	任务完成度	25		
		任务完成质量	30		
	职业团队	沟通能力	10		
		协调能力	15		
	小 计		100		
	合 计				

学生签字： 日期：

实训任务四 个人所得税代扣代缴

【任务导入】

李金是独生子，他的妻子在家做全职太太，他的儿子在读小学一年级，每月要支付首套房房贷3 000元,家中父母年龄都超过60周岁了。目前,李金在长沙信达有限责任公司销售部工作,请问李金每月可以享受的个人所得税专项附加扣除金额是多少元?

【任务目标】

一、技能目标

(1)能正确填写个人所得税纳税申报的相关表格。
(2)能掌握个人所得税自行申报和代扣代缴申报流程。
(3)能熟练操作自然人税收管理系统扣缴软件。

二、素养目标

培养认真履行纳税义务,树立诚信纳税意识。

【任务描述】

个人所得税是以自然人取得的各类应税所得为征税对象而征收的一种所得税,是政府利用税收对个人收入进行调节的一种手段。个人所得税的纳税义务人,既包括居民纳税义务人,也包括非居民纳税义务人。

按照个人所得税法规定,扣缴义务人向个人支付下列所得时,应代扣代缴个人所得税:工资薪金所得、对企事业单位的承包经营承租经营所得、劳务报酬所得、稿酬所得、特许权使用费所得、利息股息红利所得、财产租赁所得、财产转让所得、偶然所得、经国务院财政部门确定征税的其他所得等。扣缴义务人向个人支付应纳税所得(包括现金、实物和有价证券)时,不论纳税人是否属于本单位人员,均应代扣代缴其应纳的个人所得税税款。

个人所得税计算方法:应纳个人所得税税额=应纳税所得额×适用税率−速算扣除数

个人所得税的征收方式可分为按月计征和按年计征。个体工商户的生产、经营所得,对企业事业单位的承包经营、承租经营所得,特定行业的工资、薪金所得,从中国境外取得的所得,实行按年计征应纳税额,其他所得应纳税额实行按月计征。

我国的个人所得税的申报方法有代扣代缴和自行申报纳税两种。企业作为个人所得税的扣缴义务人,应按规定扣缴该职工应缴纳的个人所得税。

本任务主要进行个人所得税专项附加信息扣除填报和个人所得税单位代扣代缴申报的训练。

请根据以下业务分别计算4月份李金个人所得税应纳税额,填制个人所得税纳税申报相关表格(表4-22至表4-25),并进行个人所得税代扣代缴纳税申报。

表4-22 个人所得税基础信息表（A表）

（适用于扣缴义务人填报）

扣缴义务人名称：

扣缴义务人纳税人识别号（统一社会信用代码）：□□□□□□□□□□□□□□□□□□

序号	纳税人基本信息（带*必填）						任职受雇从业信息				联系方式				银行账户		投资信息		其他信息		华侨、港澳台、外籍个人信息（带*必填）					备注
	*纳税人姓名	纳税人识别号	*身份证件类型	*身份证件号码	*出生日期	*国籍/地区	类型	职务	学历	任职受雇从业日期	离职日期	手机号码	户籍所在地	经常居住地	联系地址	电子邮箱	开户银行	银行账号	投资额（元）	投资比例	是否残疾/孤老/烈属	残疾/烈属证号	*出生地	*性别	*首次入境时间	*预计离境时间	*涉税事由	
	2	3	4	5	6	7	8	9	10	11	12	13	14	15	16	17	18	19	20	21	22	23	24	25	26	27	28	29
1																												

谨声明：本表是根据国家税收法律法规及相关规定填报的，是真实的、可靠的、完整的。

扣缴义务人（签章）：

年　月　日

经办人签字：
经办人身份证件号码：
代理机构签章：
代理机构统一社会信用代码：

受理人：
受理税务机关（章）：
受理日期：　　　年　月　日

国家税务总局监制

表 4-23　个人所得税基础信息表(B表)

（适用于自然人填报）

纳税人识别号：□□□□□□□□□□□□□□□□□□

基本信息(带 * 必填)					
基本信息	* 纳税人姓名	中文名		英文名	
	* 身份证件	证件类		证件号码	
		证件类		证件号码	
	* 国籍/地区			* 出生日期	年　月　日
联系方式	户籍所在地	省（区、市）　　　市　　　区（县）　　　街道（乡、镇）_____			
	经常居住地	省（区、市）　　　市　　　区（县）　　　街道（乡、镇）_____			
	联系地址	省（区、市）　　　市　　　区（县）　　　街道（乡、镇）_____			
	* 手机号码			电子邮箱	
其他信息	开户银行			银行账号	
	学　历	□研究生　　□大学本科　　□大学本科以下			
	特殊情形	□残疾　残疾证号_____　　　　□烈属　烈属证号			
任职、受雇、从业信息					
任职受雇从业单位一	名　　称			国家/地区	
	纳税人识别号（统一社会信用代码）	|| 任职受雇从业日期	年月	离职日期	年月
	类　型	□雇员　□保险营销员　□证券经纪人　□其他		职　务	□高层　□其他
任职受雇从业单位二	名　　称			国家/地区	
	纳税人识别号（统一社会信用代码）	|| 任职受雇从业日期	年月	离职日期	年月
	类　型	□雇员　□保险营销员　□证券经纪人　□其他		职　务	□高层　□其他

续 表

该栏仅由投资者纳税人填写					
被投资单位一	名　　称		国家/地区		
	纳税人识别号（统一社会信用代码）		投资额(元)		投资比例
被投资单位二	名　　称		国家/地区		
	纳税人识别号（统一社会信用代码）		投资额(元)		投资比例
该栏仅由华侨、港澳台、外籍个人填写（带＊必填）					
＊出生地			＊首次入境时间	年　月　日	
＊性　别			＊预计离境时间	年　月　日	
＊涉税事由	□任职受雇　　□提供临时劳务　　□转让财产　　□从事投资和经营活动 □其他				
谨声明：本表是根据国家税收法律法规及相关规定填报的，是真实的、可靠的、完整的。 　　　　　　　　　　　　　　　　　　　　　　　　　纳税人(签字)： 　　　　　　　　　　　　　　　　　　　　　　　　　　　年　月　日					
经办人签字： 经办人身份证件号码： 代理机构签章： 代理机构统一社会信用代码：		受理人： 受理税务机关(章)： 受理日期：　　年　月　日			

国家税务总局监制

表 4-24 个人所得税专项附加扣除信息表

填报日期：　年　月　日　　　　　　　　　　扣除年度：

纳税人姓名：		纳税人识别号：□□□□□□□□□□□□□□□□□□			
纳税人信息	手机号码		电子邮箱		
	联系地址		配偶情况	□有配偶　□无配偶	
纳税人配偶信息	姓名		身份证件类型		身份证件号码　□□□□□□□□□□□□□□□□□□

一、子女教育

	较上次报送信息是否发生变化：	□首次报送（请填写全部信息）	□无变化（不需重新填写）	□有变化（请填写发生变化项目的信息）	
子女一	姓名		身份证件类型		身份证件号码
	出生日期		当前受教育阶段	□学前教育阶段　□义务教育　□高中阶段教育　□高等教育	
	当前受教育阶段起始时间	年　月	当前受教育阶段结束时间	年　月	子女教育终止时间　年　月 ※不再受教育时填写
	就读国家（或地区）		就读学校		本人扣除比例　□100%（全额扣除）　□50%（平均扣除）
子女二	姓名		身份证件类型		身份证件号码
	出生日期		当前受教育阶段	□学前教育阶段　□义务教育　□高中阶段教育　□高等教育	
	当前受教育阶段起始时间	年　月	当前受教育阶段结束时间	年　月	子女教育终止时间　年　月 ※不再受教育时填写
	就读国家（或地区）		就读学校		本人扣除比例　□100%（全额扣除）　□50%（平均扣除）

二、继续教育

	较上次报送信息是否发生变化：	□首次报送（请填写全部信息）	□无变化（不需重新填写）	□有变化（请填写发生变化项目的信息）	
学历（学位）继续教育	当前继续教育起始时间	年　月	当前继续教育结束时间	年　月	学历（学位）继续教育阶段　□专科　□本科　□硕士研究生　□博士研究生　□其他
职业资格继续教育	职业资格继续教育类型	□技能人员　□专业技术人员		证书名称	
	证书编号		发证机关		发证（批准）日期

三、住房贷款利息

	较上次报送信息是否发生变化：	□首次报送（请填写全部信息）	□无变化（不需重新填写）	□有变化（请填写发生变化项目的信息）	
房屋信息	住房坐落地址		省（区、市）　市　县（区）　街道（乡、镇）		
	产权证号/不动产登记号/商品房买卖合同号/预售合同号				
	本人是否借款人	□是　□否	是否婚前各自首套贷款，且婚后分别扣除50%	□是　□否	
房贷信息	公积金贷款丨贷款合同编号				
	贷款期限（月）		首次还款日期		
	商业贷款丨贷款合同编号		贷款银行		
	贷款期限（月）		首次还款日期		

四、住房租金

	较上次报送信息是否发生变化：	□首次报送（请填写全部信息）	□无变化（不需重新填写）	□有变化（请填写发生变化项目的信息）	
房屋信息	住房坐落地址		省（区、市）　市　县（区）　街道（乡、镇）		
租赁情况	出租方（个人）姓名		身份证件类型		身份证件号码　□□□□□□□□□□□□□□□□□□
	出租方（单位）名称			纳税人识别号（统一社会信用代码）	□□□□□□□□□□□□□□□□□□
	主要工作城市（*填写市一级）		住房租赁合同编号（非必填）		
	租赁期起		租赁期止		

五、赡养老人

	较上次报送信息是否发生变化：	□首次报送（请填写全部信息）	□无变化（不需重新填写）	□有变化（请填写发生变化项目的信息）	
	纳税人身份		□独生子女　□非独生子女		
被赡养人一	姓名		身份证件类型		身份证件号码　□□□□□□□□□□□□□□□□□□
	出生日期		与纳税人关系	□父亲　□母亲　□其他	
被赡养人二	姓名		身份证件类型		身份证件号码　□□□□□□□□□□□□□□□□□□
	出生日期		与纳税人关系	□父亲　□母亲　□其他	
共同赡养人信息	姓名		身份证件类型		身份证件号码　□□□□□□□□□□□□□□□□□□
	姓名		身份证件类型		身份证件号码　□□□□□□□□□□□□□□□□□□
	姓名		身份证件类型		身份证件号码　□□□□□□□□□□□□□□□□□□
分摊方式	□独生子女不需填写	□平均分摊　□赡养人约定分摊　□被赡养人指定分摊		本年度月扣除金额	

六、大病医疗（仅限综合所得年度汇算清缴申报时填写）

	较上次报送信息是否发生变化：	□首次报送（请填写全部信息）	□无变化（不需重新填写）	□有变化（请填写发生变化项目的信息）	
患者一	姓名		身份证件类型		身份证件号码
	医药费用总金额		个人负担金额		与纳税人关系　□本人　□配偶　□未成年子女
患者二	姓名		身份证件类型		身份证件号码
	医药费用总金额		个人负担金额		与纳税人关系　□本人　□配偶　□未成年子女

需要在任职受雇单位预扣预缴工资、薪金所得个人所得税时享受专项附加扣除的，填写本栏

重要提示： 当您填写本栏，表示您已同意该任职受雇单位使用本表信息为您办理专项附加扣除。

扣缴义务人名称		扣缴义务人纳税人识别号（统一社会信用代码）	□□□□□□□□□□□□□□□□□□

本人承诺： 我已仔细阅读了填表说明，并根据《中华人民共和国个人所得税法》及其实施条例、《个人所得税专项附加扣除暂行办法》《个人所得税专项附加扣除操作办法（试行）》等相关法律法规规定填写本表。本人已就所填的扣除信息进行了核对，并对所填内容的真实性、准确性、完整性负责。

纳税人签字：　　　　　　　　年　月　日

扣缴义务人签章：	代理机构签章：	受理人：
经办人签字：	代理机构统一社会信用代码：	受理税务机关（章）：
	经办人签字：	
接收日期：　年　月　日	经办人身份证件号码：	受理日期：　年　月　日

国家税务总局监制

表 4-25 个人所得税扣缴申报表

税款所属期：　　年　月　日至　　年　月　日

扣缴义务人名称：

扣缴义务人纳税人识别号（统一社会信用代码）：□□□□□□□□□□□□□□□□□□

金额单位：人民币元（列至角分）

□《个人所得税扣款申报表》填写说明

序号	姓名	身份证件类型	身份证件号码	纳税人识别号	是否为非居民个人	所得项目	本月（次）情况															累计情况										税款计算							备注
							收入额计算			专项扣除				其他扣除					累计收入额	累计减免费用	累计专项扣除	累计专项附加扣除					累计其他扣除	减按计税比例	准予扣除的捐赠额	应纳税所得额	税率/预扣率	速算扣除数	应纳税额	减免税额	已缴税额	应补/退税额	
							收入	免税收入	费用	减除费用	基本养老保险费	基本医疗保险费	失业保险费	住房公积金	年金	商业健康保险	税延养老保险	财产原值	允许扣除的税费	其他				子女教育	赡养老人	住房贷款利息	住房租金	继续教育										
							7	8	9	10	11	12	13	14	15	16	17	18	19	20	21	22	23	24	25	26	27	28	29	30	31	32	33	34	35	36	37	38	39	40
1	2	3	4	5	6																																		
合计合计																																							

谨声明：本表是根据国家税收法律法规及相关规定填报的，是真实的、可靠的、完整的。

经办人签字：　　　　　　　扣缴义务人（签章）：　　　　　　　受理人：

经办人身份证件号码：

代理机构签章：　　　　　　　　　　　　　　　　　　　　　受理税务机关（签章）：

代理机构统一社会信用代码：　　　　　　　　　　　　　　　受理日期：　　年　月　日

国家税务总局监制

【任务实施】

业务1：2019年3月底，李金（性别：男，身份证号：37010119××××××××0815）入职长沙信达有限责任公司销售部，接到单位通知，让他填报个人税专项附加扣除信息。他该通过哪些途径和方式填报个人所得税专项附加扣除信息？

个人所得税专项附加扣除，是一项让纳税人获得更大减税红利的新政策，于2019年1月1号正式实施。具体来说，在计算个人税收时，除了5 000元基本减除费用扣除和"三险一金"等专项之外，纳税人还可以享受子女教育、继续教育、大病医疗、住房贷款利息、住房租金以及赡养老人6项专项附加扣除。申报个税专项附加扣除的途径主要有两种：一是通过单位办理，二是自行申报办理。首次享受时，纳税人填报《个人所得税专项附加扣除信息表》给受雇单位，由单位为员工办理专项扣除，就像"三险一金"一样。在实际的操作中，个人填写申报信息可通过以下四种方式：

（1）通过"个人所得税"手机APP申报。

在国家税务总局、各省税务局官网以及主要手机应用市场下载国家税务总局发布的"个人所得税"手机APP。根据引导在手机APP上填写申报信息。如果纳税人想按月享受专项附加扣除，信息提交之后，需要再通过手机APP把申报信息推送给单位。

（2）通过各省电子税务局网站申报。

登录各省电子税务局网站，由单位在"专项附加扣除信息采集"模块更新信息。如果纳税人想按月享受专项附加扣除，信息提交之后，需要通过网页把信息推送给个税扣缴单位，由单位在"专项附加扣除信息采集"模块更新信息，如图4-22所示。

图4-22 "专项附加扣除信息采集"模块

（3）填写纸质信息表申报。

纳税人首先在就近的办税服务厅领取纸质版的信息表,或者在各省税务局网站下载、打印,然后自行填写纸质表格并把它交给单位,由单位统一将信息录入上报。

(4) 填写电子表格申报。

纳税人在各省税务局网站下载电子表格模版,也可以在单位领取电子表格模版,然后自行填写并把电子信息表交给单位,由单位统一将信息上报。

业务2:李金是独生子,他的妻子在家做全职太太,他的儿子在读小学一年级,家中父母年龄都超过60周岁了,每月要支付首套房房贷3 000元,试问李金每月可以享受的个税专项附加扣除金额是多少元?

根据李金个人信息,他享受的专项附加扣除金额分别为:子女教育每月1 000元扣除;独生子女赡养老人,按每月2 000元扣除;住房贷款利息,按每月1 000元扣除。因此,李金每月享受的个人所得税专项附加扣除金额总计为4 000元。

业务3:2019年4月,李金取得工资薪金收入16 000元,无免税收入;4月缴纳"三险一金"2 500元。

纳税人计算个税应纳税所得额,在5 000元基本减除费用扣除和"三险一金"等专项扣除外,还可享受子女教育、继续教育、大病医疗、住房贷款利息或住房租金,以及赡养老人等6项专项附加扣除。

个人所得税计算公式如下:

本期应预扣预缴税额=(累计预扣预缴应纳税所得额×预扣率-速算扣除数)-累计减免税额-累计已预扣预缴税额

累计预扣预缴应纳税所得额=累计收入-累计免税收入-累计减除费用-累计专项扣除-累计专项附加扣除-累计依法确定的其他扣除

① 李金4月份个人所得税应纳税所得额=16 000-0-5 000-2 500-4 000=4 500(元)。

② 李金4月份应预扣预缴个人所得税税额=4 500×3%-0=135(元)。

个人所得税预扣率如表4-26至表4-28所示。

表4-26 个人所得税预扣率表一

(居民个人工资、薪金所得预扣预缴适用)

级数	累计预扣预缴应纳税所得额	预扣率(%)	速算扣除数
1	不超过36 000元的	3	0
2	超过36 000元至144 000元的部分	10	2 520
3	超过144 000元至300 000元的部分	20	16 920
4	超过300 000元至420 000元的部分	25	31 920
5	超过420 000元至660 000元的部分	30	52 920
6	超过660 000元至960 000元的部分	35	85 920
7	超过960 000元的部分	45	181 920

表 4-27 个人所得税预扣率表二

（居民个人劳务报酬所得预扣预缴适用）

级数	预扣预缴应纳税所得额	预扣率(%)	速算扣除数
1	不超过 20 000 元的	20	0
2	超过 20 000 元至 50 000 元的部分	30	2 000
3	超过 50 000 元的部分	40	7 000

表 4-28 个人所得税预扣率表三

（非居民个人工资、薪金所得，劳务报酬所得，稿酬所得，特许权使用费所得适用）

级数	应纳税所得额	税率(%)	速算扣除数
1	不超过 3 000 元的	3	0
2	超过 3 000 元至 12 000 元的部分	10	210
3	超过 12 000 元至 25 000 元的部分	20	1 410
4	超过 25 000 元至 35 000 元的部分	25	2 660
5	超过 35 000 元至 55 000 元的部分	30	4 410
6	超过 55 000 元至 80 000 元的部分	35	7 160
7	超过 80 000 元的部分	45	15 160

业务 4：2019 年 4 月，李金取得劳务报酬收入 3 000 元，稿酬收入 2 000 元，特许权使用费所得 2 000 元。

李金 4 月的劳务报酬所得预扣预缴个人所得税 440 元；稿酬所得预扣预缴个人所得税 168 元；特许权使用费预扣预缴个人所得税 240 元。计算过程如下：

① 劳务报酬所得预扣预缴应纳税所得额＝每次收入－800＝3 000－800＝2 200(元)。

劳务报酬所得预扣预缴税额＝预扣预缴应纳税所得额×预扣率－速算扣除数＝2 200×20%－0＝440(元)。

② 稿酬所得预扣预缴应纳税所得额＝(每次收入－800)×70%＝(2 000－800)×70%＝840(元)。

稿酬所得预扣预缴税额＝预扣预缴应纳税所得额×预扣率＝840×20%＝168(元)。

③ 特许权使用费所得预扣预缴应纳税所得额＝(每次收入－800)＝(2 000－800)＝1 200(元)。

④ 特许权使用费预扣预缴税额＝预扣预缴应纳税所得额×预扣率＝1 200×20%＝240(元)。

业务 5：2019 年 5 月 10 日，长沙信达有限责任公司为李金代扣代缴个人所得税。

2019 年 5 月 10 日，长沙信达有限责任公司为员工代扣代缴个人所得税的申报流程如图 4-23 所示。

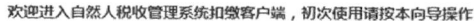

图 4-23 个人所得税申报流程

（1）从税务局官网下载软件"自然人税收管理系统扣缴客户端"，在电脑上进行安装。

（2）进行扣缴单位基本信息录入。按照提示录入企业代码、已实名认证人员（申报操作人员）信息、设置登录密码，如图 4-24 所示，然后登录软件。

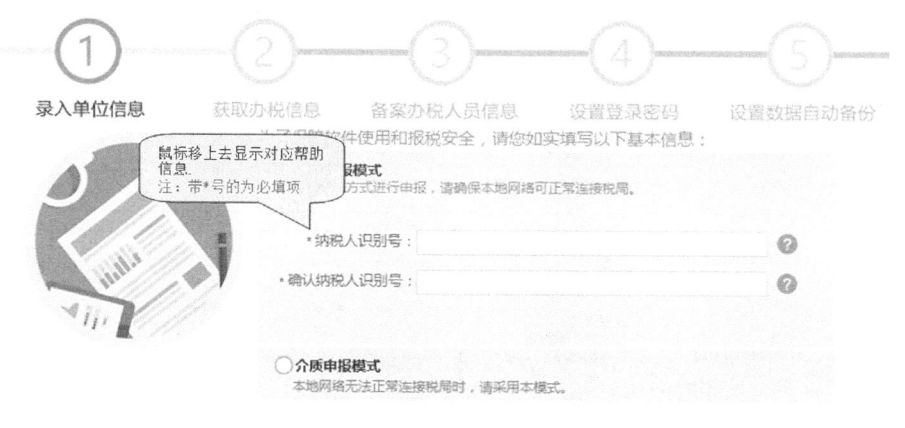

图 4-24 扣缴单位基本信息录入

（3）进行"人员信息采集"，完成对本单位员工个人基本信息的录入。可以逐个录入信息，也可以下载导入模板，在模板中填写然后批量导入软件中，如图 4-25 所示。

图 4-25 扣缴单位人员信息采集

（4）进行收入和扣缴税款数据录入。一般日常操作通过《扣缴所得税报告表》进行，可以逐个员工录入，也可以批量导入，如图4-26所示。

图4-26　个人所得税扣缴税款数据导入

（5）申报数据录入、保存以后，就可以点击【申报表报送】，选择需要报送的申报表，点击【发送申报】，然后点击【下一步，税款缴纳】，按提示完成操作，如图4-27所示。

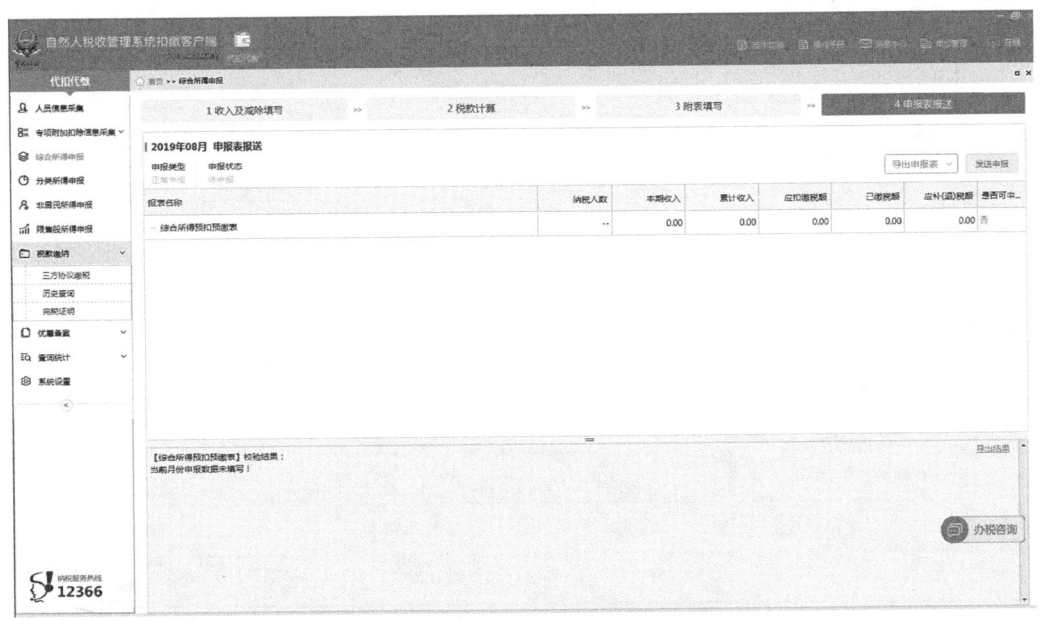

图4-27　个人所得税申报表发送

【任务考核】

任务考核表

实训任务					
实训目标					
实训收获					
评价主体	评价项目		分值	评价得分	加权得分
组员评价	职业素养	考勤	5		
		课堂表现	15		
	职业技能	任务完成度	25		
		任务完成质量	30		
	职业团队	沟通能力	10		
		协调能力	15		
	小　计		100		
组长评价	职业素养	考勤	5		
		课堂表现	15		
	职业技能	任务完成度	25		
		任务完成质量	30		
	职业团队	沟通能力	10		
		协调能力	15		
	小　计		100		
教师评价	职业素养	考勤	5		
		课堂表现	15		
	职业技能	任务完成度	25		
		任务完成质量	30		
	职业团队	沟通能力	10		
		协调能力	15		
	小　计		100		
合　计					

学生签字：　　　　　　　　　　　　　　　日期：

项目四　出纳涉税与社保业务技能

实训任务五　职工社保业务办理

【任务导入】

长沙信达责任有限公司新招了几名外地来的员工,由于刚开始工资收入不高,他们不愿意参加社保,于是提出"自愿放弃社保缴纳"的申请,保证将来不找单位麻烦并自动放弃诉讼权利。请问这几名员工可以不缴纳社保吗？长沙信达责任有限公司如何为新入职员工办理社保业务？

【任务目标】

一、技能目标

（1）能掌握企业常见社保业务的办理流程。
（2）能正确填写常见社保业务有关的表格。

二、素养目标

学习最新社保政策规定,履行缴纳社保的义务。

【任务描述】

企业的社保业务一般由企业指定的社保专管员办理,但出纳员有时也需要去社保局办理社保方面的事情。社会保险费包括基本养老保险费、基本医疗保险费、工伤保险费、失业保险费和生育保险费。

根据《会计准则第9号——职工薪酬》第七条规定,企业为职工缴纳的医疗保险费、工伤保险费、生育保险费等社会保险费和住房公积金,应当在职工为其提供服务的会计期间,根据规定的计提基础和计提比例计算确定相应的职工薪酬金额,并确认相应负债,计入当期损益或相关资产成本。

（1）计提社会保险费时：
　　借：生产成本、管理费用等
　　　　贷：应付职工薪酬——社会保险费单位部分
（2）发放工资扣取社会保险费个人部分：

借：应付职工薪酬——工资薪金

  贷：银行存款

    应交税费——个人所得税

    应付职工薪酬——社会保险费个人部分

(3) 缴纳社会保险费时：

借：应付职工薪酬——社会保险费单位部分

  应付职工薪酬——社会保险费个人部分

  贷：银行存款

对于企业为职工缴纳的补充养老保险、补充医疗保险的会计处理也是按照上述办法进行。办理社保业务相关表格如表4-29至表4-33所示。

表4-29　社会保险登记表

单位名称(公章)＿＿＿＿＿＿＿＿＿＿

申　请　日　期　＿＿＿＿＿＿＿＿＿＿

单位社会保障号＿＿＿＿＿＿＿＿＿＿

湖南省人力资源和社会保障厅制

单位全称			单位简称	
地　　址			单位所在地	
邮　　编		传真电话	单位行政级别	
组织机构代码证信息(统一社会信用代码证书信息)	机构代码(统一社会信用代码)：			
	机构类型(机构性质)：			
	有效期限：			
	颁发单位：			
批准成立信息	批准单位：			
	批准日期：			
	批准文号：			
法定代表人或负责人	姓　　名：			
	身份证号：			
	电　　话：			
经办部门及负责人	部门名称：			
	姓　　名：			
	电　　话：			

续 表

经办人员	姓 名：					
	办公电话			手机号码		
单位性质		经费来源			隶属关系	
主管部门		顶层人事主管单位			所属行业	
编制数			参保退休人数			
参保在编人数		其中	财政全额拨款			
			非财政全额拨款			
基本养老保险	开户银行			户名		
	银行账户					
职业年金	开户银行			户名		
	银行账户					
参加险种情况	参加险种		参加日期		参保地	
备 注						
社会保险经办机构审核意见						
	经办人(章)		复核人(章)		社保机构(章)	
社会保险登记证编码：						

表 4-30 社保缴费项目核定通知书

用人单位名称	此通知书为税务机关打印,用人单位(参保人)只盖章签名.		
统一社会信用代码/纳税人识别号		单位社保号	
社保管理机构			

根据《中华人民共和国社会保险法》及广东省社会保险费征缴法规、规章和规范性文件规定,核准以下缴费事项。用人单位缴费事项发生变化的,应申请调整,由税务机关重新核准,在重新核准之前,按以下内容执行。

申报方式		缴款方式	
税票送达方式		税票送达时限	
邮政编码		送达地址	
账户类型		开户银行名称		银行账号	

征收品目	社保属性	费率	核定起始日期	核定终止日期	缴费期限	申报期限	缴款期限	征收方式

说明:如你单位应缴费种发生变化,应在发生变化之日起 30 日内到征收服务厅办理重新核定应缴险种的手续。

用人单位(人)签名: (盖章) 　　年　月　日	税务机关: (盖章) 　　年　月　日

本通知书一式两份,税务机关留存一份,用人单位留存一份。

表 4-31 修改个人信息申请表

申请人类型:□用人单位　　□缴费个人　　　　　　　　　　申请日期:　年　月　日
办费联系人:　　　　　联系方式(手机号码):

用人单位名称		统一社会信用代码/纳税人识别号	
		单位社保号	
缴费个人		身份证号码	
		个人社保号	

续 表

申请修改理由:						
序号	姓名	身份证件号码	修改项目	修改前信息	修改后信息	备注
1						
2						
3						
4						
申请人声明:本表所填内容正确无误,所提交的证件、资料及复印件真实有效,如有虚假愿承担法律责任。 申请单位/个人签名盖章:						

说明:1. 修改项目包括:姓名、国籍、身份证明类别、身份证明号码、性别、联系电话、通信地址、人员状态、户籍类型、用工形式、人员类别等;

2. 本表一式三份,一份报税务机关,一份报社保经办机构,一份用人单位自存。

表 4-32 社保免参保登记申请表

用人单位名称		统一社会信用代码/纳税人识别号	
		单位社保号	
经营地址		注册类型	
用工人数		已参保人数		超龄人数	
申请理由			
用人单位(人)声明:本表所申报及填写内容准确无误,所提交的证件、资料及复印件真实有效,如有虚假愿承担法律责任。 申请人签名盖章: (盖单位章) 年 月 日			
税务机关审批意见	税务机关盖章 年 月 日		

办费联系人: 联系方式(手机号码):

说明:本表一式两份,税务机关留存一份,用人单位留存一份。

表 4-33 注销社会保险缴费登记表

用人单位名称		统一社会信用代码/纳税人识别号	
		单位社保号	
法定代表人（负责人）		经营地址	
是否减员	是□ 否□	是否清欠	是□ 否□
注销原因			
用人单位（盖章）： 年　月　日			
税务机关审批意见	税务机关盖章 年　月　日		

办费联系人：　　　　　　　　　　　　联系方式（手机号码）：

说明：本表一式两份，税务机关留存一份，用人单位留存一份。

【任务实施】

长沙信达有限责任公司发生以下有关社保的业务：

业务1：2019年3月20日，公司为职工办理参保登记手续。

新成立的企业不再办理《社会保险登记证》，改由工商行政管理部门在为企业办理工商注册时，成立同步完成企业的社会保险登记。同时，取消社会保险登记证定期验证、换证制度。企业在工商部门领取营业执照后，必须按《中华人民共和国社会保险法》（以下简称"社会保险法")的要求,在用工之日起 30 日内,依法到社会保险经办机构办理职工参保登记手续。

具体办理流程如下:

(1) 办理前的咨询工作,可拨打社保咨询电话,询问当地的具体办理流程。

(2) 准备材料:首先了解办理所需的材料,准备好原件,需要的复印件盖单位公章准备好。具体材料有:营业执照、法人身份证复印件、公司开户银行及账号、劳动合同、参保人员身份证复印件等材料。

(3) 根据要求,前往社保机构服务大厅或网上直接填写和下载《社会保险登记表》等表格,填写完毕后再预约办理时间。

(4) 在预约的时间内,携带需要准备的材料到社保服务大厅办理。符合参保条件的,在税务机关办理缴费登记分配单位社保号。

(5) 利用采集软件,采集公司员工的有关信息(包括照片等)。

(6) 将收集的职工证件照片等资料提交指定银行,办理职工社保卡。

业务 2:2019 年 4 月 6 日,员工张楷查询社保系统,发现个人信息中的姓名信息录入错误(系统录入为"张锴"),申请社保个人信息修改。

社保缴费个人姓名、性别、出生年月、国籍、身份证明类别、身份证明号码等个人关键信息发生变更,由用人单位或缴费个人向税务机关申请对个人关键信息进行修改。

1. 办理流程

用人单位(缴费个人)申请→税务机关受理→税务机关办理个人关键信息修改。

2. 报送材料

(1)《修改个人信息申请表》原件。

(2) 需修改个人关键信息的职工身份证明原件。

(3) 先经社保经办机构修改再到税务机关确认修改的,还应提供社保经办机构修改个人信息证明的原件。

(4) 身份证号码重复的,还应提供公安机关出具的户籍证明原件及复印件。

(5) 属于其他部门录入错误的,还应提供用人单位证明或其他部门出具的证明原件。

(6) 户口簿出生日期与劳动人事档案、身份证出生日期不一致的,还需提供档案复印件或者社保局协办函。

(7) 非本人办理的,还应提供代办人身份证原件。

业务 3:2019 年 4 月 10 日,公司为不符合参保条件的员工申请办理免参保登记。

已办理缴费登记的用人单位,其所有职工已依法参保、超龄或其他不符合参保条件规定的,可以申请办理免参保资格登记。

1. 办理流程

用人单位申请办理→税务机关受理→税务机关办理免参保登记。

2. 报送材料

(1)《社保免参保登记申请表》原件。

(2) 用人单位的营业证照原件。

(3) 有实际用工的,还应提供职工花名册原件。

(4) 因超龄进行免参保登记的,还应提供超龄职工有效身份证明原件。

(5) 因重复参保进行免参保登记的,还应提供重复参保职工已参保证明材料原件。

业务 4:2019 年 4 月 25 日,公司办理增减人员社保业务。

登录网上办税服务中心,输入用户名、密码,进行社保业务操作:

1. 社保增员操作流程

(1) 点击"单位人员增员申报",进入增员申报协议。

(2) 进入"增员"界面,录入参保人员信息。

(3) 最后一步点击"提交"。

2. 进入"查询已提交数据"查询增员是否成功

如果系统显示为"未处理",则表示:前台操作人员还未进行转换。

如果系统显示为"转换完毕",则表示:前台操作人员已进转换,增员成功;用人单位可将此页面打印下来,到社保经办机构制作养老手册和医疗 IC 卡。

如果系统显示为"不予受理",则表示:该人员信息可能有问题,要求上门处理。

3. 社保减员操作

(1) 点击"单位人员减员申报"。

(2) 进入"减员"界面,录入要减员的姓名和身份信息。

(3) 选择减退原因:减退、在职转退休或死亡。

4. 进入"查询已提交数据"查询减员是否成功

如果系统显示为"未处理",则表示:前台操作人员还未进行转换。

如果系统显示为"转换完毕",则表示:前台操作人员已进转换,减员成功;用人单位可以将此界面打印下来,到社保经办机构打印对账单。

如果系统显示为"不予受理",则表示:该人员信息可能有问题,要求上门处理。

业务 5:2019 年 5 月 10 日,公司在网上缴纳 4 月的员工社会保险费。

用人单位社会保险费的缴费人完成单位社会保险费日常申报后,存在需要缴纳的费金,可以通过网上纳税(社保费)完成缴费工作。

(1) 纳税人登录湖南省电子税务局网站,在湖南省电子税务局首页【我要办税】模块点击【税费申报及缴纳】—【网上纳税(社保费)】,进入缴费界面,如图 4-28 所示。

图 4-28　电子税务局网上纳税(社保费)

(2) 确认缴费信息无误,选择合适的缴费方式,点击【确认】,再点击【缴款】完成缴费工作,如图 4-29。如选择税库银联网缴费方式,需签订三方协议信息。

图 4-29　电子税务局网上社保费查询和缴纳

业务 6: 2019 年 12 月 15 日,公司社保缴费登记注销。

当用人单位发生解散、破产、撤销、合并以及其他情形,不再承担社保费缴费及代扣代缴义务时,依法终止之日起 30 日内,向主管税务机关申请办理税务登记注销的同时申请注销社会保险费缴费登记。申请注销社会保险费缴费登记前,应清缴欠费及其滞纳金并办理减员手续。

1. 报送材料

《注销社会保险缴费登记表》原件。

2. 办理流程

用人单位申请办理→税务机关受理→税务机关办理单位缴费登记注销。

火车票、飞机票等如何抵扣?

【任务考核】

任务考核表

实训任务					
实训目标					
实训收获					
评价主体		评价项目	分值	评价得分	加权得分
组员评价	职业素养	考勤	5		
		课堂表现	15		
	职业技能	任务完成度	25		
		任务完成质量	30		
	职业团队	沟通能力	10		
		协调能力	15		
	小　计		100		
组长评价	职业素养	考勤	5		
		课堂表现	15		
	职业技能	任务完成度	25		
		任务完成质量	30		
	职业团队	沟通能力	10		
		协调能力	15		
	小　计		100		
教师评价	职业素养	考勤	5		
		课堂表现	15		
	职业技能	任务完成度	25		
		任务完成质量	30		
	职业团队	沟通能力	10		
		协调能力	15		
	小　计		100		
合　　计					

学生签字：　　　　　　　　　　　　　　日期：

Item 5 项目五 出纳岗位综合实训

【任务导入】

钱清应聘到长沙信达有限责任公司做出纳已经1个月了。由于是新手,第一个月基本是财务经理在帮助她。由于钱清肯钻研能吃苦,从这个月开始,钱清将独自承担公司出纳业务。请问钱清面对这个月的公司业务,她将如何应对呢?

公司基本信息如下:

公司名称:长沙信达有限责任公司;

注册地址:长沙市开福区蔡鄂北路118号;

企业类型:有限责任公司;

注册资本:100万元;

基本存款账户:中国工商银行长沙开福区支行;

基本户账号:432000654223588;

法人代表:陈铭之 财务主管:高清 出纳员:钱清 会计:陈一民;

经营范围及主要产品:日常用品;

经营方式:批发、零售日用品、食品;

纳税人识别号、类型:914305896523012589,一般纳税人;

2019年5月31日库存现金余额1 000元,银行存款余额386 528元。

【任务目标】

一、技能目标

(1) 能办理现金收付和结算业务,编制库存现金日记账。

(2) 能办理银行收付和结算业务,编制银行存款日记账。

(3) 能编制银行存款余额调节表。

(4) 能办理票据的领用与登记。

(5) 能完成其他出纳业务。

二、素养目标

(1) 养成良好的库存现金管理习惯。

(2) 养成良好的支票等银行结算票据的使用习惯。

(3) 养成合格出纳的职业素养。

【任务描述】

实训素材：配有相关原始凭证、记账凭证、库存现金日记账、银行存款日记账、支票登记簿、回形针、剪刀、胶水等。

实训要求：钱清以一个合格出纳的身份，处理好长沙信达有限责任公司2019年6月份的出纳业务。

【任务实施】

业务1：开支票提取备用金。

2019年6月1日，长沙信达有限责任公司从建行提取备用金10 000元，开具现金支票。申请人：李晓，部门负责人：王建。李晓身份证号：430528198601021821，发证机关：长沙市公安局。

1. 实训资料（图5-1至图5-6）

支票申领单

年　月　日

因＿＿＿＿＿＿＿需要借用支票＿＿＿＿份，支票号码＿＿＿＿＿＿，限用金额＿＿＿＿＿＿元。	
申领人：　　　　　部门负责人：　　　　　单位领导：	

图5-1　支票申领单(空白)

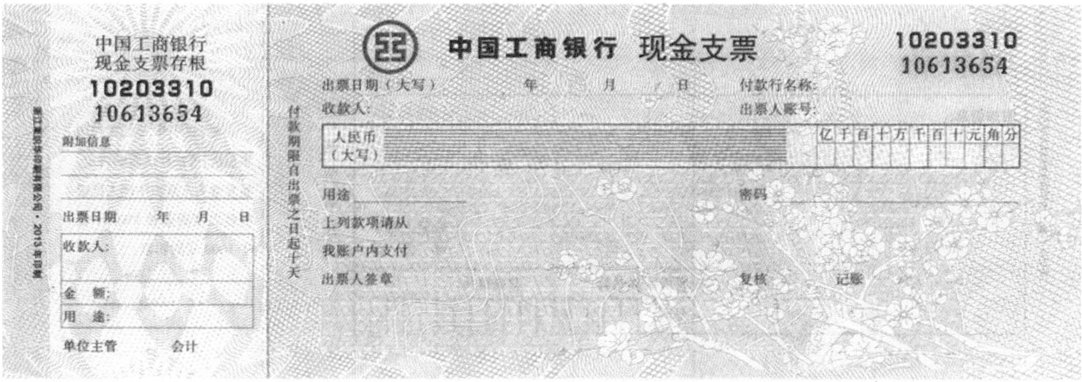
中国工商银行
现金支票存根
10203310
10613654
附加信息
出票日期　年　月　日
收款人：
金　额：
用　途：
单位主管　会计

中国工商银行　现金支票　10203310　10613654
出票日期（大写）　年　月　日　付款行名称：
收款人：　出票人账号：
付款期限自出票之日起十天
人民币（大写）　亿 千 百 十 万 千 百 十 元 角 分
用途　密码
上列款项请从
我账户内支付
出票人签章　复核　记账

图 5－2　空白现金支票（正面）

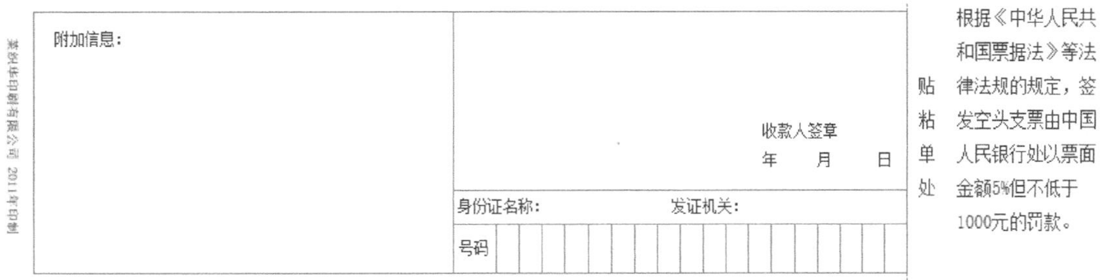
附加信息：
收款人签章
年　月　日
身份证名称：　发证机关：
号码
贴粘单处
根据《中华人民共和国票据法》等法律法规的规定，签发空头支票由中国人民银行处以票面金额5%但不低于1000元的罚款。

图 5－3　空白现金支票（背面）

付　款　凭　证

贷方科目：　　　年　月　日　　　字第　号
附件　张

对方单位	摘　要	借方科目		金额										记账符号
		总账科目	明细科目	千	百	十	万	千	百	十	元	角	分	
银行结算方式及票号：			合　计											

会计主管　　记账　　稽核　　出纳　　制证

图 5－4　付款凭证（空白）

库存现金日记账　第　页

年		凭证		摘要	对方科目	收入（借方）									支出（贷方）									借或贷	余　额									✓
月	日	种类	号数			千	百	十	万	千	百	十	元	角	分	千	百	十	万	千	百	十	元	角	分		千	百	十	万	千	百	十	元	角	分	

图 5-5　库存现金日记账（空白）

银行存款日记账　第　页

年		凭证		摘要	对方科目	收入（借方）									支出（贷方）									借或贷	余　额									✓
月	日	种类	号数			千	百	十	万	千	百	十	元	角	分	千	百	十	万	千	百	十	元	角	分		千	百	十	万	千	百	十	元	角	分	

图 5-6　银行存款日记账（空白）

2. 实训成果

（1）填写支票申领单，如图 5-7 所示。

支票申领单

2019 年 06 月 01 日

因　__提取备用金__　需要借用支票　__1__　份，支 票 号 码　__01630656__　，限用金额　__10000__　元。

申领人：　李晓　　部门负责人：　王建　　单位领导：　陈铭

图 5-7　支票申领单

（2）根据支票申领单，填写现金支票，如图 5-8、图 5-9 所示。

图 5-8 现金支票(正面)

图 5-9 现金支票(背面)

(3) 填制付款凭证,如图 5-10 所示。

图 5-10 付款凭证

(4) 登记日记账,如图 5-11、图 5-12 所示。

银行存款日记账 第 1 页

2019年		凭证		摘要	对方科目	收入(借方)	支出(贷方)	借或贷	余额	√
月	日	种类	号数			千百十万千百十元角分	千百十万千百十元角分		千百十万千百十元角分	
06	01			期初余额				借	3 8 6 5 2 8 0 0	
06	01	付	01	提取备用金	库存现金		1 0 0 0 0 0	借	3 7 6 5 2 8 0 0	

图 5-11 银行存款日记账

库存现金日记账 第 1 页

2019年		凭证		摘要	对方科目	收入(借方)	支出(贷方)	借或贷	余额	√
月	日	种类	号数			千百十万千百十元角分	千百十万千百十元角分		千百十万千百十元角分	
06	01			期初余额				借	1 0 0 0 0	
06	01	付	01	提取备用金	银行存款	1 0 0 0 0 0		借	1 1 0 0 0 0	

图 5-12 库存现金日记账

业务 2:借支差旅费。

2019 年 6 月 2 日销售员张斌出差借款 1 000 元,用现金支付。

1. 实训资料(图 5-13、图 5-14)

借款单

年　　月　　日

资金性质:

部门:		借款人:	
借款理由:			
金额	大写:	小写:	
领导批示:		财务主管:	
部门主管:	出纳:	领款人签收:	

图 5-13 借款单(空白)

付 款 凭 证

贷方科目:　　　　　　年　月　日　　　　　附件　　字第　号　张

对方单位	摘要	借方科目		金额	记账符号
		总账科目	明细科目	千百十万千百十元角分	
					□
					□
					□
					□
银行结算方式及票号:			合计		□

会计主管　　　记账　　　稽核　　　出纳　　　制证

图 5-14 付款凭证(空白)

2. 实训成果

(1) 填写借款单,如图 5-15 所示。

借款单

2019 年 06 月 02 日

资金性质：现金

部门：	销售部		借款人：	张斌
借款理由：	销售出差			
金额：	大写：壹仟元整		小写：¥1000.00	
领导批示：	同意		财务主管：	高清
部门主管：陈怡		出纳：钱清	领款人签收：	张斌

图 5-15 借款单

(2) 填制付款凭证,如图 5-16 所示。

付 款 凭 证

贷方科目：库存现金　　2019 年 06 月 02 日　　付字第 02 号　附件 1 张

对方单位	摘要	借方科目		金额									记账符号
		总账科目	明细科目	千	百	十	万	千	百	十	元	角	分	
	张斌出差借款	其他应收款	张斌				1	0	0	0	0	0	☐
													☐
													☐
													☐
													☐
银行结算方式及票号：		合计		¥			1	0	0	0	0	0	☐

会计主管　　记账　　稽核　　出纳 钱清　　制证

图 5-16 付款凭证

(3) 登记库存现金日记账,如图 5-17 所示。

库 存 现 金 日 记 账　第 1 页

2019年		凭证		摘要	对方科目	收入（借方）								支出（贷方）								借或贷	余额								✓
月	日	种类	号数			千	百	十	万	千	百	十	元	角	分	千	百	十	万	千	百	十	元	角	分		千	百	十	万	千	百	十	元	角	分	
06	01			期初余额																						借					1	0	0	0	0	0	
06	01	付	01	提取备用金	银行存款					1	0	0	0	0	0											借					1	1	0	0	0	0	0	
06	02	付	02	张斌出差借款	其他应收款															1	0	0	0	0	0	借					1	0	0	0	0	0	

图 5-17 库存现金日记账

业务 3：开具转账支票。

2019 年 6 月 3 日，长沙信达有限责任公司支付湖南利达会计师事务所服务费 20 000 元，用转账支票支付。申请人：李晓，部门负责人：王建。

1. 实训资料(图 5－18 至图 5－21)

支票申领单

年　月　日

因＿＿＿＿＿＿需要借用支票＿＿＿＿份，支票号码＿＿＿＿＿＿，限用金额＿＿＿＿＿＿元。

申领人：　　　　部门负责人：　　　　单位领导：

图 5－18　支票申领单(空白)

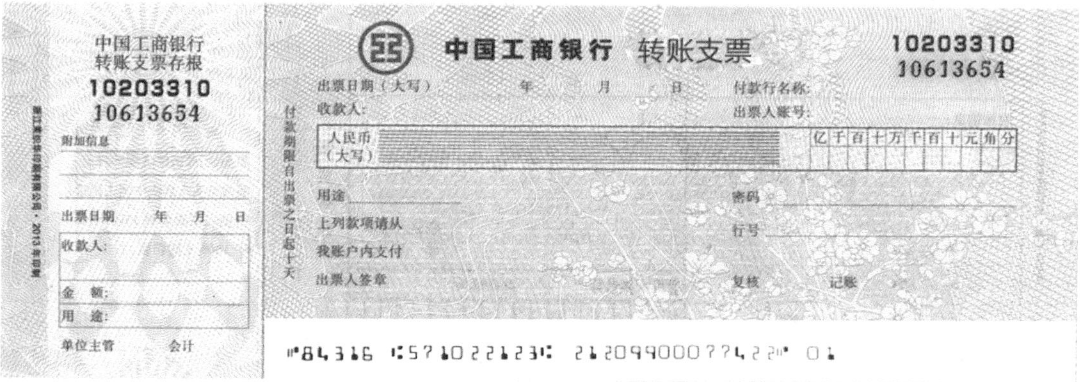
中国工商银行
转账支票存根
10203310
10613654
附加信息
出票日期　年　月　日
收款人：
金　额：
用　途：
单位主管　会计

付款期限自出票之日起十天

中国工商银行　转账支票　10203310 10613654
出票日期（大写）　年　月　日　付款行名称：
收款人：　出票人账号：
人民币（大写）　亿 千 百 十 万 千 百 十 元 角 分
用途　密码
上列款项请从　行号
我账户内支付
出票人签章　复核　记账

图 5－19　空白转账支票(正面)

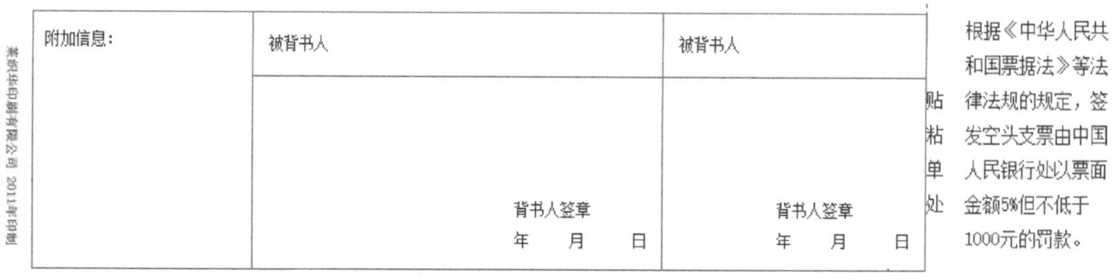
附加信息：
被背书人　背书人签章　年　月　日
被背书人　背书人签章　年　月　日
贴粘单处
根据《中华人民共和国票据法》等法律法规的规定，签发空头支票由中国人民银行处以票面金额5%但不低于1000元的罚款。

图 5－20　空白转账支票(背面)

付款凭证

贷方科目：　　　　　　　　　年　月　日　　　　　　　　附件　字第　号　张

对方单位	摘要	借方科目		金额	记账符号
		总账科目	明细科目	千百十万千百十元角分	
					☐
					☐
					☐
					☐
					☐
银行结算方式及票号：			合计		☐

会计主管　　　　记账　　　　稽核　　　　出纳　　　　制证

图 5-21　付款凭证（空白）

2. 实训成果

（1）填写转账支票申领单，如图 5-22 所示。

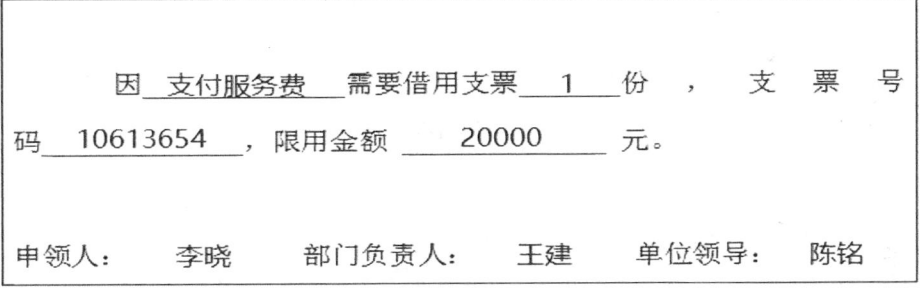

图 5-22　转账支票申领单

（2）填写转账支票，如图 5-23 所示。

图 5-23　转账支票

(3) 填制付款凭证，如图5-24所示。

图5-24 付款凭证

(4) 登记银行存款日记账，如图5-25所示。

图5-25 银行存款日记账

业务4：报销差旅费。

2019年6月7日，销售员张斌出差归来报销差旅费（出差前预支差旅费1 000元）。所属期间为6月4日至6月6日，汽车票200元，住宿费2×150=300元，补助为3×150=450元。会计：陈一民，部门领导：陈怡，单位领导：陈铭。出差归来后余款现金交还出纳。

1. 实训资料（图5-26至图5-28）

图5-26 差旅费报销单（空白）

收款凭证

借方科目：　　　　　　　　　　　　　年　月　日　　　　　　　字第　号　附件　张

对方单位	摘要	贷方科目		金额	记账符号
		总账科目	明细科目	千百十万千百十元角分	
					☐
					☐
					☐
					☐
					☐
银行结算方式及票号：		合　计			☐

会计主管　　　　记账　　　　稽核　　　　出纳　　　　制证

图 5-27　收款凭证（空白）

转账凭证

年　月　日　　　　　　　　　转字第　号　附件　张

摘要	总账科目	明细科目	借方金额	记账符号	贷方金额	记账符号
			千百十万千百十元角分		千百十万千百十元角分	
				☐		☐
				☐		☐
				☐		☐
				☐		☐
				☐		☐
合　计				☐		☐

会计主管　　　　记账　　　　复核　　　　制证

图 5-28　转账凭证（空白）

2. 实训成果

（1）填写差旅费报销单，如图 5-29 所示。

差旅费报销单

报销日期	2019.06.07		预算科目	管理费用	专项名称	差旅费		预算项目	差旅费	
部门	销售部		出差人	张斌		出差事由	销售业务			
出发		到达		交通费			住宿费		其他费用	
日期	地点	日期	地点	交通工具	单据张数	金额	天数	单据张数 金额	项目 单据	金额
2019.06.04	长沙	2019.06.04	邵阳县	汽车	2	200	2	1　　300	行李费	
									市内车费	
									出租	
									手续费	
									出差补贴　1	450
									节约奖励	
	合计					200		300		450
报销总额	人民币（大写）	玖佰伍拾元整							预借款	¥1000.00
	人民币（小写）	¥950.00				补领不足			归还多余	¥50.00
主管：陈怡			审核：		报销人：张斌			部门：销售部		

（现金收讫）

图 5-29　差旅费报销单

(2) 填制收款凭证和转账凭证,如图 5-30、图 5-31 所示。

图 5-30 收款凭证

图 5-31 转账凭证

(3) 登记库存现金日记账,如图 5-32 所示。

图 5-32 库存现金日记账

业务 5:填写银行进账单。

2019 年 6 月 12 日,长沙信达有限责任公司向长沙鑫旺有限公司销售货物一批,取得转账支票一张,金额为45 200元,票号为00795618,并收到银行发来的进账单。长沙鑫旺有限公司账号:430536500015983,开户行:建行望城区支行。

1. 实训资料(图5-33、图5-34)

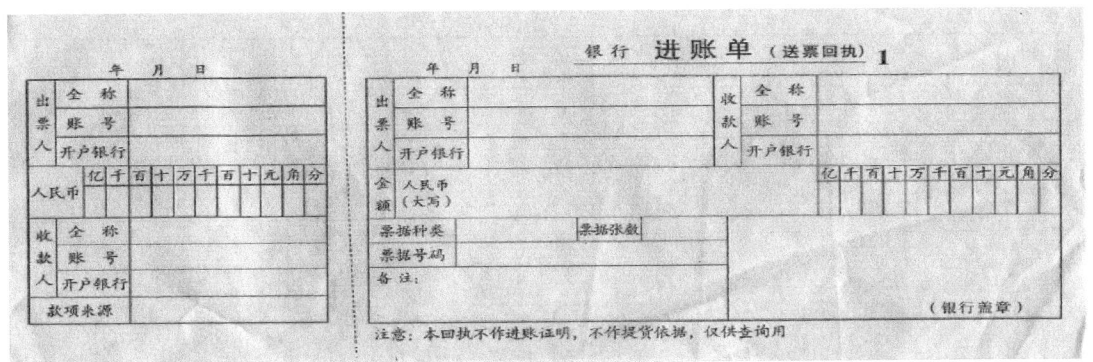

图5-33 银行进账单(空白)

图5-34 收款凭证(空白)

2. 实训成果

(1)填写银行进账单,如图5-35所示。

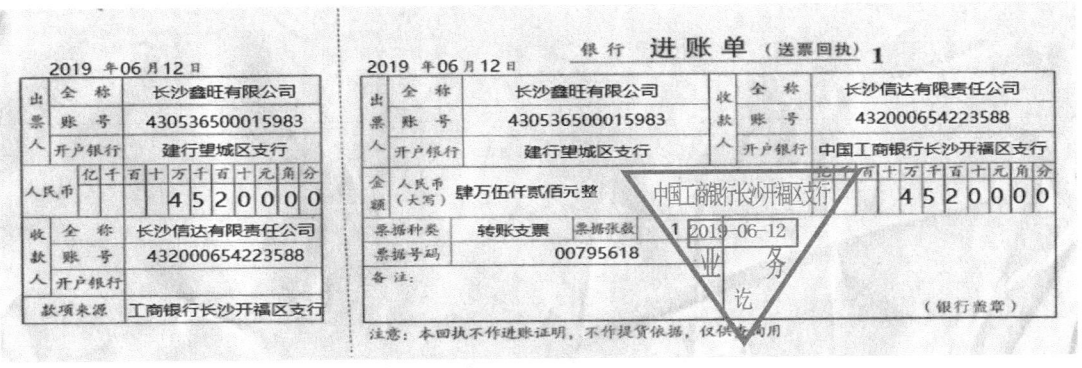

图5-35 银行进账单

(2) 填写收款凭证,如图 5-36 所示。

收 款 凭 证

借方科目：银行存款　　　2019 年 06 月 12 日　　　　　　　收 字第 02 号
　　　　　　　　　　　　　　　　　　　　　　　　　　　　　附件 2 张

对方单位	摘要	贷方科目		金额	记账符号
		总账科目	明细科目	千百十万千百十元角分	
长沙鑫旺有限	销售商品	主营业务收入		4 0 0 0 0 0 0	□
公司	销售商品	应交税费	应交增值税	5 2 0 0 0 0	□
					□
					□
银行结算方式及票号：转账支票00795618		合计		¥ 4 5 2 0 0 0 0	□

会计主管　　　记账　　　稽核　　　出纳 钱清　　　制证

图 5-36　收款凭证

(3) 登记银行存款日记账,如图 5-37 所示。

银 行 存 款 日 记 账　　　第 1 页

2019年		凭证		摘要	对方科目	收入（借方）	支出（贷方）	借或贷	余额	√
月	日	种类	号数			千百十万千百十元角分	千百十万千百十元角分		千百十万千百十元角分	
06	01			期初余额				借	3 8 6 5 2 8 0 0	
06	01	付	01	提取备用金	库存现金		1 0 0 0 0 0 0	借	3 7 6 5 2 8 0 0	
06	01	付	03	支付服务费	管理管理		2 0 0 0 0 0	借	3 5 6 5 2 8 0 0	
06	12	收	02	销售商品	主营业务收入	4 0 0 0 0 0 0		借	3 9 6 5 2 8 0 0	
06	12	收	02	销售商品	应交税费——应交增值税(销)	5 2 0 0 0 0		借	4 0 1 7 2 8 0 0	

图 5-37　银行存款日记账

业务 6：费用报销。

2019 年 6 月 15 日,行政人员李晴晴购买办公用品,金额为 500 元。

1. 实训资料(图 5-38、图 5-39)

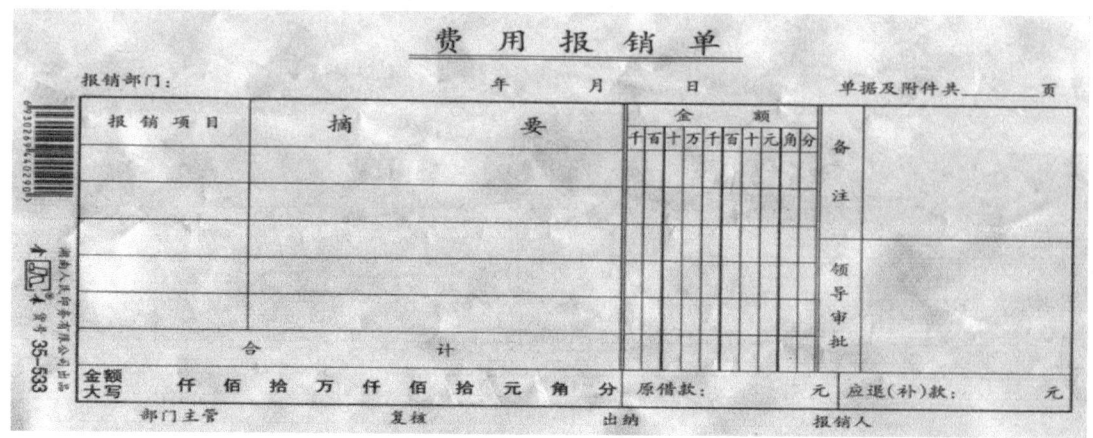

图 5-38　费用报销单(空白)

付 款 凭 证

贷方科目：　　　　　　　年　月　日　　　　　　　　　附件　字第　号　张

对方单位	摘要	借方科目		金额										记账符号
		总账科目	明细科目	千	百	十	万	千	百	十	元	角	分	
														☐
														☐
														☐
														☐
银行结算方式及票号：			合　计											☐

会计主管　　　记账　　　稽核　　　出纳　　　制证

图 5-39　付款凭证（空白）

2. 实训成果

(1) 填写费用报销单，如图 5-40 所示。

图 5-40　费用报销单

(2) 填写付款凭证，如图 5-41 所示。

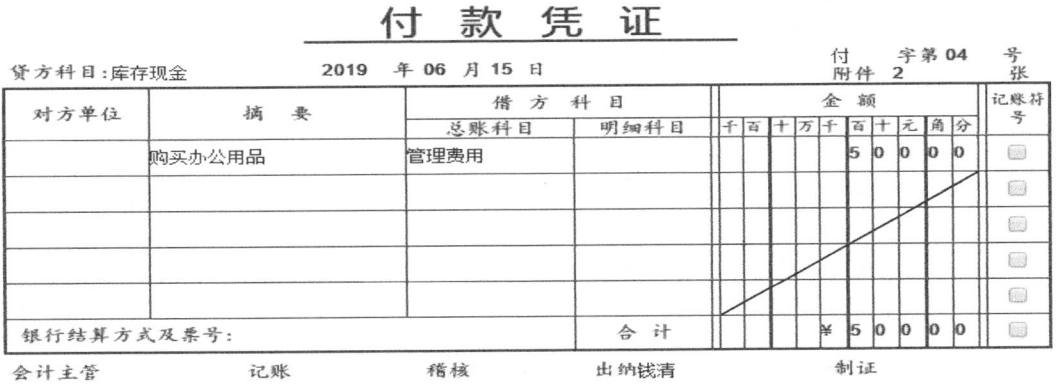

图 5-41　填制付款凭证

(3) 登记库存现金日记账，如图5-42所示。

库 存 现 金 日 记 账　　第 1 页

2019年		凭证		摘要	对方科目	收入（借方）	支出（贷方）	借或贷	余额	√
月	日	种类	号数			千百十万千百十元角分	千百十万千百十元角分		千百十万千百十元角分	
06	01			期初余额				借	1 0 0 0 0 0	
06	01	付	01	提取备用金	银行存款	1 0 0 0 0 0		借	1 1 0 0 0 0	
06	02	付	02	张斌出差借款	其他应收款		1 0 0 0 0 0	借	1 0 0 0 0 0	
06	07	收	01	报销差旅费	其他应收款	5 0 0 0		借	1 0 0 5 0 0	
06	15	付	04	购买办公用品	管理费用		5 0 0 0 0	借	9 5 5 0 0	

图5-42　库存现金日记账

业务7：信汇材料款。

2019年6月16日，长沙信达有限责任公司向湖南新发批发有限公司采购货物一批，金额为113 000元，采用普通信汇方式汇款。湖南新发批发有限公司账号：645200056499865，开户行：工行岳麓区支行。

1. 实训资料（图5-43、图5-44）

图5-43　信汇凭证（空白）

图5-44　付款凭证（空白）

2. 实训成果

(1) 填写信汇凭证，如图 5-45 所示。

中国工商银行信汇凭证(回单)1

委托日期：2019 年 06 月 16 日

汇款人	全称	长沙信达有限责任公司	收款人	全称	湖南新发批发有限公司
	账号	432000654223588		账号	645200056499865
	汇出地点	湖南 省长沙 市/县		汇入地点	湖南 省长沙 市/县
	汇出行名称	中国工商银行长沙开福区支行		汇入行名称	工行岳麓区支行

金额 人民币（大写）：壹拾壹万叁仟元整　　亿千百十万千百十元角分：１１３０００００

支付密码：******

附加信息及用途：订单号：5896655支付材料

（中国工商银行长沙开福区支行 2019-06-16 业务讫 汇出行签章）

复核：　　记账：

图 5-45 信汇凭证

(2) 填写付款凭证，如图 5-46 所示。

付 款 凭 证

贷方科目：银行存款　　　2019 年 06 月 16 日　　　付字第 05 号　　附件 2 张

对方单位	摘要	借方科目		金额	记账符号
		总账科目	明细科目	千百十万千百十元角分	
湖南新发批发有限公司	购买材料	原材料		1 0 0 0 0 0 0 0	□
	购买材料	应交税费	应交增值税	1 3 0 0 0 0 0	□
					□
					□
银行结算方式及票号：信汇			合计	¥ 1 1 3 0 0 0 0 0	□

会计主管　　　记账　　　稽核　　　出纳 钱清　　　制证

图 5-46 付款凭证

(3) 登记银行存款日记账，如图 5-47 所示。

银 行 存 款 日 记 账　　　第 1 页

2019年		凭证		摘要	对方科目	收入（借方）	支出（贷方）	借或贷	余额	✓
月	日	种类	号数			千百十万千百十元角分	千百十万千百十元角分		千百十万千百十元角分	
06	01			期初余额				借	3 8 6 5 2 8 0 0	
06	01	付	01	提取备用金	库存现金		1 0 0 0 0 0 0	借	3 7 6 5 2 8 0 0	
06	01	付	03	支付服务费	管理费用		2 0 0 0 0 0	借	3 7 4 5 2 8 0 0	
06	12	收	02	销售商品	主营业务收入	4 0 0 0 0 0 0		借	3 9 6 5 2 8 0 0	
06	12	收	02	销售商品	应交税费——应交增值税（销）	5 2 0 0 0 0		借	4 0 1 7 2 8 0 0	
06	16	付	05	购买材料	原材料		1 0 0 0 0 0 0 0	借	3 0 1 7 2 8 0 0	
06	16	付	05	购买材料	应交税费——应交增值税（进）		1 3 0 0 0 0 0	借	2 8 8 7 2 8 0 0	

图 5-47 登记银行存款日记账

业务 8：收到现金。

2019 年 6 月 17 日，销售商品给个人周芳，收到货款现金 10 000 元。

1. 实训资料（图 5-48、图 5-49）

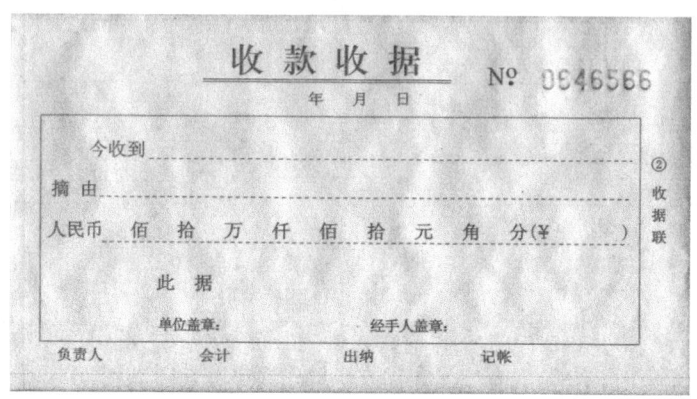

图 5-48　收款收据（空白）

图 5-49　收款凭证（空白）

2. 实训成果

（1）填写收款收据，如图 5-50 所示。

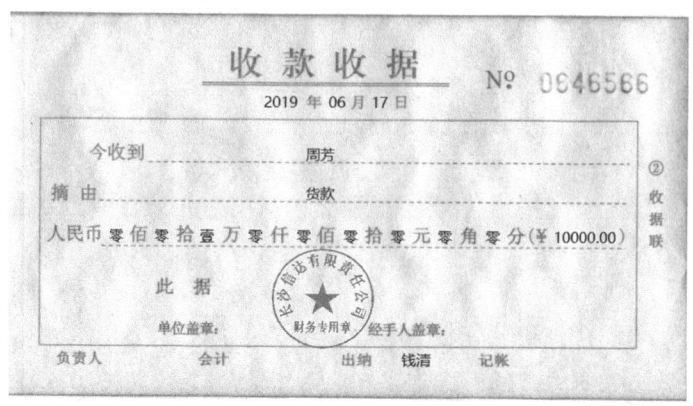

图 5-50　收款收据

(2) 填写收款凭证,如图 5-51 所示。

收款凭证

借方科目:库存现金　　2019 年 06 月 17 日　　收字第 03 号　附件 2 张

对方单位	摘要	贷方科目		金额	记账符号
		总账科目	明细科目	千百十万千百十元角分	
	销售商品给周芳	主营业务收入		8 8 4 9 5 6	□
	销售商品给周芳	应交税费	应交增值税	1 1 5 0 4 4	□
					□
					□
银行结算方式及票号:			合计	¥ 1 0 0 0 0 0 0	□

会计主管　　记账　　稽核　　出纳 钱清　　制证

图 5-51 收款凭证

(3) 登记库存现金日记账,如图 5-52 所示。

库存现金日记账　第 1 页

2019年		凭证		摘要	对方科目	收入(借方)	支出(贷方)	借或贷	余额	√
月	日	种类	号数			千百十万千百十元角分	千百十万千百十元角分		千百十万千百十元角分	
06	01			期初余额				借	1 0 0 0 0	
06	01	付	01	提取备用金	银行存款	1 0 0 0 0 0		借	1 1 0 0 0 0	
06	02	付	02	张滨出差借款	其他应收款		1 0 0 0 0 0	借	1 0 0 0 0	
06	07	收	01	报销差旅费	其他应收款	5 0 0 0		借	1 0 0 5 0 0	
06	15	付	04	购买办公用品	管理费用		5 0 0 0	借	9 5 5 0	
06	17	收	03	销售商品给周芳	主营业务收入	8 8 4 9 5 6		借	1 8 3 9 5 6	
06	17	收	03	销售商品给周芳	应交税费——应交增值税(销)	1 1 5 0 4 4		借	1 9 5 5 0 0	

图 5-52 库存现金日记账

业务 9:存入现金。

2019 年 6 月 18 日,出纳员将收到的货款 10 000 元现金存入公司银行账户。

1. 实训资料(图 5-53、图 5-54)

现金交款单

		币别:		年　月　日		流水号:	
单位填写	收款单位				交款人		第一联银行记账凭证
	账　号				款项来源		
					亿千百十万千百十元角分		
	(大写)						
银行确认栏				现金回单(无银行卡打印记录及银行签章此单无效)			
		复核		录入		出纳	

图 5-53 现金交款单(空白)

付款凭证

(空白凭证表格)

图 5-54 付款凭证(空白)

2. 实训成果

(1) 填写现金交款单,如图 5-55 所示。

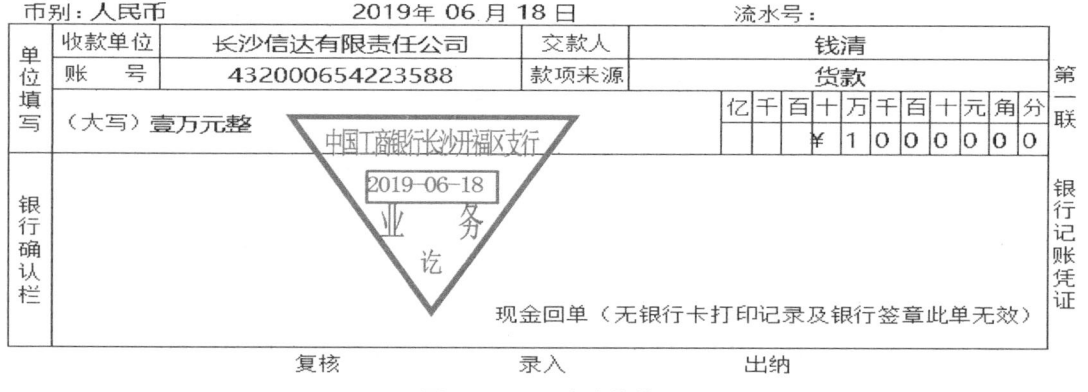

图 5-55 现金交款单

(2) 填写付款凭证,如图 5-56 所示。

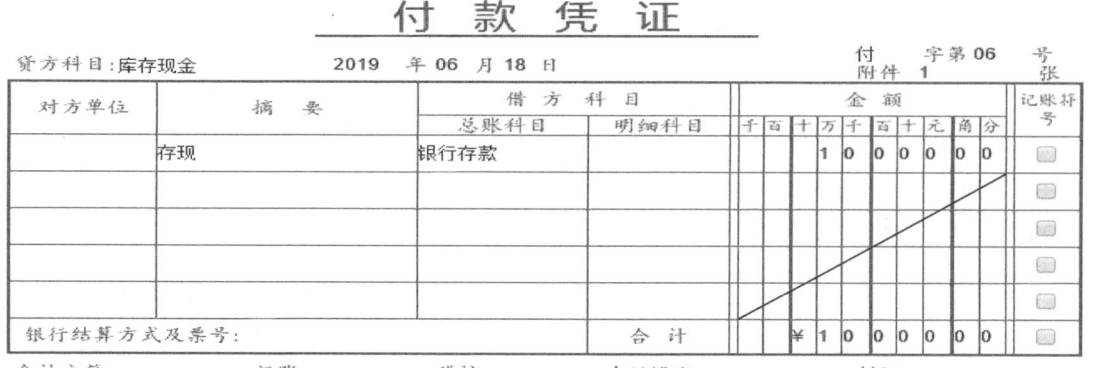

图 5-56 付款凭证

(3) 登记银行存款日记账和库存现金日记账,如图 5-57、图 5-58 所示。

银行存款日记账　　第 1 页

2019年		凭证		摘要	对方科目	收入（借方）	支出（贷方）	借或贷	余额	√
月	日	种类	号数			千百十万千百十元角分	千百十万千百十元角分		千百十万千百十元角分	
06	01			期初余额				借	3 8 6 5 2 8 0 0	
06	01	付	01	提取备用金	库存现金		1 0 0 0 0 0	借	3 7 6 5 2 8 0 0	
06	01	付	03	支付服务费	管理管理		2 0 0 0 0 0	借	3 5 6 5 2 8 0 0	
06	12	收	02	销售商品	主营业务收入	4 0 0 0 0 0 0		借	3 9 6 5 2 8 0 0	
06	12	收	02	销售商品	应交税费——应交增值税（销）	5 2 0 0 0 0		借	4 0 1 7 2 8 0 0	
06	16	付	05	购买材料	原材料		1 0 0 0 0 0 0 0	借	3 0 1 7 2 8 0 0	
06	16	付	05	购买材料	应交税费——应交增值税（进）		1 3 0 0 0 0 0	借	2 8 8 7 2 8 0 0	
06	18	付	06	存现	库存现金	1 0 0 0 0 0 0		借	2 9 8 7 2 8 0 0	

图 5-57　银行存款日记账

库存现金日记账　　第 1 页

2019年		凭证		摘要	对方科目	收入（借方）	支出（贷方）	借或贷	余额	√
月	日	种类	号数			千百十万千百十元角分	千百十万千百十元角分		千百十万千百十元角分	
06	01			期初余额				借	1 0 0 0 0 0	
06	01	付	01	提取备用金	银行存款	1 0 0 0 0 0		借	1 1 0 0 0 0	
06	02	付	02	张斌出差借款	其他应收款		1 0 0 0 0 0	借	1 0 0 0 0 0	
06	07	收	01	报销差旅费	其他应收款	5 0 0 0		借	9 5 0 0 0	
06	15	付	04	购买办公用品	管理费用		5 0 0 0 0	借	1 8 3 9 5 6	
06	17	收	03	销售商品给周芳	主营业务收入	8 8 4 9 5 6		借	1 9 5 5 0 0 0	
06	17	收	03	销售商品给周芳	应交税费——应交增值税（销）	1 1 5 0 4 4		借	1 0 5 5 0 0 0	
06	18	付	06	存现	银行存款		1 0 0 0 0 0 0	借	9 5 5 0 0 0	

图 5-58　库存现金日记账

业务 10：购买现金支票。

2019 年 6 月 22 日,出纳员从银行现金支付购买现金支票一本 10613676－10613700,工本费 30 元,用现金支付。出纳员钱清身份证号码:430521198501122616。

1. 实训资料(图 5-59、图 5-60)

支票领购单

年　月　日

户名		账号		
领购数量		起讫号码	自　　号至　　号	
领用单位签章:（预留银行签章）		领购单位经办员姓名		签收
		身份证号码		
		以下银行填写:		
		经发:　　　验印:		

当用完此薄需在领购支票时,请填写右列的"支票领购单"并盖预留银行签章,送至本行办理,领取新支票薄。

图 5-59　支票领购单(空白)

付款凭证

贷方科目：		年 月 日		附件 字第 号 张	
对方单位	摘要	借方科目		金额	记账符号
		总账科目	明细科目	千百十万千百十元角分	
					☐
					☐
					☐
					☐
银行结算方式及票号：			合计		☐

会计主管　　　记账　　　稽核　　　出纳　　　制证

图 5-60　付款凭证(空白)

2. 实训成果

(1) 填写支票领购单,如图 5-61 所示。

图 5-61　支票领购单

(2) 填制付款凭证,如图 5-62 所示。

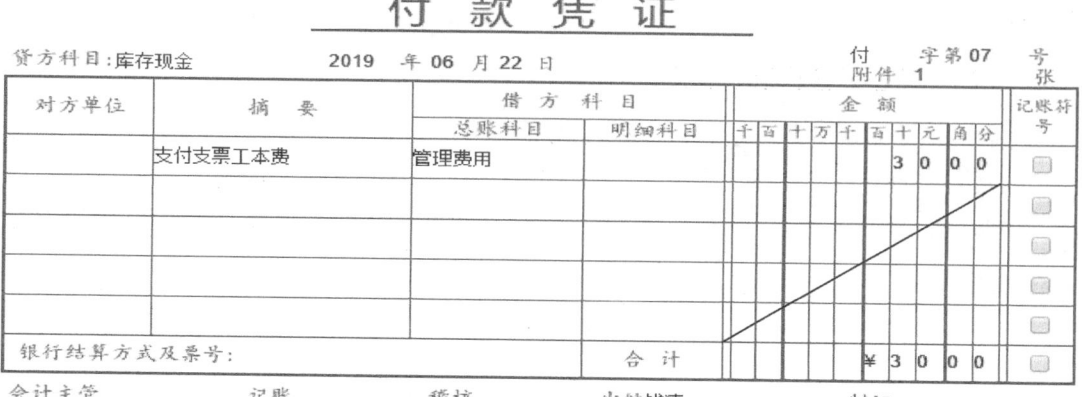

图 5-62　付款凭证

(3) 登记库存现金日记账,如图 5-63 所示。

库存现金日记账 第 1 页

2019年		凭证		摘要	对方科目	收入（借方）	支出（贷方）	借或贷	余额	√
月	日	种类	号数			千百十万千百十元角分	千百十万千百十元角分		千百十万千百十元角分	
06	01			期初余额				借	1 0 0 0 0	
06	01	付	01	提取备用金	银行存款	1 0 0 0 0 0		借	1 1 0 0 0 0	
06	02	付	02	张诚出差借款	其他应收款		1 0 0 0 0 0	借	1 0 0 0 0	
06	07	收	01	报销差旅费	其他应收款	5 0 0 0		借	1 0 0 5 0 0	
06	15	付	04	购买办公用品	管理费用		5 0 0 0 0	借	9 5 5 0 0	
06	17	收	03	销售商品给周芳	主营业务收入	8 8 4 9 5 6		借	1 8 3 9 9 5 6	
06	17	收	03	销售商品给周芳	应交税费——应交增值税（销）	1 1 5 0 4 4		借	1 9 5 5 0 0 0	
06	18	付	06	存现	银行存款		1 0 0 0 0 0 0	借	9 5 5 0 0 0	
06	22	付	07	支付支票工本费	管理费用		3 0 0 0	借	9 5 2 0 0 0	

图 5-63 库存现金日记账

业务 11：库存现金盘点。

2019 年 6 月 30 日,公司对库存现金进行盘点,盘点结果为：100 元 90 张,50 元 4 张,20 元 6 张,10 元 12 张,5 元 10 张,2 元 7 张,1 元 16 张。现金日记账账面余额为 9 520 元,6 月 30 日支付维修费 200 元未入账,6 月 30 日收到员工还款 300 元未入账。出纳：钱清,盘点：王毅。

1. 实训资料（表 5-1、图 5-64）

表 5-1 库存现金盘点表（空白）

库存现金盘点表

单位：　　　　　　　　　　　　　　　　　　盘点日期：　　年　　月　　日

现金清点情况			账目核对	
面额	张数	金额	项目	金额
100元			盘点日账户余额	
50元			加：收入未入账	
20元				
10元			加：未填凭证收款据	
5元				
2元				
1元			减：付出凭证未入账	
5角			减：未填凭证付款据	
2角				
1角				
5分			调整后现金余额	
2分			实点现金	
1分			长款	
	合计		短款	
调整事项处理意见：				
出纳员：				
盘点人：				

付 款 凭 证

贷方科目：　　　　　　　　　　年　月　日　　　　　　　　　　附件　　字第　号　张

对方单位	摘要	借方科目		金　额	记账符号
		总账科目	明细科目	千百十万千百十元角分	
					☐
					☐
					☐
					☐
银行结算方式及票号：			合　计		☐

会计主管　　　　记账　　　　稽核　　　　出纳　　　　　　制证

图 5-64　付款凭证(空白)

2. 实训成果

(1) 填写库存现金盘点表，如表 5-2 所示。

表 5-2　库存现金盘点表

库存现金盘点表

单位：长沙信达有限责任公司　　　　　　　　　　盘点日期：2019 年 06 月 30 日

现金清点情况			账目核对	
面额	张数	金额	项目	金额
100元	90	9000.00	盘点日账户余额	9520.00
50元	4	200.00	加：收入未入账	300.00
20元	6	120.00		
10元	12	120.00	加：未填凭证收款据	0
5元	10	50.00		
2元	7	14.00		
1元	16	16.00	减：付出凭证未入账	200.00
5角	0	0	减：未填凭证付款据	0
2角	0	0		
1角	0	0		
5分	0	0	调整后现金余额	9620.00
2分	0	0	实点现金	9520.00
1分	0	0	长款	
合计		9520.00	短款	100

调整事项处理意见：出纳钱菁支付现金时点错现金

出纳员：钱菁

盘点人：王毅

(2) 填制付款凭证,如图 5-65 所示。

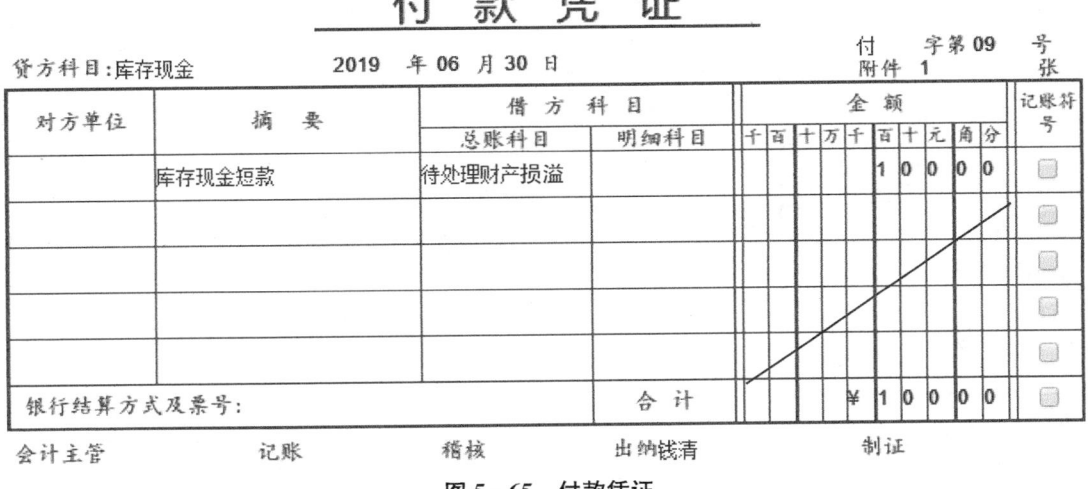

图 5-65 付款凭证

(3) 登记库存现金日记账,如图 5-66 所示。

图 5-66 库存现金日记账

业务 12：编制银行存款余额调节表。

长沙信达有限责任公司 2019 年 6 月 30 日银行存款日记账余额为 298 728 元,银行对账单余额为 329 328 元。

经查有以下未达账项：① 公司存入银行现金 10 000 元,银行尚未入账；② 公司支付服务费并开出转账支票 20 000 元,银行尚未入账；③ 银行代付的水电费 2 000 元,公司尚未收到银行付款通知,未入账；④ 银行收到托收的货款 22 600 元,银行收到已入账,但公司尚未收到银行收款通知,未入账。

1. 实训资料(表5-3)

表5-3 银行存款余额调节表(空白)

开户行及账号：　　　　　　　　　　　　　　　　　　　　　　　金额单位：元

项目	金额	项目	金额
企业银行存款日记账余额		银行对账单余额	
加：银行已收、企业未收款		加：企业已收、银行未收款	
减：银行已付、企业未付款		减：企业已付、银行未付款	
调节后的存款余额		调节后的存款余额	

主管：　　　　　　　　　　会计：　　　　　　　　　　出纳：

编制单位：

2. 实训成果

编制银行存款余额调节表，如表5-4所示。

表5-4 银行存款余额调节表

开户行及账号：中国工商银行长沙开福区支行432000654223588　　　金额单位：元

项目	金额	项目	金额
企业银行存款日记账余额	298 728.00	银行对账单余额	329 328.00
加：银行已收、企业未收款	22 600.00	加：企业已收、银行未收款	10 000.00
减：银行已付、企业未付款	2 000.00	减：企业已付、银行未付款	20 000.00
调节后的存款余额	319 328.00	调节后的存款余额	319 328.00

主管：　高清　　　　　会计：　陈一民　　　　　出纳：　钱清

编制单位：　长沙信达有限责任公司

业务13：编制本月出纳报告表。

2019年6月30日，出纳员钱清编制本月的出纳报告表。

1. 实训资料(表 5-5)

表 5-5 出纳报告表(空白)

	库存现金银行存款	出 纳 报 告 单		编号
	日期自	年 月 日 至	月 日	
项目	库存现金（元）	银行存款（元）	备注	
上期结存				
本期收入				
合计				
本期支出				
本期结存				

财务主管　　　　　记账　　　　　出纳　　　　　复核　　　　　制单

2. 实训成果

(1)库存现金日记账结账，如图 5-67 所示。

库 存 现 金 日 记 账　　　第 1 页

2019年		凭证		摘要	对方科目	收入（借方）	支出（贷方）	借或贷	余额	√
月	日	种类	号数			千百十万千百十元角分	千百十万千百十元角分		千百十万千百十元角分	
06	01			期初余额				借	1 0 0 0 0 0	
06	01	付	01	提取备用金	银行存款	1 0 0 0 0 0		借	1 1 0 0 0 0	
06	02	付	02	张斌出差借款	其他应收款		1 0 0 0 0 0	借	1 0 0 0 0 0	
06	12	收	01	报销差旅费	其他应收款	5 0 0 0		借	1 0 5 0 0 0	
06	15	付	04	购买办公用品	管理费用		5 0 0 0	借	9 5 5 0 0	
06	17	收	03	销售商品给周芳	主营业务收入	8 8 4 9 5 6		借	1 8 3 9 5 6	
06	17	收	03	销售商品给周芳	应交税费——应交增值税(销)	1 1 5 0 4 4		借	1 9 5 5 0 0	
06	18	付	06	存现	银行存款		1 0 0 0 0 0	借	9 5 5 0 0	
06	22	付	07	支付支票工本费	管理费用		3 0 0	借	9 5 2 0 0	
06	30	付	08	支付维修费	管理费用		2 0 0	借	9 3 2 0 0	
06	30	收	04	员工还款	其他应收款	3 0 0 0 0		借	9 6 2 0 0	
06	30	付	09	库存现金短款	待处理财产损益		1 0 0 0	借	9 5 2 0 0	
06	30			本月合计		2 0 3 5 0 0	1 1 8 3 0 0		9 5 2 0 0	

图 5-67 库存现金日记账结账

(2)银行存款日记账结账，如图 5-68 所示。

银 行 存 款 日 记 账　　　第 1 页

2019年		凭证		摘要	对方科目	收入（借方）	支出（贷方）	借或贷	余 额	√
月	日	种类	号数			千百十万千百十元角分	千百十万千百十元角分		千百十万千百十元角分	
06	01			期初余额				借	3 8 6 5 2 8 0 0	
06	01	付	01	提取备用金	库存现金		1 0 0 0 0 0	借	3 7 6 5 2 8 0 0	
06	01	付	03	支付服务费	管理费用		2 0 0 0 0	借	3 5 6 5 2 8 0 0	
06	12	收	02	销售商品	主营业务收入	4 0 0 0 0 0 0		借	3 9 6 5 2 8 0 0	
06	12	收	02	销售商品	应交税费——应交增值税(销)	5 2 0 0 0 0		借	4 0 1 7 2 8 0 0	
06	16	付	05	购买材料	原材料		1 0 0 0 0 0 0	借	3 9 1 7 2 8 0 0	
06	16	付	05	购买材料	应交税费——应交增值税(进)		1 3 0 0 0 0	借	2 8 8 7 2 8 0 0	
06	18	付	06	存现	库存现金	1 0 0 0 0 0		借	2 9 8 7 2 8 0 0	
06	30			本月合计		5 5 2 0 0 0 0	1 4 3 0 0 0 0		2 9 8 7 2 8 0 0	

图 5-68 银行存款日记账结账

（3）编制本月出纳报告表，如表 5-6 所示。

表 5-6　出纳报告表

库存现金　　　　　　　　　　出纳报告单　　　　　　　　　　　编号 20190601
银行存款　　　　　日期自 2019 年 06 月 01 日 2019 至 06 月 30

项目	库存现金（元）	银行存款（元）	备注
上期结存	1 000.00	386 528.00	
本期收入	20 350.00	55 200.00	
合计	21 350.00	441 728.00	
本期支出	11 830.00	143 000.00	
本期结存	9 520.00	298 728.00	

财务主管　高清　　　记账　　　　　　出纳　钱清　　　　　复核　　　　制单　出纳

【任务考核】

任务考核表

实训任务					
实训目标					
实训收获					
评价主体		评价项目	分值	评价得分	加权得分
组员评价	职业素养	考勤	5		
		课堂表现	15		
	职业技能	任务完成度	25		
		任务完成质量	30		
	职业团队	沟通能力	10		
		协调能力	15		
	小　　计		100		
组长评价	职业素养	考勤	5		
		课堂表现	15		
	职业技能	任务完成度	25		
		任务完成质量	30		
	职业团队	沟通能力	10		
		协调能力	15		
	小　　计		100		

续 表

教师评价	职业素养	考勤	5	
		课堂表现	15	
	职业技能	任务完成度	25	
		任务完成质量	30	
	职业团队	沟通能力	10	
		协调能力	15	
小　　计			100	
合　　计				

学生签字：　　　　　　　　　　日期：

参 考 文 献

[1] 杨剑钧,张亚枝,彭珊. 出纳理论与实务[M]. 3版. 北京:高等教育出版社,2019.
[2] 李华. 出纳实务[M]. 4版. 北京:高等教育出版社,2018.
[3] 徐春梅. 会计出纳业务和纳税业务实战演练[M]. 北京:人民邮电出版社,2016.
[4] 石晓光,张崇友. 出纳实务[M]. 沈阳:东北大学出版社,2016.

郑重声明

高等教育出版社依法对本书享有专有出版权。任何未经许可的复制、销售行为均违反《中华人民共和国著作权法》，其行为人将承担相应的民事责任和行政责任；构成犯罪的，将被依法追究刑事责任。为了维护市场秩序，保护读者的合法权益，避免读者误用盗版书造成不良后果，我社将配合行政执法部门和司法机关对违法犯罪的单位和个人进行严厉打击。社会各界人士如发现上述侵权行为，希望及时举报，本社将奖励举报有功人员。

反盗版举报电话　（010）58581999　58582371　58582488
反盗版举报传真　（010）82086060
反盗版举报邮箱　dd@hep.com.cn
通信地址　北京市西城区德外大街4号　高等教育出版社法律事务与版权管理部
邮政编码　100120

高等教育出版社

教学资源索取单

尊敬的老师：

您好！

感谢您使用**陈东升**等编写的《**出纳业务操作实训**》。为便于教学，本书另配有课程相关教学资源，如贵校已选用了本书，您只要加入会计教师论坛 QQ 群，或者添加服务 QQ 号 800078148，或者把下表中的相关信息以电子邮件方式发至我社即可免费获得。

另外，我们研发有 8 门财会类课程试题库："基础会计""财务会计""成果计算与管理""财务管理""管理会计""税务会计""税法""审计基础与实务"。题库共 25 000 多道试题，知识点全覆盖，题型丰富，可自动组卷与批改。如贵校选用了高教社沪版相关课程教材，我们将免费提供给老师 8 门课程题库生成的**各 6 套试卷及答案**（Word 格式难中易三档），老师也可与我们联系获取更多免费题库资源。

我们的联系方式：

（以下 3 个"会计教师论坛"QQ 群，加任何一个即可享受服务，请勿重复加入）

QQ3 群：473802328　　　　QQ2 群：370279388　　　　QQ1 群：554729666

联系电话：(021)56961310/56718921　　地址：上海市虹口区宝山路 848 号　　邮编：200081

电子邮箱：800078148@b.qq.com　　　　服务 QQ：800078148（教学资源）

姓　　名		性别		出生年月		专　　业	
学　　校				学院、系		教研室	
学校地址						邮　　编	
职　　务				职　　称		办公电话	
E-mail						手　　机	
通信地址						邮　　编	
本书使用情况	用于＿＿＿＿学时教学，每学年使用＿＿＿＿册。						

您还希望从我社获得哪些服务？

☐ 教师培训　　　　　　　　☐ 教学研讨活动

☐ 寄送样书　　　　　　　　☐ 相关图书出版信息

☐ 其他＿＿＿＿＿＿＿＿＿＿＿＿＿＿＿＿＿＿＿＿＿＿＿＿＿＿＿＿＿＿